Cheryl Benard
Edit Schlaffer

Laßt endlich die Männer in Ruhe

oder Wie man sie weniger und sich selbst mehr liebt

Rowohlt

1. Auflage März 1990

Umschlaggestaltung Erasmi & Stein
Redaktion Beate Laura Menzel
Satz Bembo (Linotronic 500)
Gesamtherstellung Clausen & Bosse, Leck
Printed in Germany
ISBN 3 498 00522 7

Inhalt

Einleitung 7

1.
Männer als Kartell 13

2.
Viele Wege führen ins Unglück
oder: Frauen gestalten ihre Ehe 25

Die Nützliche 32
Die Kompromißbereite 40
Die Zermürbte 50
Die Therapierte 65

3.
Kamikaze
oder: Frauen katapultieren sich selbst ins Out 79

4.
Männer lesen Shakespeare
Zum Umgang mit Widerspenstigen 99

5.
Seine Ehe – ihre Ehe
Aussage gegen Aussage zur Frage des Glücks 133

6.
So geht's auch nicht
Jean-Paul, Simone und die gar nicht so andere Beziehung 169

7.
Kopf statt Herz bringt weniger Schmerz 207

Vernunft statt Liebe – Zur Orientalisierung der Ehe 213
Bloß nicht bieder oder die ideale Ehe 228
Der Politiker und die Liebe 234

Zum Schluß! 241

Einleitung

Wäre es besser, wenn die Männer anders wären? Möglich. Vielleicht wäre es auch besser, wenn das deutsche Klima milder und die Großstadt weniger verpestet wären.
Die Männer sind so, wie sie sind. Ihre Veränderungsbemühungen sind halbherzig und ihre Bereitschaft, Gefühl zu investieren, aufgezwungen. Denn den Männern ist sehr wohl bewußt, daß ihre sogenannte Beziehungsunfähigkeit eine durchaus erfolgreiche Methode ist, ihre unmittelbaren Interessen durchzusetzen.

Die Frau, die mit einem Mann glücklich werden will, muß alle Ratgeber vergessen, gleichgültig ob in Form eines Buches oder der besten Freundin, die sie im Lauf ihres Frauenlebens mit Empfehlungen versehen haben. Statt dessen braucht sie nur zwei, ganz einfache und kurze, Wahrheiten zu akzeptieren.

Erstens: Man kann einen Mann nicht verändern.

Und zweitens: Man sollte sich selbst um Himmels willen nicht verändern.

Wer diese zwei Sätze beherzigt, hat die besten Chancen, eine gute Beziehung zu erleben. Denn wer versucht, den Mann zu verändern, beißt auf Granit. Und wer sich selbst verändert in der Hoffnung, in dieser Weise seine stärkere Liebe zu wecken, Harmonie zu finden und zu erhalten, verliert sich selbst und meist auch den Mann.

Wäre es besser, wenn die Männer anders wären? Möglich. Vielleicht wäre es auch besser, wenn die Großstadt weniger verpestet und das deutsche Klima milder wären. Aber es ist müßig, das steinige Pflaster der Männerseele aufreißen zu wollen in der Hoffnung, darunter den goldenen Strand freizulegen. Sie sind, wie sie sind. Wenn sie anders werden wollen, begleiten sie unsere besten Wünsche, und wir werden das Resultat gern und wohlwollend begutachten.

Die Ehe? Wir haben gar nichts gegen sie. Ein bekannter österreichischer Soziologe, Katholik, widmete uns einst eine sorgenvolle Ansprache. Wir hatten damals unser erstes Buch veröffentlicht, über Gewalt in der Ehe*, und er fand unsere Studie soziologisch interessant, aber moralisch schlecht, meinte, daß dieses Beharren auf den Problemen und Schattenseiten der Ehe diese so wichtige, so grundlegende Institution tendenziell schwächen würde. Wo blieben die Studien über die vielen guten Ehen, die ein

* Benard, Ch. / Schlaffer, E.: Die ganz gewöhnliche Gewalt in der Ehe. Reinbek bei Hamburg 1979

Leben lang in Treue und Harmonie und, ja, auch in Pflichtgefühl und Anstand währen? Bei konservativen Tagungen und Veranstaltungen war er ein gern geladener Gast, weil er flüssig über das sprach, was er auch selbst lebte: Familie. Fünf Kinder, eine in konservativen Kreisen engagierte Frau und eine große Reihe von Veröffentlichungen über Ehe und Familie. Bis er seine engagierte Frau eines Tages fluchtartig verließ, um sich bei einer sehr viel jüngeren Geliebten einzuquartieren – und Publikationen über die Midlife-Krise und das Recht der Männer herausgab, in dieser Lebensphase versäumte Freuden nachzuholen. Soviel nur als persönliche Anekdote am Rande.

Nein, gegen die Ehe haben wir nichts. Nur einen minimalen Verbesserungsvorschlag hätten wir. Schreiben Sie das Wort in Gedanken klein. ehe. Und natürlich auch: ehemann. Darf ich Ihnen meinen ehemann vorstellen? Durch diese einfache Wendung in der Rechtschreibung und der Intonation könnte schon viel erreicht sein, für die Frauen. Denn ihr Verhängnis liegt in der Ausschließlichkeit. In der einseitigen Prioritätensetzung.

Den meisten Frauen liegt sehr viel daran, eine gute Ehe zu führen, eine gute Beziehung zu haben. Um das zu erreichen, tun sie fast alles. Ohne Zweifel haben wir, in unseren Interviews für dieses Buch, das gesamte weibliche Repertoire an «Beziehungsinstandsetzungstechniken» vorgelegt bekommen. Die Frauen suchen nach Kompromissen. Sie bleiben zu Hause, um sich ganz der Familie zu widmen. Sie suchen sich einen Teilzeitjob, um ihre Horizonte zu erweitern. Sie gehen in Vorträge und Beratungen, um die Krisen und Konflikte in der Familie besser zu bewältigen. Sie geben ihre Hobbies und Freunde auf, um sich in sein Leben zu integrieren. Sie suchen sich Hobbies und eigene Freunde, um interessanter für ihn zu werden. Die Berufstätigen haben Angst, daß eine Hausfrau für ihn bequemer wäre und er sie als Belastung erlebt. Die Hausfrauen befürchten, daß er sie langweilig finden und die vielen tollen Frauen, die er den ganzen Tag lang im Geschäft sieht, ihm besser gefallen könnten. Sie entlasten ihn, damit er sich ganz seiner Karriere widmen kann. Sie beanspruchen ihn, damit er mehr in die Familie einbezogen wird. Sie drohen, um ihn zur Räson zu bringen. Sie reagieren milde, damit er sich angenommen fühlt. Sie lesen Bücher, denken nach, testen verschiedenste Verhaltensformen, üben ihre Ansprachen und Formulierungen, lehnen sich auf, passen sich an, und am Ende haben sie sich selber in alle nur erdenklichen Richtungen verbogen, ohne einen erkennbaren Einfluß auf Partner und Partnerschaft ausgeübt zu haben. Zumindest nicht im beabsichtigten Sinn. Verändert haben sie, nur selten zu ihren Gunsten, sich selbst. Und die Beziehung ist dadurch um nichts besser geworden.

Das einmal kollektiv erkannt, überlegen die Frauen heute sich ihren nächsten Schritt. Dann, so meinen sie, hätten sie wohl einfach verhängnisvollerweise den falschen Partner gewählt – zum Großteil aus eigener Schuld, das heißt aus eigenen psychischen Beweggründen heraus – oder nicht genug Bücher gelesen, nicht *den* Trick gefunden, der der Sache noch eine gute Wende gegeben hätte. Und dann werken sie weiter, ermüdet, aber noch nicht restlos entmutigt.

Sie wollen sich verändern, damit sie das nächste Mal nicht wieder einen falschen, sondern diesmal einen richtig netten Mann wählen – aus der enormen Vielfalt solcher richtig netten Männer, die einem ja erfahrungsgemäß tagtäglich begegnen. Sie wollen die Situation noch genauer erkunden, ihren speziellen Mann und seine Kindheit und seine Psychostruktur und seine Bedürfnisse noch präziser erforschen, um die eine richtige Form des Umgangs mit ihm herauszufinden.

Nicht aufdringlich sein, sonst verschreckt man ihn. Nicht nachlässig sein, sonst erlahmt seine Entwicklung endgültig. Unter unendlichen Anstrengungen versuchen Frauen, ihre Beziehung zum Zentrum ihres Lebens zu machen, zum Fixpunkt, um den alle anderen Dinge kreisen.

Den Männern ist das teilweise angenehm, teilweise schrecklich lästig. Angenehm sind die familiären Leistungen, die ihnen die Frauen abnehmen, die Zuständigkeiten, die sie akzeptieren. Schrecklich lästig ist der Lohn, den die Frau dafür erwartet: Gespräche, Zuwendung, Interesse.

Die naheliegende Lösung liegt wirklich auf der Hand. Man lasse die Männer in Ruhe mit all diesen Forderungen, die sie sowieso nie erfüllen werden. Ahhh. Ein erleichtertes Raunen geht durch die Reihen der Männerwelt. Und man lasse sich selber ebenfalls in Ruhe und wende sich den Bereichen der Welt zu, in denen eine Veränderung möglich und sinnvoll erscheint. Es gibt so viele Aufgabenbereiche. Die Umwelt. Die Politik. Die angenehme Gestaltung des eigenen Lebens. Überall gibt es vielfältige Aufgabenbereiche, die bloß darauf warten, daß Menschen mit Energie und Optimismus – beides unter Frauen grenzenlos vorhanden – sich auf sie konzentrieren. Aber es gibt einen Aufgabenbereich, von dem sich Frauen freundlicherweise abwenden sollten, nämlich die Umgestaltung der Männer, einzeln oder kollektiv. Laßt die Männer doch so sein, wie sie offenkundig unbedingt sein wollen.

1.
Männer als Kartell

Die emotionale Unzugänglichkeit und Verschlossenheit der Männer ist weder ein Erziehungsunfall noch ein Mißverständnis, sondern ein kollektiver Vorteil, den Männer gemeinsam und in schöner Solidarität wahrzunehmen wissen.
Wie können Frauen die Macht dieses Kartells unterlaufen?

Als wir anfingen, uns mit «der Ehe» auseinanderzusetzen, fiel uns der Begriff der Zeitzeugen ein, der hier durchaus auf uns zutraf. Denn waren wir nicht so etwas wie «Zeitzeugen» für die Institution Ehe, da wir ihre Erschütterungen, Revolutionen, Konterrevolutionen und Restaurationen miterlebt haben? Als wir noch studierten, zum Beispiel, waren Ehe und Familie gerade sehr in Verruf. Wer etwas Positives über die Ehe sagte, galt als Spießer, als Heuchler; nur freudianischer Horror spielte sich hinter den Türen der Wohn- und Schlafzimmer ab. Es galt zu prüfen, welche Formen des Zusammenlebens und der Sexualität diese alte verkommene, verlogene Institution ersetzen könnten. Auch die Fachwelt, die Soziologie, verkündete den «Tod der Familie» und untersuchte eifrig die Alternativen, von der WG bis zur «offenen Ehe».

Doch die Betroffenen, die lavierten sich durch. Lebten weiter in ihren altvertrauten Ehen, nannten ihre Seitensprünge jetzt ganz zeitgerecht einen Beitrag zur offenen Ehe und zur Ehrlichkeit. Oder betrachteten sich als Vorkämpfer der sexuellen Revolution und bemühten sich, ihre Gefühle der Eifersucht, ihre Sehnsucht nach Treue und Stabilität verschämt zu unterdrücken.

Die Institution Ehe überdauerte all diese Experimente – aber nicht, ohne sich sehr zu verändern. Sie hatte ihre Selbstverständlichkeit eingebüßt, und das war nicht mehr rückgängig zu machen. Frauen wurden zunehmend mißtrauisch dieser – wie sie meinten – patriarchalischen Institution gegenüber, die ihnen ihre Persönlichkeit nehmen und ihre Entwicklung versagen wollte. Männer betrachteten sie mißmutig als Einrichtung, die ihre Impulse hemmen und ihre Freiheit eingrenzen wollte. Man heiratete, aber man heiratete nicht mehr so jung und aus anderen Beweggründen; man heiratete auch nicht mehr so schnell, ging aber später dafür um so schneller wieder auseinander. Dann kamen die 80er Jahre. Es ging jetzt nicht mehr um die «Ehe», sondern ein neuer Begriff rückte ins Zentrum der Kontroverse: jetzt ging es um Beziehungen. Und jetzt wurde es erst richtig kompliziert. Denn in der Auseinandersetzung um die Institution Ehe mit ihren Rollenzwängen und ihrer Arbeitsteilung waren zumindest die ideologischen Trennungslinien grob aufrechterhalten geblieben. Konservative und Katholiken hielten, wenn auch mit Vorbehalten, an ihr fest. Progressive und Sozialkritiker attackierten sie. In den 80er Jahren aber traten völlig neue Probleme auf. Jetzt ging es nicht mehr nur um die Hausarbeit, sondern auch um die Gefühle. Frauen entdeckten, daß sie nicht bloß zuviel putzten und zuviel kochten, sondern daß sie auch zu sehr liebten, und die Männer standen da als Nutznießer weiblicher Abhängigkeit nicht nur in materieller, sondern auch in emotionaler Hinsicht.

Während dieser Streit um die weibliche Abhängigkeit quer durch alle Schichten und Ideologien entbrannte, wurden wir immer deutlicher an ein Lehrbuch erinnert, das uns in der Mittelstufe vorgelegen hatte. Es war ein Lehrbuch zur Lebenskunde aus dem Jahr 1965, in dem es auch um Ehe und Familie ging. Und in diesem, erst sehr vorsichtig progressiv gehaltenen Buch stand ein Satz, der unter den Schülerinnen große Empörung hervorrief. «Männer und Frauen», stand da, «gehen in einer Beziehung von unterschiedlichen Schwerpunkten aus. Im großen und ganzen könnte man diesen Unterschied plakativ ausdrücken und sagen: Männer geben Zuneigung, um Sex zu bekommen, und Frauen geben Sex, um Zuneigung zu bekommen.»

Unsere Klasse, die sich mit diesem Text beschäftigen sollte, bestand aus 12jährigen, und unsere diversen Beziehungsdramen lagen noch in der Zukunft, aber diese Passage, wenngleich sie für uns noch Theorie war, irritierte alle maßlos. Sie wirkte so entsetzlich spießig, hatte auch einen sehr polemischen Klang. Und wir, meist aus noch-konventionellen Elternhäusern der Nachkriegsjahre, bemerkten zwar die Unruhe, die die Revolution der späteren 60er Jahre ankündigte, waren aber noch altmodisch – und schon modern – genug, um beide Teile des letzten Satzes gleichermaßen ärgerlich zu finden. Diese Aussage kränkte uns in unserer romantischen Vorstellung, denn Liebe betrachteten wir als zukünftiges Recht, und sie kränkte uns in unserer beginnenden sexuellen Identität, die wir nicht als Bestechungsmaterial zum Tausch gegen männliche Zuneigung erniedrigt sehen wollten.

Und dennoch sollten diese beiden Grundbegriffe, Sex und

Liebe, in ihrer Trennbarkeit zum nachhaltigen Problem für unsere Generation werden. Nur war alles nicht ganz so einfach, wie das Schulbuch es suggerierte.

Wenn wir die «Gleichung» aus dem alten Schulbuch noch einmal etwas genauer betrachten, dann sehen wir, daß ihre Faktoren in den dazwischenliegenden Jahren eine andere Gewichtung erlebt haben. Mittlerweile kann nicht mehr mit solcher Eindeutigkeit behauptet werden, daß Männer a priori eher Sex wollen oder mehr Sex wollen als Frauen. Hier hat sich, nicht nur in den Erwartungen und Einstellungen, sondern auch im tatsächlichen Verhalten, eine Änderung vollzogen. Aber die entsprechende Umformung der Gleichung hat nicht stattgefunden. Frauen wollen jetzt nicht mehr entweder Sex oder Gefühl, sondern sie wollen beides, Sex und Gefühl. Dafür kämpften sie, und die Sexualität der Frau – deren Art, Technik, prinzipielle Berechtigung usw. – war eines der Hauptthemen in der Gleichberechtigungsdiskussion der letzten 15 Jahre. Die Emotionalität des Mannes dagegen beginnt erst seit relativ kurzer Zeit eine auch nur annähernd vergleichbare Aufmerksamkeit zu erzielen. Mit einem sehr wesentlichen Unterschied. Es waren die Frauen, die sich das Recht auf ihre Sexualität erkämpften. Es sind jedoch nicht die Männer, die endlich auf ihr Recht pochen, Gefühle zeigen zu können. Sondern es sind wieder die Frauen, die hier mit Forderungen auftreten. Wäre also das Gegenstück zu der sich emanzipierenden Frau – die Sexualität in einer Weise definieren und gestalten will, die ihren speziellen weiblichen Bedürfnissen entspricht – nicht weniger der Mann, der mehr und eine den Frauen adäquatere Emotionalität will, als ganz im Gegenteil der, der auf seinem männlichen Recht besteht, Gefühle entweder gar nicht oder anders auszuleben als die Frau das von ihm will?

Wenn wir diesen Gedanken weiterverfolgen, können wir uns den Mann vorstellen, der – nachdem er, ungern, unwillig und so selten wie möglich, seine «eheliche Pflicht» der emotionalen Zuwendung absolviert hat – sich nunmehr selbstbewußt verweigert. Uns sind durchaus «Nichterfahrungsgruppen» für Männer denkbar, denen das Geschwafel von Innerlichkeit und Empfindung auf die Nerven geht. Denn ehrlich: der Mann, der mit halbgeschlossenen Augen widerwillig die x-te Beziehungsdiskussion mit seiner Lebensgefährtin über sich ergehen läßt, erinnert er Sie nicht an die viktorianische Ehefrau, die «an England dachte», wenn sie sich den unverständlichen bestialischen Bedürfnissen ihres Ehemannes unterwarf?

Männer, Opfer ihrer Erziehung, eingepanzert in ihre unbequeme Geschlechterrolle, voll der innigen Gefühle, die sie bloß nicht richtig ausdrücken können, weil sie es nicht gelernt haben und sich nicht trauen? Glauben Sie wirklich daran?

Nein, zwei andere Erklärungen liegen da viel näher: Entweder sind Männer von der Gefühlsstruktur her einfach anders ausgestattet, so daß es ihnen in Wahrheit fürchterlich auf die Nerven geht, wenn da ständig eine in ihrem Innenleben herumsucht, Abend für Abend, während sie viel lieber im Fernsehen Formel 1 sehen würden.

Oder Männer halten mit der ihnen eigenen Einstellung zur Emotionalität eine Waffe in der Hand, die sie Frauen gegenüber in eine äußerst vorteilhafte Lage versetzt.

Glücklicherweise brauchen wir uns zwischen diesen beiden Erklärungsmodellen nicht zu entscheiden. Denn unsere Reaktion sollte in beiden Fällen die gleiche sein:

Wir müssen die Männer endlich in Ruhe lassen, müssen aufhören mit unserem ewigen Eifer, sie umzugestalten, zu lockern, sie in die Familie einzubinden, mit ihnen unsere Beziehung zu klären, ihnen ihre Gefühle zu eröffnen, sie zu verändern. Mit unserer allumfassenden Liebe, die Berge versetzen soll, begraben wir in Wirklichkeit nur unsere eigene Persönlichkeit unter einem Haufen Schutt.

Wenn Frauen uns erzählen, woran ihre Beziehung krankt, so sind das meist triviale, unnötige Kleinigkeiten. Etwa: Nach jahrelangem Hausfrauendasein ergreift sie wieder einen Beruf. Ihr Mann aber äußert sich zynisch über ihre «kleine Beschäftigungstherapie» und macht sich lustig über das geringe Einkommen, das sie daraus bezieht. Oder: Eine Frau bleibt zu Hause, um die drei gemeinsamen Kinder aufzuziehen, und leidet an einer fehlenden Anerkennung ihrer Tätigkeit. «Sicher hab ich das gewürdigt», rechtfertigt sich ungeduldig ihr Mann. «Aber ich hab nicht gewußt, daß ich da noch ein großes Aufheben machen muß. Das mußte sie doch wissen, daß mir das wertvoll war.»

Ein paar freundliche Worte, Ermutigung, Verständnis für die Situation des anderen, das sind kleine Dinge. Sie kosten nichts, nicht einmal viel Zeit, und sollten eigentlich selbstverständlich sein. Wenn dermaßen triviale Dinge über Jahre vorenthalten werden, dann muß es dafür einen Grund geben.

1. Der Mann hat einfach nicht bemerkt, was seiner Partnerin fehlt.

Also, diese Möglichkeit können wir ausschließen. Es ist schlicht unmöglich, daß irgendeinem Mann nach jahrelangen «Beziehungsdiskussionen» und reichhaltiger Literatur zu diesem Thema noch verborgen geblieben ist, daß seine emotionale Zuwendung erwünscht ist.

2. Der Mann möchte schrecklich gern netter und emotionaler sein, aber er hat es nicht gelernt.

Dann ist er unbelehrbar, denn Heerscharen von Frauen versuchen seit Jahrzehnten, ihn entsprechend umzuschulen.

3. Der Mann möchte schrecklich gern netter und emotionaler sein, aber es fehlt ihm dazu die psychische Veranlagung.

4. Der Mann hat erkannt, daß ihm seine gefühlsmäßige Verweigerung ein starkes Druck- und Machtmittel der Frau gegenüber in die Hand gibt.

Das dritte und das vierte Erklärungsmodell klingen plausibel. Die Wahrheit liegt vielleicht irgendwo in der Mitte, zwischen einer dispositionsmäßigen Bedürfnislosigkeit im Hinblick auf Gefühle und der taktischen Erkenntnis, daß man diese Bedürfnislosigkeit noch zusätzlich kultivieren und als Machtmittel einsetzen kann. In der Fachsprache heißt das: the power of denial. Die Macht der Verweigerung, eine Macht, die daraus entsteht, daß der eine dem anderen das vorenthalten kann, was der braucht oder haben will. Für diese Macht nimmt man mitunter in Kauf, selbst ebenfalls auf etwas zu verzichten. Man ist jedoch dazu bereit, weil einem entweder der Verzicht leichter fällt als dem anderen, oder weil einem die Macht, die man daraus zieht, wichtiger ist als das, worauf man verzichtet.

Untersuchen wir also die Hypothese, daß die emotionale Unzugänglichkeit und Verschlossenheit der Männer weder ein Erziehungsunfall noch ein Mißverständnis ist, sondern ein kollektiver

Vorteil, den sie sich sorgfältig bewahren. Einiges spricht für diese Theorie.

Männer. Das ist eine sehr gut funktionierende Gewerkschaft der Gefühllosen. Da gibt es keinen Leistungsdruck, denn niemand untergräbt die Solidarität eines derart niedrigen Leistungsniveaus. Nur um winzige Spurenelemente ist der eine netter als der andere.

Frauen dagegen kennen keine Solidarität in Gefühlsdingen und konkurrieren unaufhörlich miteinander um den Mann. Jede versucht, für ihn dünner, schöner, besser geschminkt, interessanter zu sein als die andere, perfekter zu kochen, die Kinder besser zu erziehen, vollkommener auf ihn einzugehen. Wie leibhaftig gewordene Werbeplakate gehen sie einher; jede will ihren Marktanteil vergrößern, der anderen einen zögernden Kunden abwerben, den Preis drücken. Junge, dynamische Betriebe überrollen gnadenlos die alten, traditionsreichen Häuser. Auf schillernde Verpackung wird mehr Wert gelegt als auf einen hochwertigen Inhalt.

Männer machen das viel besser. Um sicherzugehen, daß keiner von ihnen unbotmäßig beansprucht werden kann, haben sie einen Monopolpakt geschlossen. Sie machen sich keine besondere Mühe mit ihrem Aussehen, sondern schauen alle relativ gleich aus. Sie tragen Standardbekleidung. Sie strengen sich nicht sonderlich an und müssen es auch nicht, weil hier kein Wettbewerb herrscht. Die Kundin soll nicht groß wählen können, sondern froh sein, wenn sie überhaupt was bekommt. Und keiner soll viel besser oder netter sein als der andere, damit sie nicht drohen kann, ihn gegen ein neueres Modell einzutauschen.

Bei Frauen ist der Kunde König. Er darf umtauschen, hat unbegrenzten Kredit und wird auch dann noch von der Konkurrenz umworben, wenn er sich eigentlich schon für eine bestimmte Marke entschieden hat. Bei Männern hingegen ist die Kundin Untertan wie ein Sowjetbürger in den Zeiten vor Glasnost, der froh sein soll, daß ihm die Bürokratie gnädigerweise irgendwann irgend etwas zuteilt.

Die Verschlossenheit der Männer ist, so gesehen, keine Behinderung. Sie ist ein enormer Vorteil. Das Schweigen, die Kälte der Männer zermürbt die Frauen. Das winzigste bißchen Nettigkeit wird mit begeisterter Dankbarkeit quittiert.

Ja, die Männer haben ein Kartell gebildet. Und was verwalten sie als Produzenten in festem Verbande, um von den Abnehmerinnen einen möglichst hohen Preis zu erzielen? Was hat das Kartell der Männer anzubieten? Die Sexualität, ein menschliches Grundbedürfnis, ist Teil ihrer Produktpalette, aber bei diesem Produkt sind sie nicht nur Anbieter, sondern auch Abnehmer – das schränkt ihre Verhandlungsposition erheblich ein und setzt ihren Forderungen eine Grenze. In der Sexualität ist heute eine gewisse Parität gegeben; lange Zeit waren marktwirtschaftlich gesehen die Frauen sogar im Vorteil, weil die Männer glaubten, einen stärkeren Bedarf an dem Produkt Sex zu haben als Frauen und daher meinten, Konzessionen machen zu müssen.

Im Angebot der Männer bleiben ferner noch: der materielle Vorteil, den der Mann als besserverdienender Teil zu bieten hat, die entsprechende Aufwertung des Lebensstandards der Frau und die emotionalen Leistungen, die in einer Gemeinsamkeit und Partnerschaft erwartet werden.

Wenn wir nun diese drei Produkte betrachten, die das Kartell der Männer anzubieten hat, so fällt auf, daß zwei nur geringfügige Verhandlungsmöglichkeiten bieten. Mit seiner Sexualität kann der Mann nicht allzuviel handeln, da er hier gleichzeitig in der Rolle des Käufers und des Verkäufers auftritt oder, sagen wir es freundlicher: weil er Angebot und Nachfrage in einer Person vereint. Der materielle Aspekt ist zwar vielversprechender, und hieraus hat der Mann stets reichlich Kapital geschlagen. Frauen waren z. B. in der Position, eine Scheidung weit mehr fürchten zu müssen als ein Mann, weil dadurch viel stärker als bei ihm der gewohnte Lebensstandard und die soziale Stellung gefährdet waren. Durch die Berufstätigkeit und finanzielle Unabhängigkeit der Frau ist diese Machtposition allerdings erschüttert worden.

Als lukrativster Verhandlungsposten bleibt also die Emotionalität, das Angebot an Umgangsqualität und Gefühl. Hier schloß das Kartell eindrucksvoll und wirksam seine Reihen. Mit einer Konsequenz und Solidarität, von der Lysistrate nur träumen konnte, blocken sie ab, verriegeln sie ihr Innenleben und erpressen die Frauen mit einer gezielten Strategie der Verweigerung und Entsagung.

Wie geht man mit einem Kartell um? Eine Analogie zu anderen

Kartellen, zum Beispiel dem Ölkartell, ist hier hilfreich. Man schließt sich mit anderen Käufern zusammen, um besser verhandeln zu können. Man sucht nach Schwachstellen im Kartell und bei den einzelnen Mitgliedern, um ihre Solidarität zu durchbrechen. Kann man Libyen und Saudi-Arabien nicht entzweien? Kann man Saudi-Arabien etwas bieten, um es dem Iran abzuwerben?

Das aber sind allenfalls Notmaßnahmen. In Wirklichkeit gibt es nur eine einzige Möglichkeit, erfolgreich gegen ein Kartell vorzugehen. Man sieht sich nach zusätzlichen Energiequellen um. Man macht sich unabhängig von den Lieferanten, die einen erpressen können.

Frau Herman, langjährige Mitarbeiterin einer Eheberatung, vertraute uns folgende Beobachtung an:

«Es sind meist doch die Männer – das ist mir jetzt unangenehm, das so zu sagen, aber es entspricht den Tatsachen –, die einfach gar nicht mehr zuhören. Da reden sich die Frauen den Mund fusselig, das ist egal und wenn die Kopf steht, er hört einfach nicht hin, er gibt ihr keine Antwort mehr. Männer neigen zu dieser Art Vermeidungshaltung, indem sie sagen, ‹Über den Blödsinn red ich nicht.› Oder, ein sehr häufiger Satz, ‹Das ist kein Thema.› Ja: ‹Das ist kein Thema.› Und damit ist es für ihn aus und erledigt, und der Frau bleibt der Mund offen, weil, darauf kann man eigentlich schwer etwas sagen. Und da sehe ich eine Funktion für Beratungsstellen wie unsere. Denn im Beisein von einem Berater kann das eben nicht so abgebrochen werden. Da kann das zu einem Thema werden! Oder wir forschen nach, warum das denn kein Thema sein soll, und dann zeigen sich oft sehr interessante Dinge!»

Eine ebenfalls faszinierende Aussage finden wir in einer Ehestudie aus dem Jahr 1969. Darin wird, noch ziemlich naiv und unkritisch, über die unterschiedliche Reaktion von Männern und Frauen auf Krisen in der Ehe eingegangen:

«Die Frau», zitiert das Buch einige Experten, «geht zu ihrer besten Freundin und sucht dort Rat und Mitleid. Ihr Mann hingegen ist in großer Versuchung, sich eine Freundin zu suchen, mit der er eine unverbindliche sexuelle Affäre haben kann. Das hat in seiner Situation viele Reize. Vor allem aber wird er dort nicht mit der unerträglichen Forderung konfrontiert, die Dinge zu besprechen und zu verstehen.»*

Die «unerträgliche Forderung, Dinge zu besprechen und zu verstehen». Dagegen die tolle Möglichkeit, unliebsame Fragen einfach als «Blödsinn» zu deklarieren, der «kein Thema» ist und über den man «nicht reden» wird. Eigentlich fügt sich das alles zu einem recht deutlichen Bild zusammen.

Über den Film «Harry und Sally» ärgerte sich der amerikanische Kolumnist Richard Cohen sehr. Am meisten ärgerte er sich über eine Szene, in der Sally ihrem Freund Harry vorführt, wie leicht es für eine Frau ist, einen akustisch überzeugenden Orgasmus vorzutäuschen. Harry hatte behauptet, ihm als richtigem Mann und tollen Liebhaber könne so etwas nie passieren. Er behauptet das bei einem gemeinsamen Abendessen, und Sally stöhnt ihm mitten im Restaurant überzeugend einen Gegenbeweis vor. Dann, meint Cohen, schaut Harry verdattert drein, und die männlichen Kinobesucher schweigen betreten und überlegen, ob ihre Partnerinnen wirklich so restlich von ihnen begeistert sind, wie sie bisher annahmen.

Doch Richard Cohen kann einer solchen schauspielerischen Leistung nur ein müdes «na und» abgewinnen. Also, schreibt er, da sind Männer nun schon wirklich die weitaus besseren Schauspieler. Sie nämlich täuschen Abertausenden von Frauen täglich abertausende Mal vor, mit ihnen innig und ernsthaft zu diskutieren, während ihre Gedanken in Wirklichkeit ganz woanders sind, «bei Dingen, über die der Mann nicht sprechen will und nicht sprechen kann». So vielen Frauen vorzumachen, daß man an Gefühlen und Beziehungen und Interaktionen und der Exegese derselben interessiert ist, «während man daneben noch Geld verdienen geht und Weltpolitik macht – *das* ist die echte schauspielerische Leistung».**

Satire? Vielleicht. Vielleicht kommt er ja irgendwann noch, der bewegende historische Augenblick, in dem endlich genug Frauen lang und ausführlich und einfühlsam genug erklärt haben, wie gern sie mit Männern in geistiger und seelischer Kommunikation

* Robert Lee, Marjorie Casebier: The Spouse Gap. New York 1969, S. 131
** Washington Post, 13. Aug. 1989

zusammenleben möchten, und endlich ein plötzlicher Aufschrei des freudigen Verstehens aus den vereinten Kehlen der Männer herausjubelt und JA! sie endlich erkennen, wie nett und angenehm das ist, wie beruhigend für die Nerven und wohltuend für das Herz. So daß den Frauen kollektiv die tolle Leistung gelungen wäre – wie Helen Kellers Lehrerin – den Blinden das Sehen und den Taubstummen das Sprechen beizubringen.

Vielleicht aber werden die Männer nie, einfach nie so sein, wie wir sie gerne hätten. Vielleicht wollen sie gerade so sein, wie sie sind. Und vielleicht müssen wir ihnen das zugestehen.

2.
Viele Wege führen ins Unglück oder: Frauen gestalten ihre Ehe

Männer und Frauen heiraten aus unterschiedlichen Gründen und mit abweichenden Erwartungen. Für ihn besetzt «Ehe und Familie» nur einen Teil des Lebens; berufliche Herausforderung, Ansehen und Erfolg nehmen den größeren Raum ein.
Für sie ist «Ehe und Familie» das Leben, auf das die eigene Persönlichkeit oft schmerzhaft zurechtgestutzt werden muß.

Eigentlich hatte alles so angefangen: Wir wollten ein Buch über gute Ehen schreiben. Wir dachten dabei auch an eine gewisse Propagandawirkung. Denn: wenn wir uns immer nur über unangenehme Männer auslassen, die mit ihren Frauen in schlechten Beziehungen leben, dann ist das nicht bloß entmutigend für die Frauen, sondern dient eigentlich bloß den Männern zur Rechtfertigung. Schau her, können sie dann sagen, du bist mit mir nicht zufrieden? Immerhin bin ich doch noch um einiges besser als so mancher andere, an den du statt meiner hättest geraten können. Es ist verblüffend, wie viele ehrgeizige, intelligente und kultivierte Männer sich, ohne mit der Wimper zu zucken, mit dem allerniedrigsten Niveau ihres Geschlechts vergleichen. Sie halten es sich zugute, daß sie zumindest nicht zu dem Typ Schläger und Vergewaltiger gehören. Ihre Frau könnte doch wirklich dankbar sein, daß sie nicht geschlagen, nicht mit ihrer besten Freundin betrogen, nicht mit 55 für eine 18jährige stehengelassen wurde.

Diese Frau hat kaum ein Korrektiv. Vor allem die moderne Frau konnte sich kaum wehren, wenn ihr Mann sie ganz diskret darauf hinwies, wie aufopfernd es von ihm sei, mit ihr zusammenzuleben statt mit einer der zahlreichen viel angenehmeren Frauen – den häuslicheren, den untertänigeren, den jüngeren –, die ihn jederzeit gern aufnehmen und verhätscheln würden. Denn worauf sollte sie verweisen, um ihn seinerseits an dem Angebot seiner wesentlich attraktiveren Geschlechtsgenossen zu messen?

Dieser Frau wollten wir helfen. Wir wollten ihr ein kleines Album von wirklich liebreizenden Männern in die Hand geben, damit sie eine Vision hätte von der Marschroute, die sie und ihr noch-nicht-hinreichend-lieber Liebster einzuschlagen hatten.

Gute Ehen wollten wir finden, damit all jenen, die sich in dieser Lebensform versuchen wollen, zumindest ein Rollenmodell zur Orientierung vorläge.

Wir sahen uns viele der sogenannten guten Ehen genauer an, und je mehr Interviewprotokolle wir ansammelten, desto mehr Fragen türmten sich vor uns auf.

Aber bleiben wir bei der Reihenfolge, in der die Geschehnisse stattfanden.

Was ist das überhaupt, eine gute Ehe? Spontan fallen zwei Kriterien ein, die man zur Definition heranziehen könnte. Erstens ist wohl ein bestimmter, subjektiver Zustand der Zufriedenheit ausschlaggebend. Die Partner müssen in ihrer Beziehung glücklich sein oder zumindest zufrieden. Da wir davon ausgehen können, daß nahezu alle Männer eine Beziehung eingehen in der Hoffnung und Erwartung, dieses Ziel zu erreichen, sollte als zweites Kriterium noch eine gewisse Haltbarkeit ausschlaggebend sein. Das heißt, die Betroffenen dürfen nicht bloß in den ersten berauschten Wochen ihres jungen Glücks meinen, eine gute Ehe zu führen, sondern diese Zuversicht muß auch die Zerreißproben des Alltags eine gewisse Zeitlang überdauern, bevor wir sagen können, daß es sich hier um eine glückliche Ehe handelt.

Die Tücken unseres Projekts sind bereits evident. Denn wir alle wissen, daß es sehr haltbare und langandauernde Beziehungen geben kann, die mit Glück nicht im entferntesten mehr etwas zu tun haben. Es kann Pragmatik sein oder Faulheit, die diese zwei Personen jahrelang, vielleicht ein Leben lang, zusammenhält. Es kann Resignation sein und die Angst, keine bessere Alternative zu haben. Es kann eine einseitige oder gegenseitige Verkrüppelung sein, die den einen oder beide Partner glauben läßt, ohne den verhaßten anderen nicht mehr existieren zu können. Gleichgültigkeit, Angst, Haß, Berechnung und nicht Glück und Liebe können der Grund dafür sein, daß sich die Familie am silbernen Hochzeitstag zusammenfindet. Klar also, daß Haltbarkeit allein noch keine Aussage über die Qualität einer Beziehung macht. Aber: ist Haltbarkeit denn überhaupt ein Kriterium? Können wir nur dann von einer guten Ehe sprechen, wenn sie unter dem Opfer der Nicht-Entwicklung oder zumindest einer immer auf parallele Entwicklung zurechtgestutzten Beziehung andauert? Oder kann es sein, daß man sich zwar auseinanderlebt und schließlich auseinandergeht, die Monate oder Jahre der Beziehung aber trotzdem ein guter und wertvoller Teil der eigenen Biographie waren? Daß eine Beziehung gut, aber befristet ist? Wie ist dann aber eine schlechte Ehe oder sogar grauenhafte Beziehung zu bewerten, von der man rückwirkend erkennt, daß sie einen ganz wesentlichen Beitrag zur persönlichen Weiterentwicklung geleistet hat? Viele Menschen, vor allem Frauen, finden gerade deshalb zum sozialen Engagement, zum Wiedereinstieg in den Beruf, zur Suche nach ihrer persönlichen Identität und ihren wirklichen Talenten, weil eine schlechte Ehe ihnen die Erfüllung versagt hat, die sie ansonsten ausschließlich im Privatbereich und der Familie gesucht hätten. Rückblickend sind sie dann froh, daß ihre Ehe schlecht war und sie damit aus ihrer Lethargie und Trägheit aufgerüttelt wurden, denn eine gute Ehe hätte sie darin aufgehen und eine bloß mittelmäßige hätte sie endlos dahinlavieren lassen. Können wir also letztlich das als «gute Ehe» bezeichnen, wenn wir annehmen, daß wir uns alle unterbewußt das aussuchen, was wir im Grunde brauchen?

So «brauchen» manche Menschen vielleicht eine schlechte, soll heißen, krisen- und spannungsreiche Beziehung, weil sie aus irgendwelchen psychischen Gründen diese Form von Anspannung und Konfrontation mögen? Wenn die Umwelt die Köpfe schüttelt über eine Beziehung, in der dramatische Szenen und Trennungen abwechseln mit ebenso temperamentvollen Versöhnungen und Liebesschwüren, ist das dann eine gute oder eine schlechte Beziehung?

Und andererseits: wie ist eine Beziehung zu bewerten, die haltbar und friedlich ist und in der die Beteiligten beide meinen, eine gute Ehe zu leben, in der diese Stabilität aber ganz eindeutig auf Kosten einer der beiden Beteiligten geht? Wenn eine ehemalige Schulfreundin, die früher lebenslustig, extrovertiert, ein bißchen frech, optimistisch und gesellig war, jetzt an der Seite eines sichtbar muffigen, rechthaberischen Mannes nervös, ja, in seiner Anwesenheit fast ängstlich wirkt, da er sie sofort zurechtweist, sowie sie etwas sagt? Und wenn Sie diese Freundin nur Dienstagabend in einem Lokal treffen können, weil er dann beruflich verreist ist und es ihm sonst leider nicht paßt, daß sie eine Freundin trifft – wenn diese ehemalige Schulfreundin dann meint, alle Menschen müssen Kompromisse machen und alles in allem sei ihre Ehe gut – können Sie ihr dann aus vollem Herzen zustimmen?

Aus all unseren Überlegungen kristallisieren sich schließlich mehrere Ideen zur Definition einer guten Beziehung heraus. Wir selbst wollten eine gute Beziehung so verstanden wissen, daß die Beteiligten sich darin gut und zufrieden fühlen, daß sie tendenziell haltbar ist gegenüber materiellen und psychischen Belastungen und Krisen und daß keiner der Beteiligten Kompromisse machen muß, die an die Substanz der Persönlichkeit und ihrer Wünsche und Werte gehen. Daneben wollten wir nicht ausschließen, daß vielleicht auch Beziehungen, die unsere Kriterien nicht erfüllen, unter Umständen von den Betroffenen als gute Ehen empfunden werden. Und bei dieser zweiten Gruppe entdeckten wir, daß es auch hier eine Reihe von typischen Konstellationen gibt, die manche Beziehung eher erfolgreich sein lassen als andere.

Für diese Kategorie von Beziehungen, die unseren rigorosen Standards zwar nicht entsprachen, die aber dennoch von den Beteiligten oder ihrer Umgebung mit besonderen Prädikaten der Güte versehen wurden, wählten wir die Bezeichnung «funktionierende Ehen».

Und es bildeten sich drei Typen solcher Beziehungen heraus.

Da war zum einen die Verbindung, in der es deutlich einen «Sieger» gab; und das mußte nicht immer der Mann sein. In diesen Beziehungen hat sich, oft nach vielen Jahren und manchen Schwankungen in den relativen Machtverhältnissen, der eine Partner durchgesetzt. Seine Meinung hat mehr Gewicht; er hat den größeren Stimmanteil bei wichtigen wie unwichtigen Entscheidungen; seine Dominanz ist im Zusammenleben deutlich. Der andere Partner hat sich untergeordnet, weil er die schwächere Persönlichkeit, der nettere Mensch oder weil er einfach weniger kampflustig war. Vielleicht war er über viele Jahre nach außen hin sogar der Stärkere, und der Partner verbarg mühsam seine Ungeduld und seinen Zorn, bis sich das Blatt endlich wendete und seine Stunde schlug. Nur zu leicht ist dann ein Element der Bestrafung spürbar, weil der ehemals Unterdrückte das erlebte Unrecht rächen will. In vielen lang andauernden Ehen ist dieses Muster zu beobachten: Nach der Pensionierung verliert der Mann seine Vorrangstellung, die Frau ist vergleichsweise noch rüstig und gewandter in den Beziehungen zu Freunden und Verwandten, die nun einen neuen Stellenwert besitzen. Nun steigt sie auf als die

Kompetentere und managt den Alltag, während ihr Mann in ihren Schatten gerät. Oder eine Frau versucht jahrelang, mit ihrem Mann eine gleichberechtigte und freundschaftliche Ehe zu führen, bis sie müde wird und zu der Meinung kommt, es sei einfach leichter, ihm nachzugeben und nach dem Mund zu reden und ihm die männliche Vorrangstellung zu lassen, die er anscheinend so dringend braucht.

Als Außenstehender wird man diese Verbindungen nicht unbedingt für «gute» Beziehungen halten, denn sie sind im Kern ungerecht, und einer der Partner wird in seiner Persönlichkeit beschädigt. Trotzdem können die Beteiligten und ihre Umgebung der Meinung sein, dieses Paar führe eine äußerst erfolgreiche Ehe. Der Schwächere kann mittlerweile nicht nur nicht in der Lage sein, sich zu wehren, sondern auch schon zu schwach sein, um sich noch zu ärgern. Die Bevormundung kann er als eine Art von Sicherheit und Zuwendung erleben. Vor allem aber kann er meinen, daß es ohnehin nichts wirklich «Besseres» gibt als das, was er erreicht hat.

Bei dem zweiten Typ Ehe begreift sich ein Partner, fast immer die Frau, als «Korrelat» zu einem dominanteren zweiten. Diese Ehe funktioniert auf Grund eines Tauschvertrags: die Frau organisiert Familie und Privatleben und ist die Begleiterin ihres Mannes, der sie dafür materiell und sozial mitbegünstigt bei seinen Erfolgen. Dieser Vertrag hat eine lange Tradition, aber es gibt ihn in modernen Varianten. Die Journalistin zum Beispiel, die einen Diplomaten heiratet: sie gibt ihren Beruf auf, obwohl sie eigentlich eigene Ambitionen hatte, weil sich das mit dem unsteten Leben und den Schwierigkeiten, bei häufigem Ortswechsel die Familie stabil zu halten, sonst nur schwer vereinbaren ließe. Aber sie tut das absichtlich, weil sie sich davon etwas verspricht: Manches von dem, was sie sich von ihrem Berufsleben erwartet hatte, glaubt sie in dieser Weise ebenfalls zu erreichen, zum Beispiel, viel auf Reisen zu sein und interessante Leute kennenzulernen. Darüber hinaus glaubt sie, daß sie durch ihren Mann eine höhere soziale und materielle Ebene erreichen wird, als ihr aus eigener Kraft möglich gewesen wäre. Sie übernimmt die traditionelle Frauenrolle nicht deshalb, weil sie daraufhin erzogen wurde und sie für richtig hält, sondern weil sie glaubt, daß das in ihrem speziellen Fall die beste Lösung ist. Sie weiß, daß sie damit von ihren ursprünglichen Vorstellungen und Überzeugungen abweicht, aber sie tut es bewußt, in voller Absicht und, wie sie meint, in «Mündigkeit». Daher fühlt sie sich zufrieden und hält ihre Ehe für erfolgreich.

Der dritte Typus tritt in unserer Kultur überwiegend bei Prominenten auf. Ein junger, ambitiöser Mann heiratet eine Frau, die an ihn glaubt und ihn unterstützt, oder aber eine, die ähnliche Ambitionen hat wie er selbst. Diese Beziehung ist oft spannungsgeladen. Entweder ist ihm seine Frau keine gleichwertige Partnerin, und er fühlt sich durch sie in seinen Möglichkeiten beschnitten, oder sie ist ihm ebenbürtig, dann empfindet er sie als Rivalin. Die Ehe, oft auch die darauffolgenden Ehen, enden in Scheidung. Indessen geht seine Karriere stetig aufwärts, er macht sich einen Namen. Mit 50 oder 60 dann, beruflich etabliert und gesellschaftlich anerkannt, wählt er aus den ihn umschwärmenden Frauen eine neue Partnerin, die um etliche Jahrzehnte jünger ist als er, um mit ihr bis zu seinem Tod, der sie als wohlhabende Witwe zurückläßt, scheinbar glücklich und harmonisch zusammenzuleben. Curd Jürgens, Herbert von Karajan, viele Beispiele fallen einem dazu ein.

Die Nützliche

> Sie ist die Frau an seiner Seite, halb hinter ihm, die unentbehrliche, die seine Socken stopft, die temperamentvollen Kinder von ihm fernhält und seine Karriere fördert. Bis zur Selbstaufgabe. Und bis er sich eine andere nimmt.

Frauen sind stolz darauf, sich einem wichtigen Mann – wobei «wichtig» wirklich ein relativer Begriff ist, gerade bei Männern, die schon Spurenelemente von persönlicher Bedeutung zu einem großen Ruhmesgebäude aufplustern können – unentbehrlich zu machen. Damit begehen sie einen Fehler. Indem sie sich nützlich und angenehm machen, reduzieren sie sich auf Funktionen und werden dabei ebenso austauschbar wie die Funktion.

Die Biographie von Virginia Haggard,* die sieben Jahre lang mit dem Maler Marc Chagall zusammenlebte und mit ihm einen Sohn hat, ist diesbezüglich aufschlußreich.

Als Chagalls langjährige Ehefrau Bella starb, zog seine verheiratete Tochter zu ihm, um seinen Haushalt zu führen und seinen Alltag zu regeln. Das aber war kein Dauerzustand.

Virginia Haggard trat in Chagalls Leben, weil seine Tochter Ida jemanden suchte, der ihr bei der Versorgung des Vaters behilflich sein könnte. «Idas größtes Problem bestand in der Frage, wer die Socken ihres Vaters stopfen könnte. Sie hatten sich über Monate angesammelt, da Nähen zu den wenigen Dingen gehörte, die Bella ihrer Tochter nicht beigebracht hatte.»

Virginia, die dem Bohème-Milieu entstammt, tritt in diesem günstigen Augenblick auf den Plan. Sie übernimmt Näharbeiten, um das Familieneinkommen aufzubessern, und gelangt über eine Freundin an die Socken von Chagall. Als sie die fertigen Socken dann bei Ida abgibt, kommen die beiden Frauen ins Gespräch. Ida stellt Virginia als Haushälterin für den Vater an, um selber einen langersehnten Urlaub machen zu können.

Ja, und dann entwickelt sich allmählich mehr daraus. Bellas Tod hat eine Lücke in Chagalls Leben hinterlassen, und Virginia ist durch ihre bloße Präsenz aufgefordert, diese Lücke zu füllen. Er ißt nicht gern allein, also setzt Virginia sich mittags zu ihm. Er unterhält sich gern auf französisch und hat in New York wenig Ansprache, weil er nicht Englisch kann; Virginia hört sich seine Geschichten an und erzählt ihm ihre, wenn er in seiner Malerei nicht weiterkommt und eine Pause einlegen will. Und daneben putzt sie das große Atelier und kocht seine Lieblingsgerichte, für die Ida ihr die Rezepte gibt. Virginia bemüht sich, den Haushalt zu Idas Zufriedenheit zu führen, und vor allem, sich Chagall nützlich zu machen. Dazu gehören Dienstleistungen, dazu gehören aber vor allem auch psychische Leistungen, wie Virginia erkannt zu haben glaubt:

* Virginia Haggard: Sieben Jahre der Fülle. Leben mit Chagall. Reinbek bei Hamburg 1989. Zitate S. 13/77/220/223

«Ich entdeckte einen Charakterzug an ihm, der in seinem Leben eine wichtige Rolle gespielt hat: er brauchte häufig Bestätigung; nicht, weil er nicht selbst zu genau wußte, welches seine besten Bilder waren, sondern weil er wollte, daß andere Menschen sie mochten. Er holte oft die Meinung unerfahrener Menschen ein, die ihr Urteil spontaner fällten als Spezialisten. Er fürchtete sich vor Widerspruch und Unverständnis.»

In diese Bresche will Virginia springen, indem sie zu der Person wird, die immer und verläßlich Bestätigung schenkt.

Und noch etwas hat Virginia entdeckt: daß Chagall nicht allein sein kann. Da sie ihm nur tagsüber Gesellschaft leistet, bleiben die Abende und die Nächte, die er allein verbringen muß. Das möchte er ändern, und es macht Virginia nichts aus, daß diese Absichten eigentlich kaum etwas mit Liebe zu tun haben. Sie glaubt, Chagalls Psychostruktur durchschaut zu haben und darin eine Chance für sich zu erkennen, in seinem Leben Platz zu finden:

«Marc gestand, daß er erst vor ein paar Wochen eine Freundin von Ida gebeten hatte, mit ihm zu leben, nur um ihm Gesellschaft zu leisten... Sie hatte das Angebot abgelehnt, da sie einen Geliebten hatte. ‹Wie gut, daß sie ablehnte. Wir hätten uns sowieso nicht gut verstanden, aber du siehst, wie weit ich bereit war zu gehen, nur um nicht allein zu sein...›

Ich überlegte mir, daß ich bei seinem starken Verlangen nach Gesellschaft beinahe meine Chance verpaßt hätte, wenn die junge Frau nicht anders entschieden hätte.»

Es folgt eine demütigende Zeit, in der Virginia sich weiterhin als Haushälterin tarnt, weil sie und Chagall die Reaktion der Tochter auf ihr Liebesverhältnis fürchten. Anläßlich seiner Geburtstagsfeier zum Beispiel wird sie von Ida aus der Küche gerufen, um ein Glas Wodka auf das Wohl ihres «Arbeitgebers» zu trinken.

Aber Virginia hat noch eine weitere Wunschvorstellung von Marc ausfindig gemacht. Er hat ihr erklärt, wie sehr es ihn enttäuschte, als Ida geboren wurde, da er sich so dringend einen Sohn erhofft hatte. Zwar sei Ida inzwischen unendlich wichtig für ihn geworden, habe sich als richtige «Chagall» entwickelt, so daß er sich seiner ursprünglichen Enttäuschung regelrecht schämte. Aber dennoch bestand sein Wunsch nach einem Sohn nach wie vor; eine weitere Chance für Virginia, die auch prompt schwanger wird.

«Marc war über dieses unabwendbare Ereignis unserer jungen Liebe völlig außer sich. Das traditionelle Trauerjahr nach dem Tode der Ehefrau, das der jüdische Brauch vorschreibt, war noch nicht verstrichen. Dies war für Marc eine schwerwiegende Sache... Er fühlte sich Bella gegenüber schuldig und hatte Angst vor Idas Reaktion. ... Zwei elende Wochen verbrachte ich mit Nachdenken, völlig verstört darüber, daß Marc das Kind ablehnte.»

Virginia bemüht sich, schließlich mit Erfolg, Marc zur Akzeptierung des Kindes zu bewegen. Unter anderem geht sie mit ihm zu einer befreundeten Handleserin, die ihn von der Schicksalhaftigkeit dieser Wende überzeugen kann. Allerdings verlangt Marc einen Preis: Virginia soll ihre kleine Tochter Jean in ein Internat geben, da ihm die Anwesenheit dieses Kindes lästig ist. Virginia ist dazu bereit, und sie beginnt ihr Zusammenleben mit Chagall auf Kosten der Tochter, die sich verzweifelt, aber erfolglos gegen ihre Abschiebung wehrt.

Marc hat inzwischen eine Version gefunden, um seine Schuldgefühle wegen der Tatsache zu überwinden, daß er seine angeblich so innig geliebte Bella nicht einmal ein Jahr lang betrauern konnte. Er beschließt, daß Bella von ihrem jetzigen überirdischen Aufenthaltsort aus Virginia ausgewählt habe, um ihren Gatten zu versorgen. Sein egozentrisches Weltbild, kräftig unterstützt durch Virginia und auch durch Ida, erlaubt es ihm, im eigenen Wohlergehen den Sinn und Zweck des Weltalls zu begreifen. Virginia betreut ihn weiterhin umfassend und richtet ihm ein neues und größeres Zuhause ein. Ihre traute Häuslichkeit wird nur durch seine abrupte Abreise unterbrochen, als der Zeitpunkt der Geburt des gemeinsamen Kindes naht. Chagall hat ein gestörtes Verhältnis zu Kindern, was sich ja schon in der Verbannung von Virginias Tochter äußerte, und auch der Gedanke an die Geburt dieses Kindes assoziiert er eher mit Unannehmlichkeiten. «Die ganze Situation ließ Schuldgefühle in ihm keimen. Endlich entschloß er sich, im Mai zu fahren, so daß er zum Zeitpunkt von Davids Geburt abwesend sein würde.» Virginia kann diesen Schritt in ihr Weltbild einordnen:

«Natürlich war ich enttäuscht, aber ich wußte, daß man von ihm nicht das Verhalten eines normalen Vaters erwarten

> konnte ... Er teilte die Vaterrolle zwischen seinen gemalten und seinen leiblichen Kindern auf. Wenn ein Opfer gebracht werden mußte, dann waren die leiblichen Kinder gefordert.»

Die Beziehung hält sieben Jahre, wobei die Verbindlichkeit nie viel tiefer wird, als sie es am ersten Tag war. Virginia bemüht sich, die Bindung zu intensivieren, indem sie Marc entgegenkommt, ihm lästige Dinge abnimmt, sich vollkommen seinen Eigenarten anpaßt, Kränkungen hinnimmt. Sie definiert sich durch ihre Nützlichkeit. Chagall dagegen muß sich nicht als nützlich, angenehm oder anpassungswillig zeigen; er braucht lediglich der gnädige Empfänger dieser Zuwendungen zu sein.

Mit der Zeit wird die Beziehung unhaltbar. Virginia ist mit ihrem Status, mit dem Erreichten nicht zufrieden. Weder ihre Hingabe noch der gemeinsame Sohn haben es erreicht, Chagall eine wirkliche Gegenleistung auf Gefühlsebene abzuringen. Sie entschließt sich zur Trennung.

Und Chagall? Er könnte Virginia zurückrufen, ihr versprechen, sich ihren Forderungen und Wünschen anzupassen, ein anderer zu werden. Aber wozu? Putzen, Sockenstopfen, leichte Konversation betreiben können genügend andere auch. Kaum 24 Stunden nach der Trennung

> «suchte er wieder jemanden, der ihm Gesellschaft leisten könnte. Idas Freundin hatte das Angebot, mit Marc zusammenzuleben, erneut abgelehnt, und Ida wußte, daß sie bald jemanden für ihn finden mußte. Dann hatte [eine andere Freundin] eine glänzende Idee. Valentina Brodsky ... eine kultivierte, intelligente Frau, führte ein blühendes Modegeschäft in London, nahm aber sofort das Angebot Idas an, als Marcs Sekretärin nach Vence zu kommen. Nach zwei, drei Monaten war sie unentbehrlich geworden. Sie wollte aber nur dann bleiben, wenn Marc ihr versprach, sie zu heiraten. Marc äußerte einigen Freunden gegenüber, er denke nicht ans Heiraten, wolle aber, daß Valentina blieb, so daß auf der Stelle das Aufgebot bestellt wurde.»

Virginia bleibt allein zurück, mit einer Tochter, die ihr für den Rest ihres Lebens Vorhaltungen machen wird, so abrupt und lieblos in ein Heim abgeschoben worden zu sein, und mit einem Sohn, der in der Wahrnehmung seines Vaters kaum existiert und bei den seltenen Besuchen sowohl von ihm als auch von dessen Frau sehr abfällig behandelt wird.

Virginia zieht ein realistisches Fazit über den Ausgang dieser Geschichte:

«Valentina war gleich zu Beginn die perfekte Hüterin von Marc, sie schützte und verwaltete seine Besitztümer, organisierte mit klarem Blick und viel Phantasie sein Leben, und Marc genoß es. In dieser Hinsicht kam sie Ida gleich, und Marc war zufrieden und getröstet, daß alles in Ordnung war. Meine Spuren wurden schnell verwischt.»

Der berühmte Maler H. macht zu diesem Thema einige interessante Bemerkungen.

Er selbst heiratete als junger Mann eine Frau, die sich fortan zur Künstlersgattin erklärte. Sie förderte ihn, unterstützte ihn, erzog den gemeinsamen Sohn, erlebte den Aufstieg ihres Mannes, der sich dann scheiden ließ und eine junge Malerin heiratete. Seine Frau, die vorangegangenen Freundinnen und seine jetzige Partnerin – wenn er sie sich so, chronologisch aufgereiht, vorstellt, dann sieht er, daß sie ihm in seinen unterschiedlichen Entwicklungsphasen jeweils sehr entgegenkamen:

«Also, der junge Mann hat gern Ersatz für das, was die Welt ihm nicht liefert, das hat er gern von seiner Partnerin. Da er selber unsicher ist, die ganze Welt sorgt für Ärger und für Haß, so hat er eine Freundin, die sagt, du bist der Größte. Zumindest jedenfalls stimmt sie ihm zu. Also ich hatte in meiner Jugend nur einen einzigen treuen Menschen, und die war dazu verurteilt zu sagen, ich bin der größte Maler. Sie hat das auch sehr lieb immer gesagt, und wenn ich eine Meinung hatte, dann hat sie die nachgeredet.

Aber, ein junger Maler wird einmal ein älterer Maler, und wenn er Glück hat, liefert die Welt ihm allmählich das, weshalb er früher auf seine Freundin angewiesen war, nämlich Bestätigung.

Als ich dann Gita kennenlernte, war ich schon ziemlich anerkannt, ich habe schon unterrichtet an der Kunstakademie und hab auch schon Geld verdient mit meiner Arbeit, und unser Kreis von Malern war ein Begriff in der Kunstszene. Also war ich nicht mehr angewiesen darauf, angehimmelt zu werden, sondern im Gegenteil, plötzlich erfahre ich durch sie etwas Spannendes, Neues. Sie sagt nämlich meist das Gegenteil von dem, was ich meine, was ich mir denke. Und was schadet's mir? Denn ich bin ja mittlerweile gefestigt. Mittlerweile reden mir die anderen Leute nach dem Mund, und jetzt ist Widerspruch etwas, was mich erheitert.

In den ersten Jahren meiner ersten Ehe war ich es gewohnt, daß meine Frau mir meine eigenen Schallplatten vorspielte und ich das notwendig brauchte zu meiner Selbstbestätigung. Mit der Zeit, wenn andere auch schon etwas Freundliches sagen, dann ist man nicht mehr so angewiesen darauf, auf diese Art von Einstimmigkeit, sondern plötzlich interessiert es einen, daß ein anderer zu derselben Sache einen anderen Standpunkt einnimmt. Ich bekomme zu meiner Anschauung noch die der Gita dazugeliefert, und das ist ein großer Reiz. Also jetzt bin ich gerade süchtig danach, wir reden über alles. Und sehe dann an ihren Reaktionen, wie sie die Geschichte sieht, und sie sieht es meistens wieder ganz anders. Das ist auch im Alltag so, wenn mir z. B. eine Geschichte wahnsinnig wichtig ist, und ich steigere mich leicht in eine Sache hinein, und dann seh ich, daß die Gita eigentlich ganz gelassen bleibt, dann beruhigt mich das.

Also ich bekomme eine Ergänzung durch die Gita. Ich werde um einen ganzen Menschen besser und umfangreicher. Und das ist für mich eine der großen Leistungen der Gita, neben ihren sonstigen anschaulichen Vorzügen. Im Gegenteil, wenn mir heute jemand nachreden würde, was ich vorrede, das würde mich eher vor den Kopf stoßen, enttäuschen. Ich bin nicht mehr darauf angewiesen, daß mir jemand andauernd sagt, ich sei der Größte.»

Bei dieser Erzählung drängt sich ein astronomisches Bild auf: H. als Fixstern in einem Universum, von diversen Frauen als Satelliten umkreist. Für eine Frau muß die eigentliche Aussage beunruhigend sein, denn die Ehefrau seiner Jugend ist unweigerlich zur Überaltung, zur Ausrangierung vorherbestimmt; indem sie ihm zum Erfolg verhilft, macht sie sich selber überflüssig. Es sei denn, sie würde zum geeigneten Zeitpunkt plötzlich eine Persönlichkeitsumwandlung erleben und statt der lieben, unterstützenden, treuen Gefährtin zur provokativen, spannenden Partnerin werden.

Wir wollen den Mann in diesem Szenarium nicht beschönigen. Ohne Zweifel manifestiert sich in seinem Standpunkt ein starker Egoismus, der die eigene Annehmlichkeit und die eigenen Bedürfnisse zum obersten Gebot macht. Aber gleichzeitig müssen wir sehen, daß Frauen diesen Egoismus genährt haben, indem sie sich auf eine Funktion reduzieren ließen. Die erste Frau will an seinem Aufstieg teilhaben, sich in sein Leben integrieren, indem sie einen Beitrag zu seinem Ruhm leistet: sie pflegt sein psychisches Gleichgewicht, baut ihn auf, bestärkt ihn. Das wäre alles noch in Ordnung, denn schließlich brauchen alle Menschen diese Art von Zuspruch, und eine Liebesbeziehung kann unter anderem auch dieses Bedürfnis befriedigen: wechselseitig. Die Frau-an-seiner-Seite aber übernimmt diese Arbeit als einseitigen Dienst und betreibt sie ausschließlich, nicht als einen Aspekt der Beziehung, sondern in der Hoffnung, sich dadurch unentbehrlich zu machen. Manchmal gelingt das, und die Frau des Künstlers oder sonstigen großen Mannes bleibt bis in das gemeinsame Alter hinein eine prägende Figur, die sich in seine Psyche verkrallt hat und ihm wertvolle Leistungen erbringt. Oft aber geht die Rechnung nicht auf, die Wünsche des Mannes verändern sich mit der Zeit. Er hat auch wenig Gewissensbisse, diesen Wünschen stets und sofort zu folgen, denn schließlich hat er – auch von der treuen Ehefrau – jahrelang gehört, daß er der Größte sei und etwas ganz Besonderes darstelle und von der Umwelt verhätschelt werden müsse. In seinem Egoismus gefüttert, betrachtet er es als sein Recht, auch weiterhin Frauen zu konsumieren, die seiner momentanen Laune entsprechen. Das können umgekehrt auch ganz junge Frauen sein, die ihn weiterhin anhimmeln und es überzeugender tun als die alte Ehefrau, die ihn und seine zahlreichen nicht-himmlischen Eigenschaften schon allzu gut kennt. Oder es können selbstbewußte und unabhängige Frauen sein, die ihm endlich Kontra geben, nachdem jahrelang immer nur ein Fan-Klub ihn umringte. Es kann eine echte Seelenverwandte sein oder irgendeine Opportunistin, die ohne Mühe zur Nutznießerin und später zur Haupterbin seines Ruhmes wird. Das ist egal. Entscheidend ist, daß er im Zentrum steht und die Frauen sich an ihm orientieren. Es ist nicht die «Schuld» der ersten Frau, daß er sie später danklos sitzenließ. Aber sie hätte besser daran getan, sich von Anfang an auch um ein eigenes Leben, einen eigenen Weg zu kümmern.

Die Kompromißbereite

> Sie hatte sich eigentlich etwas anderes vorgestellt und ahnte gleich nichts Gutes. Doch sie nahm ihn, und nun muß sie sehen, wie sie damit zurechtkommt: einen Modus finden, weniger Ansprüche stellen, Verletzungen aushalten, Kompromisse machen.

Karen:

«Die Ehe meiner Eltern war wie aus dem letzten Jahrhundert. Großbürgerlich, sehr sittsam. Mein Vater kam heim, meine Mutter hatte sich schon schöngemacht, dann nahmen sie Tee, und wir Kinder mußten ins Kinderzimmer. Also, bei mir ist das anders, heute. Ich mach mich eigentlich nicht schön, wenn mein Mann nach Hause kommt, weil wir gemeinsam nach Haus kommen. Also, ich mach mich natürlich schon schön, wenn wir ausgehen oder so.

Ich war zuerst aber mit einem Patriarchen verheiratet. Ich meine, das war eine Flucht vor meinem Zuhause. Ich wollte immer selbständig sein, und meine Mutter wollte es immer verhindern. Selbständigkeit, das hatte für sie den Beiklang von In-der-Gosse-Landen. Sie hatte auch immer furchtbare Angst gehabt, daß ich Männer hab usw. Wenn sie wüßte, wie viele ich gehabt hab... aber sie weiß es Gott sei Dank nicht.

Ich hab im Studentenheim gewohnt und hab immer schon so eine Schwäche für Italiener gehabt. Und er war Italiener und am Ende seines Studiums, Architektur. Also für Architekten habe ich auch eine Schwäche. Mein eigenes Studium habe ich auch betrieben, aber ziemlich lax. Ich war 20 und wirkte nach außen wie ein völlig vitales, lustiges Geschöpf. Und irgendwie hatte ich so eine

Vision von einem großen, schlanken Mann, braune Haare und braune Augen, schön angezogen, im italienischen Leinensakko und eine Wohnung mit Perserteppichen und antiken Möbeln, und ich geh ihm entgegen, und er kommt grad nach Haus. Und gleichzeitig habe ich mir immer gedacht: das wäre mir aber nicht genug. Und außerdem hat weder mein erster Mann noch mein zweiter in das Klischee gepaßt.

Mit meinem ersten Mann war ich drei Jahre verheiratet. Wir hatten zwei Kinder. Ja, und die Zeit war also sehr angefüllt mit Familienleben – und war zugleich sehr leer. Ich hatte erwartet, daß er die guten Eigenschaften meines Vaters haben wird. Ich hoffte auf eine sehr interessante Persönlichkeit, lustig und mit Ideen. Ein Mensch, der einem Inneres geben kann, der seinen Kindern etwas vermittelt, so daß sie charakterlich gut geraten und sich um ihre Mitmenschen kümmern. Und mein erster Mann, der ist kalt. Sicher liebt er seine Kinder, das glaube ich schon, aber er ist kalt. Verkorkst. Wenn ich ihm heute begegnen würde, würde ich das sicher sehen. Der würde sicher nicht in Frage kommen, als Partner. Er wäre mir zu kompliziert. Nach drei Jahren habe ich mich scheiden lassen. Ich bin mit meinen Kindern zu meiner Mutter gezogen, und er ist zurückgegangen nach Italien. Ich hab mein Studium wieder aufgenommen, also das war eine Qual. Ich bin oft über den Büchern gesessen und hab geheult und hab gedacht, ich schaff das nie. Das Entwöhntsein vom Lernen und der Streß mit der Scheidung, das war ganz furchtbar. Aber immerhin, es ist mir gelungen, mein Studium abzuschließen.

Ich hatte dann auch einen Freund, der war das Gegenteil von meinem Ehemann. Der Ehemann war so ein... Wissenschaftler. Der wollte eigentlich nur ein geordnetes Zuhause. Der hatte auch sexuelle Schwierigkeiten, viele Komplexe, ging in Pornofilme. Der konnte auch abwesend sein, gänzlich abwesend. Er saß am Mittagstisch und redete kein Wort, sondern war einfach nicht da. Das war schon schrecklich. Ich war völlig verhärmt. Wenn ich mir Fotos anschaue, ich glaub, ich schau älter aus als jetzt. Mein Freund hat sich mir unheimlich zugewendet und hat mich mit Haut und Haaren aufgefressen. Das hat mir eigentlich recht gut gefallen, zumindest anfangs. Nach zwei Jahren allerdings hab ich ihn rausgeschmissen. Er war eifersüchtig, pausenlos irrsinnig eifersüchtig. Wenn wir abends weggegangen sind, hat es anschließend immer Terror gegeben. Dann mußte ich nachdenken, was hab ich heute abend gemacht, um bei ihm den Eindruck zu erwekken, daß da was war. Ich hab dann immer krampfhaft nachgedacht, wer neben mir gesessen ist und ob ich mit dem zuviel geredet hab oder zu nah an ihm dran gesessen bin, usw. Jetzt denke ich, daß das von seiner Seite eher Projektion war. Denn schließlich hat er dann mit meiner besten Freundin ein Verhältnis angefangen.

Dann war ich eine Weile allein, abgesehen von kurzen Episoden mit diversen Männern, die aber eher aus Einsamkeit entstanden sind. Dabei bin ich eher ein Mensch, der eine richtige, feste Beziehung braucht. Das sieht man mir offenbar auch an, denn meine Freundinnen hatten immer alle den Drang, mich zu verkuppeln. Sie wollten mir immer alleinstehende Herren vorstellen, von denen sie meinten, die würden zu mir passen. So habe ich dann auch meinen zweiten Mann kennengelernt. Eine Freundin hat ein Treffen arrangiert mit einem Mann, den sie mir zudachte, und der gefiel mir aber überhaupt nicht. So ein Blonder, Blasser war das, und wir paßten überhaupt nicht zusammen. Aber er hatte einen Freund mitgebracht, und da spürte ich, daß der sich für mich interessiert. Zum Beispiel hat er mich gefragt, was ich beruflich mache, und ich habe gesagt, ich bin Architektin. Und dann hat er gesagt, o Gott, schon wieder eine Architektin! Denn seine letzte Freundin war auch Architektin. Und ich hab mir gedacht, so was sagt man doch nur, wenn man Interesse hat. Das sag ich doch nicht zu jemandem, zu dem ich keinen Bezug hab.

Dann hat eine sehr mühsame Zeit begonnen. Einerseits war er, also er heißt Peter, wahnsinnig lieb. Er hat sich auch sehr um die Kinder gekümmert. Er hat für uns alle gekocht, hat ihnen Sachen gekauft. Aber dann wieder hat er mir unmißverständlich zu verstehen gegeben, daß er keine Beziehung wünscht, daß er frei sein will. Da hat er richtig verletzend sein können, da habe ich immer gesagt, ist ja schon okay, ich hab dich schon verstanden, aber er konnte nicht aufhören damit, sondern fing immer wieder an davon.

Er hat bei uns gewohnt, aber hat auch immer seine eigene Wohnung behalten. Eigentlich war er aber nie dort. Alle gemeinsam haben wir manchmal dort übernachtet, mitsamt den Kindern, so quasi zum Wohnung-Ausnutzen. Aber es war ihm wichtig, das zu haben. Dann hat er eine Amerika-Reise gemacht, war drei Monate weg. Als er zurückkam, war ihm dann klar, daß er bei mir bleiben will.

Ja, er hatte Bindungsängste. Seine Eltern führen eine wahnsinnig schlechte Ehe. Das hat ihm wohl einen Schock versetzt. Aber heiraten wollten wir eigentlich beide nicht. Wir haben es dann doch gemacht, weil wir ein Kind bekamen und weil Peter in einem Ministerium an recht exponierter Stelle arbeitete. Das hat uns aber ziemlich beeinträchtigt, ich würde sagen, jahrelang sogar. Daß wir aus Sachzwang geheiratet hatten. Heute macht es uns nichts mehr aus, verheiratet zu sein.

Wir haben auch diverse Vorsorgen getroffen, damit wir uns nicht eingeengt fühlen. Getrennte Finanzen zum Beispiel, damit die Dinge bei einer eventuellen Trennung einfacher sind. Und wir haben beide die Möglichkeit, unbehindert mit anderen Leuten befreundet zu sein, ohne daß daraus ein Drama wird. In der Realität allerdings ist es nicht sehr getrennt, sind unsere Bekanntenkreise ziemlich verschmolzen. Und das ist auch okay. Aber am Anfang störte uns, glaube ich, die Vorstellung: jetzt heiraten wir, jetzt beginnt eine fade Zeit.

Wir mußten uns dann, in allen klassischen Konfliktbereichen, miteinander auseinandersetzen und einen Modus finden. Zum Beispiel Geld. Er gibt mir einen Betrag für die Haushaltskosten, und ich bezahl den Rest. Dabei bleibt mir von meinem Gehalt immer etwas übrig, und das spare ich. Ich weiß nicht, wie es Peter macht, ich weiß nicht, wieviel er verdient. Aber ich finde das okay, wie wir es machen.

Dann die Erziehung. Da gab es Probleme mit meinen Kindern. Vorher war er gut mit ihnen zurechtgekommen, sehr gut sogar, aber dann später gab es Probleme. Anfangs wollte ich ihn integrieren und ihm das volle Mitspracherecht gegenüber den Kindern einräumen, aber jetzt denke ich, daß ich als Mutter einfach gewisse Dinge allein entscheiden und allein verantworten muß. Das klingt vielleicht hart, aber letztlich ist er doch der Stiefvater, und das ist eine Realität.

Wobei, die Kinder waren nur der Anlaß für den Konflikt,

glaube ich. Es gab zwischen uns eine Reihe von Problemen, und dann haben die Kinder das zum Ausbruch gebracht. Wir mußten dann zur Psychologin gehen, denn wir konnten einfach miteinander und mit den Problemen nicht mehr umgehen. Ich habe die Psychologin gefunden und bin hingegangen und habe einen Termin ausgemacht für uns beide und habe ihm das einfach mitgeteilt. Daß ich einen Termin ausgemacht habe, für Donnerstag um 18 Uhr. Und dann war ich sehr gespannt, ob er dort sein wird. Und er war dort, er war sogar schon vor mir dort. Wir sind eine Weile hingegangen, dann ist er weggeblieben, weil er meinte, es sei nun wieder besser zwischen uns, und jetzt sei es genug. Ich geh noch hin, weil ich finde, daß es mir guttut. Ich gehe für mich hin. Als ich mit ihr begonnen habe, ist es mir sehr schlecht gegangen. Ich wollte mich damals trennen, und wir waren schon soweit, daß wir getrennt Urlaub gemacht haben.

Und jetzt ist es besser zwischen uns, glaube ich. Also, ich fühle mich zufrieden. Und ich denke, das würde ich schon spüren, wenn ich nicht zufrieden wäre. Ich habe zum Teil auch aufgehört, gewisse Ansprüche an ihn zu richten. Ansprüche, die er nicht erfüllen kann. Ich verlange nicht mehr, daß er sich in Probleme vertieft, die ihn nicht interessieren. Man kann die Dinge ja dann auch mit anderen Leuten besprechen.»

Karens Ausgangspunkt ist bereits ein ambivalenter. Zu Hause hat sie eine sehr traditionelle Familie miterlebt, was zu dem persönlichen Wunsch geführt hat, später einmal eine andere Art von Beziehung zu haben. Trotzdem aber sind die Muster einer traditionellen Beziehung in ihr verankert. Und der Wunsch, aus der traditionellen Familie herauszukommen und selbständig zu sein, veranlaßt sie dazu, schnell und nach oberflächlichen Kriterien einen Ehemann zu suchen.

Auch ihre Erwartungen an den Ehemann zerfallen in zwei schwerpunktmäßige Bereiche. Auf der einen Seite die klischeehaften, oberflächlichen Dinge: Nationalität, italienische Leinenanzüge, Yuppie-Idylle. Auf der anderen Seite die realen, inhaltlichen Dinge: ein interessanter Mensch soll es sein, mit dem man gut sprechen kann, der sich bei der Erziehung der Kinder engagiert, der aufgeschlossen ist und soziale Werte hat. Den Wert emotionaler Wärme entdeckt sie an Hand ihrer ersten Ehe mit einem «kalten» Mann. Überhaupt können wir diese erste Ehe als Lernphase definieren, und wir meinen, daß sie daraus – wenn es auch eine harte Schule war – lernen konnte, was ihr bei zukünftigen Beziehungen wichtig sein sollte.

Die erste Begegnung mit dem zweiten Ehemann jedoch verlief – einem leider typischen weiblichen Muster entsprechend – nicht ohne unterschwellige Warnung. Peters erster Satz ist schon ambivalent, indem er eine negative und eine positive Botschaft vermischt. «Nicht schon wieder eine Architektin», das sagt zwar positiverweise aus, daß er sich für sie interessiert und bereits jetzt, beim allerersten Treffen, eine künftige Partnerin in ihr sieht. Zugleich ist dieser Satz, auch wenn er als Witz aufgefaßt wird, von negativem Inhalt. Er besagt, daß Peter mit künftigen Problemen rechnet, daß er erwartet, daß sich die Schwierigkeiten seiner letzten Beziehung quasi automatisch wiederholen werden, daß er jetzt gleich noch einmal das gleiche erleben wird, o Gott.

Diese Botschaft verstärkt er später, indem er darauf besteht, keine Beziehung eingehen zu wollen – auch dann, als Karen seinen Wunsch respektiert und sogar meint, selbst diese Auffassung zu teilen. Der Beginn der Beziehung ist durch dieses permanente Aussenden doppelter Botschaften geprägt. Peter zieht zu Karen, behält aber seine Wohnung. In dieser Wohnung ist er aber nie, und wenn, dann nur im Familienverband, gemeinsam mit ihr und ihren Kindern. Später ist er es, der sich ein weiteres, gemeinsames Kind wünscht, und schließlich ist sogar er es, dessen Job es ratsam erscheinen läßt, zu heiraten und stabile häusliche Verhältnisse vorzuleben. Er leistet also mindestens seinen halben Anteil an der Verfestigung der Beziehung, vermittelt aber dennoch das Gefühl, widerstrebend in eine Sache hineingeraten zu sein, die er nur halbherzig begrüßt. Bezüglich der Familienfinanzen demonstriert man allzeitige Trennungsbereitschaft. Vor allem Peter verharrt in der Rolle eines Untermieters, der «einen Teil beisteuert». Das würde Karen noch nicht stören. Zu Problemen kommt es erst infolge der emotionalen Distanz. Karen erkennt die Krise. Karen findet eine Psychologin. Karen macht den Termin aus. Karen bleibt auch dann noch dabei, als Peter sich schon wieder mit dem Erreichten zufriedengibt. Die gerade modische Theorie würde das so sehen, daß Karen ihrem Partner damit die Initiative raubt, ihn erschlägt mit ihrem Tatendrang. Aber gerade dieser Fall zeigt, daß das nicht stimmt. Eher sieht der Verlauf der Dinge so aus: ein Mann und eine Frau kommen zusammen, beide ambivalent, beide negativ vorbelastet durch die Ehen ihrer Eltern und die eigenen bisherigen Erfahrungen. Gemeinsam entschließen sie sich, es dennoch zu versuchen. Die Frau leistet ihren Teil, der Mann aber gibt sich schwierig. Die Frau versucht herauszufinden, warum das so ist, um nach Möglichkeit eine Lösung zu entwikkeln. Sie fühlt sich aufgefordert, das Rätsel zu lösen: das Rätsel, warum er mit ihr zusammensein, dieses Zusammensein aber nicht angenehm gestalten will. Ihre Bemühungen bringen manchmal, wenn auch geringfügig, einen Fortschritt. Oft ist er so minimal, daß man eigene, hochempfindliche Meßinstrumente bräuchte, um sie überhaupt zu erkennen. Deswegen meint Karen auch, sie glaube, zufrieden zu sein. Diese Passage wirkt eigenartig: «Jetzt ist es besser zwischen uns, glaube ich. Also, ich fühle mich zufrieden. Und ich denke, das würde ich schon spüren, wenn ich nicht zufrieden wäre.»

Andersherum wäre es plausibler: daß man spüren würde, wenn man zufrieden wäre, bzw. daß man genau wissen müßte, wenn man zufrieden ist. Karen scheint aber unsicher zu sein, wie sie sich fühlt. Vielleicht kommt das daher, daß sie nicht recht weiß, was sie erwarten kann, so daß Zufriedenheit zu einem relativen Begriff wird. Wobei Karen, da sie keine Parameter kennt, auch nicht mit Sicherheit sagen kann, wo sie auf der Skala des ehelichen Glücks steht. Vielleicht ist es «normal», unzufrieden zu sein, sind die meisten Ehen noch viel schlechter als ihre. Dann müßte sie ja, vergleichsweise, zufrieden sein. Zufriedenheit ist schließlich ein sozialer Begriff. Im Mittelalter wurden die Menschen im Durchschnitt 30 Jahre alt, daher konnte einer, der 31 wurde, schon zufrieden sein. Das Einmalige bei Beziehungen aber ist, daß es sich um eindeutig soziale Bedingungen handelt, daß aber hier – und das ist einzigartig – die Standards verweigert werden. Stellen Sie sich zum Beispiel vor, Sie sind auf Stellungssuche und bekommen einen Job angeboten. Es gibt aber kein Lohnschema, und Sie erfahren auch nicht, was andere Leute verdienen. Sie bekommen lediglich, im verschlossenen Kuvert, eine gewisse Summe in die

Hand gedrückt, ohne zu wissen, ob das für den Lebensunterhalt reicht, ob Sie damit die Miete bezahlen können. Sind Sie dann mit Ihrem Einkommen «zufrieden» oder nicht? Genauso ist es bei der Ehe. Es gibt keine Richtlinien; ohne Richtlinien aber ist es unmöglich, sich zu orientieren.

Karen meint nun, sie habe aufgehört, gewisse Ansprüche an ihn zu stellen. Welche Ansprüche sind das? Es sind Dinge, die Karen zu ihrem Wohlbefinden braucht, die sie sich von einer Beziehung erhofft hat: geistige Nähe, einen lebhaften Austausch. Jetzt stellt sie diese Ansprüche nicht mehr, sondern versucht bestenfalls, andere Leute zu finden, mit denen sie diese Themen besprechen, Probleme diskutieren kann, die Peter «nicht interessieren». Ist das ein reifer, ein realistischer Entschluß – oder ist es Resignation? Hat sich Karen unabhängig gemacht von starren Vorstellungen, oder hat sie sich abgefunden mit Unabänderlichem? Sie weiß es selbst auch nicht, daher ist sie nicht sicher, ob sie sich als zufrieden begreifen soll.

Diese Resignation, die sich als Zufriedenheit verstehen möchte, präsentiert sich der Außenwelt oft mit noch einem dritten Gesicht, dem Gesicht des ehelichen Glücks. Die Wahrheit ist, daß die Frau sich «befreit hat» von gewissen Erwartungen – und das kann man als etwas Positives werten. Andrerseits aber waren diese Erwartungen einsichtig und hätten, wären sie eingetroffen, die Beziehung bereichert. Sie trafen aber nicht ein, weil irgendein bockiger Mensch sich grundlos querlegte. Angesichts dessen hat die Frau das für sie beste getan, indem sie – statt zu verzweifeln, unglücklich zu sein oder sinnlos weiterzuhoffen – sich innerlich von ihrer Erwartungshaltung löste. Aber man kann nicht sagen, daß das der optimale Ausgang der Dinge ist.

Zum Beispiel Nina. Nina lernte Michael bei der Arbeit kennen, und war zunächst bestochen von den vielen Ähnlichkeiten in ihren Zukunftsvorstellungen und ihren jeweiligen Kindheiten. Beide hatten das Familienleben als sehr positiv erlebt, waren in freundlichen und offenen Elternhäusern großgeworden. Mit 25 heirateten Nina und Michael, in der Vorstellung, eine «lebendige Familie» zu gründen.

Es stellt sich schnell heraus, daß Michael sich die «Operationalisierung» dieses Ziels anders vorstellt als Nina.

«Ein großes Haus, immer viele Leute, so war das bei mir zu Hause, und so wollte ich das auch wieder haben. Mein Vater hat zu Hause gearbeitet, war daher viel da. Wir Kinder haben ihn immer gesehen. Das war also bei uns nicht der Fall. Mein Mann hat die Kinder selten gesehen. Ich hatte es mir anders vorgestellt. Die ersten drei Jahre unserer Ehe habe ich noch voll gearbeitet, dann als die Kinder kamen, war ich sehr enttäuscht, daß es anders lief. Dann habe ich immer gehofft, daß sich das ändern würde. Ich habe dann gesehen, daß es einfach so ist und daß es an mir liegt, damit etwas anzufangen. Es nützt auch nichts, immer wieder darüber zu sprechen. Man kann Vereinbarungen treffen, aber die werden dann sowieso nicht eingehalten. Auch wenn der Mann hundertmal verspricht, es wird sich was ändern, es kommt dann doch nicht dazu. Anfangs habe ich alles versucht, um eine Änderung herbeizuführen. Ich habe es mit Aussprachen versucht oder habe meine Kränkung gezeigt oder habe eine Protesthaltung eingenommen, was weiß ich, alles mögliche. Ich habe das ganze Repertoire ausgeschöpft. Seine Reaktionen waren: schlechtes Gewissen und hundert Versprechungen.»

Heute lebt Nina, mit den vier Kindern, in einer Villa am Stadtrand. Ihr Mann, bei einer großen Firma als Experte für den «human factor» verantwortlich für viele innovative Maßnahmen zur Verbesserung des zwischenmenschlichen Betriebsklimas, ist zwischenmenschlich in seiner Familie kaum vorhanden. Nina muß sich zwischen verschiedenen Möglichkeiten entscheiden. Sie kann sich von Michael trennen und einen Mann suchen, der ihren Vorstellungen genauer entsprechen wird. Sie kann sich von ihren Erwartungen trennen. Oder sie kann psychische Auslese betreiben, ihre Bedürfnisse sorgfältig nach deren Wichtigkeit trennen, manche als hoffnungslos aufgeben und dafür die anderen zu retten versuchen. Nina rettet sich die große Familie, die sie immer haben wollte, und amputiert bloß den lebhaften Familienvater. Der darf statt dessen seinen Geschäften nachgehen.

«Nach ungefähr zehn Jahren habe ich gesehen, meine Bemühungen sind erfolglos und jetzt muß ich was anderes tun. Dann habe ich halt angefangen, all das, was ich gerne mit ihm getan hätte, allein zu tun, und dann habe ich mich eigentlich ganz

wohl gefühlt dabei. Je weniger ich darauf bestanden habe, wozu ist man denn verheiratet, und warum soll ich das alles allein machen und so, desto besser ist es gegangen. Ich habe dann noch mal ein Studium angefangen. Dann bin ich zu einer Theatergruppe dazugestoßen, und das mache ich jetzt noch. Es kann im Grunde genauso schön sein, auch wenn es nicht genauso wird, wie man es sich vorgestellt hat. Man muß halt einfach das tun, was man gerne möchte, und es nicht davon abhängig machen, ob der andere den Erwartungen entspricht.
Ich will nicht sagen, daß dieser Standpunkt leichtfällt. In unserer Ehe gab es schon Überlegungen, mal eine Pause einzulegen. Sich zu trennen, probeweise, und zu überlegen, ob das Zusammenbleiben einen Sinn hat. Das ist eigentlich immer von mir ausgegangen. Denn mein Mann hat immer behauptet, für ihn wäre alles in Ordnung. Weil, für ihn war ja auch alles in Ordnung. Und überhaupt, diese Erfahrung, daß Männer oft gar nicht erkennen, was das Problem ist, die habe nicht nur ich allein gemacht. Es ist ganz einfach so, daß sich die Frauen mehr damit beschäftigen. Allein bei Vorträgen über Partnerschaft, über psychologische Dinge in der Familie, da sitzen zu 90 % Frauen im Publikum. Jedenfalls, jungen Frauen würde ich raten, keine Erwartungen an einen anderen Menschen zu haben, weil die sowieso nicht erfüllt werden.»

Diese Frau definiert ihre Ehe als «glücklich». Sie tut das aus zwei Gründen. Erstens glaubt sie, alles nur Erdenkliche versucht zu haben, um der Sache eine Wende zum Besseren zu geben, so daß sie für sich definitiv sagen kann, daß kein anderer Ausgang möglich gewesen wäre. Außer einer Trennung. Da sie aber zweitens glaubt, daß ihre eigene Erfahrung eine generelle Wahrheit beinhaltet, daß andere Männer und andere Beziehungen auch nicht anders und besser sind, verspricht sie sich auch von einer Trennung keine Verbesserung.

Die Zermürbte

Sie hatte gewußt, daß es nicht einfach werden würde. Um der Gemeinsamkeit willen gab sie das eigenständige Leben auf, versuchte sich in seines zu integrieren. Sie lernt Tennis, kündigt ihre Stellung und nimmt auf seinen Wunsch eine Abtreibung vor.
Und er? Die Machtverhältnisse haben sich in den Jahren ihres Zusammenlebens erheblich zu seinen Gunsten verschoben – mit ihrer aktiven Hilfe. Also alles in Ordnung.

Ingeborg und Piet werden uns als besonders romantisches Paar vorgestellt. Das Gespräch nimmt einen etwas merkwürdigen Verlauf, denn anfangs sind beide da und erzählen abwechselnd. Dann muß Piet zu einem anderen Termin, und Ingeborg spricht allein weiter. Dabei nimmt ihre Darstellung eine drastische Wende, sie bringt zunächst wachsenden Unmut, dann sogar echte Verzweiflung zum Ausdruck.

Ingeborg kommt aus Holland, Piet ist Deutscher. Als sie sich kennenlernten, war Ingeborg verheiratet. Piet dagegen blickte auf eine lange Reihe von Beziehungen zurück, die nie länger als ein paar Monate gehalten hatten.

Ihre erste Ehe, sagt Ingeborg, war gut; der Mann reizend, kooperativ und liebevoll. Piet dagegen ist schwierig. Laut Ingeborg war sie anfangs gar nicht so richtig in Piet verliebt, sondern war einfach in einer abenteuerlustigen Umbruchstimmung, in der Piet zufällig zum Gesamterlebnis gehörte. Piet beschreibt seine Ausgangshaltung so, daß er «in diese Frau voll verliebt war und mit ihr soviel Zeit wie nur möglich verbringen wollte. Erwartungen an die Zukunft: Null.»

Denn Zukunftserwartungen hatte Piet nie, was seine Liebesbeziehungen betraf. Seine Bindungen sahen immer so aus, «daß es sofort vorbei war, sobald der eine was machte, was dem anderen nicht gefiel».

Dann stellte sich heraus, daß Ingeborg schwanger war. Und zwar schon im fünften Monat. Ärzte hatten ihr gesagt, daß sie keine Kinder bekommen könnte; das Ausbleiben der Regel und andere anfängliche Symptome hatte sie auf ihre gewohnten Hormonstörungen zurückgeführt. Es ist die einstimmige Version der beiden, daß Piet in dieser Phase mehr an Ingeborg hing als umgekehrt. Schwanger kehrt Ingeborg in ihre Heimat zurück. Ihr Noch-Ehemann erklärt sich gern bereit, sie mitsamt dem Kind wieder aufzunehmen, aber das will Ingeborg nicht. Sie lebt bei ihren Eltern, bekommt das Kind, kehrt dann nach Deutschland zurück, aber nicht zu Piet, sondern in eine eigene kleine Wohnung. Geheiratet wird nicht, obwohl sie sich inzwischen von ihrem Mann hat scheiden lassen. Eine Zeit, die eine andere Frau vielleicht als höchst traumatisch erleben würde, schildert Ingeborg fast ungerührt: die Konfrontation mit dem Ehemann, der sich nicht von ihr trennen wollte, der sie nicht bloß trotz, sondern erst recht wegen des Kindes behalten wollte; die Schwangerschaft und Geburt, die sie allein durchstand; der Neubeginn in einem fremden Land. Das alles erzählt Ingeborg mit großer Selbstverständlichkeit.

Piet scheint diese Gelassenheit sehr beeindruckt zu haben. Als sie zum Beispiel, schwanger, nach Holland zurückging, machte er sich Sorgen,

> «ob sie überhaupt wiederkommen würde. Da gab es gerade so einen Film, blonde Frau aus dem Norden fährt nach Rom, sucht sich dort den schönsten Mann am Platz, läßt sich ein Kind machen und fährt wieder nach Hause. An diesen Film mußte ich, so blöd war ich, oft denken. Ich hatte auch davor nie eine richtige Bindung erlebt. Vielleicht wollte ich nicht, aber außerdem hatte ich einen sehr unsteten Beruf und kein Geld. Wir haben erst geheiratet, als die Birgit schon fünf Jahre alt war. Birgit wollte das, sie hat gesagt, die Eltern der anderen Kinder sind auch verheiratet. Ich sah darin eine gewisse Gefahr. Solange man nicht verheiratet ist, ist jeder Tag mit dem anderen wie ein Geschenk. In dem Moment aber, wo es die verdammte Pflicht und Schuldigkeit wird, kann es sein, daß es uns beiden sofort graust und wir nach einem halben Jahr wieder auseinandergehen. Aber so schlimm kam es nicht.»

Trotzdem: das Motto für die ersten Jahre hieß «Distanz». Beide hatten beruflich auch Auslandsreisen zu machen. Für Piet war das immer ein Nervenkitzel, ob diese «unheimlich schöne, langbeinige Blonde überhaupt wieder zurückkommt oder ob sie unterwegs von einem anderen aufgeschnappt wird». Ingeborg sah das sehr viel prosaischer. Für sie stellte sich das eher so dar, daß sie mit ihrem Job, dem Kind und ihren Anpassungsproblemen die meiste Zeit alleingelassen war. Und sie gibt an, nicht genau zu wissen, warum sie sich das angetan hat:

> «Mein erster Mann war so nett, so lieb, der hat alles für mich getan. Vielleicht hab ich angenommen, daß alle Männer so nett sind und der Piet noch was dazu hat, nämlich irgendwie aufregender ist. Oder vielleicht hat mich die Herausforderung gereizt. Denn zu Hause war ich unheimlich selbständig gewesen, und alles lief gut. Und in Deutschland war alles schrecklich und war alles schwierig. Ich habe ein neues Studium begonnen, in einer mir noch sehr fremden Sprache, hatte daneben allein ein kleines Kind, und trotzdem habe ich zum Beispiel den Studienabschluß sehr gut und sehr schnell geschafft.»

Die bürgerliche Ehe kam auf leisen Sohlen. Zuerst heiratete man, «weil die Tochter es wollte», dann zog man zusammen, weil es mittlerweile doch zu umständlich war mit zwei Wohnungen. Und Ingeborg und Piet erzählen das alles durchaus amüsant, sehr locker, und wir wissen nicht so recht, was wir von all dem halten sollen. Bilden sie ein eingespieltes Komikerduo, das sich und die anderen gern unterhält? Oder stecken hinter den lächelnd vorgebrachten Beschwerden echte Konflikte? Zum Beispiel in dieser Gesprächspassage:

Piet: «Eine unserer Krisen betrifft die Freizeit. Früher bin ich wahnsinnig gerne Ski gefahren, und die Ingeborg hat am Lift geweint. Sagt sie jetzt, und ich glaube ihr das. Damals hat sie nur meinetwegen Skifahren gelernt. Damals habe ich schon geglaubt, daß sie es auch selber gerne macht. Jetzt geht sie gern Skifahren, und heute sage ich, daß ich zu alt dafür bin. Wir kommen nicht zusammen.»

Ingeborg: «Jetzt, wo ich es endlich kann, hört er damit auf. Natürlich tun mir rückblickend viele Sachen leid, ich habe mit mir Mitleid. Nie habe ich Sachen nur für mich gemacht. Piet sagte immer, zwei Sachen liebt er über alles, und das ist Tennis und

Skifahren. Aber nichts, was ich kann. Er ist nicht an meinem Land interessiert, er will es nicht anschauen und kennenlernen. Er will meine Sprache nicht sprechen lernen und will nicht Schach spielen. Er will nicht mit den Kindern zusammensein, weil das ist langweilig. Nur die zwei Sachen möchte er. Und dann habe ich Skifahren gelernt, in einem Kurs. Ob heulend oder nicht, das war egal. Ich stand da oben auf dem Berg und habe gedacht, ich komme in meinem Leben da nicht runter, ich sterbe hier oben. Jetzt kann ich es, jetzt macht es mir Spaß, und nun fährt er nicht mehr.

Dann fahren wir auf Urlaub. Für ihn käme nur ein Tennis-Urlaub in Frage, sagt er. Weil er sonst Urlaub nicht so gern mag. Dann waren wir mal in so einem Tenniscamp. Und ich konnte nicht Tennis spielen. Da war ich den ganzen Tag allein mit dem Kind, und Piet spielte den ganzen Tag Tennis. Das war ärgerlich, fad. Dann habe ich gedacht, wenn das unsere einzige Möglichkeit ist, den Urlaub zu gestalten, dann muß ich Tennisspielen lernen. Also habe ich damit angefangen. Mit 40 Jahren, und auf einem Auge kann ich sowieso nicht gut sehen. Wahrscheinlich ist das der letzte Sport, den ich spielen sollte. Jetzt macht es mir inzwischen Spaß, auch wenn es wahrscheinlich nicht aussieht wie Tennis, was ich da spiele. Ich wollte, daß wir etwas zusammen machen können.»

Wir hören uns das an und sind ratlos. All das wird amüsant vorgebracht, scheint aber trotzdem mehr als ein bloßes Geplänkel zu sein. Ist es möglich, daß es einer Frau nichts ausmacht, zwar ein Kind zu bekommen und die ersten Jahre allein aufzuziehen, daß aber eine Krise entsteht wegen Skifahren und Tennis? Oder hat sich unmerklich ein Wandel in der Beziehung vollzogen, der sich symbolisch an diesen beiden Streitpunkten aufzeigen läßt: anfangs war Ingeborg so selbständig, daß sie sogar das Kind allein aufzog, während sie heute ein größeres Bedürfnis nach Nähe hat und deswegen Dinge, die sie nicht tun will, tut, um sich in Piets Leben zu integrieren? Hat sich hier etwas verändert?

Wenn wir von dem Ton absehen, der immer noch spielerisch und heiter ist, dann haben wir es mit einer Unmenge von Zwistigkeiten zu tun. Ingeborg wollte ein zweites Kind, Piet nicht; Ingeborg bekam es trotzdem. Ingeborg wollte, daß Piet sich bei der Erziehung engagiert, Piet verkündete ungeniert, daß kleine Kinder ihn überhaupt nicht interessierten und er sich erst wieder einschalten würde, wenn sie Teenager seien.

In der zweiten Hälfte des Gesprächs schlägt allmählich auch der Ton um. Bereits abgehandelte Punkte werden neu aufgegriffen, diesmal in einem weniger lockeren Tonfall. Und gegen Ende bricht aus Ingeborg ein Schwall von Beschwerden hervor. Jetzt klingt es schon so:

Ingeborg: «Es war schwierig mit dem kleinen Kind. Ich habe studiert. Ich habe gearbeitet. Ich habe allein gewohnt. Wenn das Kind krank war, wenn das Kindermädchen nicht kam, es war sehr schwierig. Gesprochen haben wir darüber nicht. Er hätte mir sehr viel helfen können. Wieso ich ihn nicht zur Raison gerufen habe, weiß ich nicht. Heute kann ich es, damals konnte ich es nicht, ich konnte mich überhaupt nicht artikulieren.»

Piet: «Sie hat sich überhaupt nicht beschwert. Bis vor zwei Jahren. Meine Reaktion ist, ich glaube, sie spinnt jetzt.»

Ingeborg: «Ich hatte auch immer das Gefühl, ich versuche ihm etwas zu erklären, aber er versteht das nicht. Rebellisch geworden bin ich wirklich erst seit kurzem. Mir tut so vieles im nachhinein leid.»

Nicht nur im nachhinein. Auch die Gegenwart entpuppt sich, je länger die beiden sprechen, als nicht gerade krisenarm. Da gibt es das Geld. Ingeborg hat auf Piets Drängen ihre Arbeit auf halbtags umgestellt und ist nun erstmals in ihrem Leben auf seine finanzielle Unterstützung angewiesen. «Das ist erst seit drei Monaten so, aber ich halte es jetzt schon nicht mehr aus. Ich nehme sein Geld selbstverständlich als unser gemeinsames, denn schließlich hat er diese Entscheidung gewollt. Aber er tut das nicht, er betrachtet das als sein Eigentum und sein Geschenk.»

Nachdem Piet gegangen ist, nimmt das Gespräch noch einmal eine Wendung. Jetzt wird es richtig heftig, als ob sich in Ingeborg vieles aufgestaut hätte, das nun heraus will. Und sich Gehör verschafft in Form eines verwirrenden Monologs:

> «Ich bin zum Beispiel sehr gut in Sprachen. Ich kann jetzt sehr gut Deutsch. Das ist überhaupt keine Frage. Mein Französisch ist wirklich perfekt. Und ich kann Englisch. Ich arbeite als

Übersetzerin, also müssen wohl meine Sprachen gut sein, oder? Und in Gesellschaft habe ich oft etwas Lustiges zu erzählen. Ich übersetze zum Beispiel japanische Märchen, das ist doch interessant, oder? Wenn ich aber etwas erzählen will, dann darf ich nur zwei Worte sagen, und schon erzählt Piet den Rest. ‹Das konnte man doch nicht verstehen, so, wie du es erzählt hast›, sagt er nachher. Du wirst nicht nur unterbrochen, sondern du kriegst auch noch einen drauf, weil du angeblich nicht richtig reden kannst. Und blöd kommst du dir sowieso vor, weil du dir das jetzt 15 Jahre lang gefallen läßt. Ich war blöd, mir das von Anfang an gefallen zu lassen. Aber meine Situation war nicht normal, ich konnte nicht das tun, was eine andere Frau in meiner Lage getan hätte. Bei mir war es viel krasser, ich konnte nur entweder in diesem fremden Land bleiben bei Piet, oder ich konnte nach Hause fahren. Ich war nicht stark in der Zeit. Ich war allein, mit einem Baby, das immer geweint hat. Ich war unglaublich unglücklich, auch wegen meinem ersten Mann. Das hat mir an mir nicht gefallen, daß ich ihn einfach verlassen habe. Ich hatte keine Freunde, niemand hat mit mir gesprochen.

Im Moment ziehe ich keine Konsequenzen. Alles hat sich geändert. Es ist doch so: wenn du einen Menschen magst, dann magst du alles an ihm. Und wenn du ihn nicht magst, dann stört dich einfach alles, was er macht. An diesem Punkt sind wir. Und ich ärgere mich über mich selber, weil ich so blöd bin. Ich habe für eine Übersetzungsfirma gearbeitet, es ging mir gut dort. Dann hat Piet mich überredet, dort aufzuhören und mich selbständig zu machen. ‹Wozu brauchst du das Büro›, hat er gesagt, ‹du hast zu Hause alles, was du brauchst für diese Arbeit.› Und ich habe meinen Job aufgegeben. Das war blöd. Jetzt kommen die Aufträge nicht.

Ich habe Piet kennengelernt, da war ich auf einer Studienreise hierher. Ich sollte einen sechsmonatigen Kurs besuchen, um mein Deutsch zu verbessern. Er hat mir überhaupt nicht gefallen, als ich ihn sah. Er sah aus wie einer, der nur dauernd die Mädchen verführt. Und geredet hat er auch so. Es hat mir eigentlich überhaupt nichts an ihm gefallen. Er war einer der Lehrer in diesem Kurs. Und dann wollte er mit mir essen ge-

hen, und ich bin gegangen, und er war so unglaublich lieb, daß ich mich in ihn verliebt habe.
Später war er überhaupt nicht mehr so lieb. Ich war schwanger, und er hatte noch eine andere Freundin. Ich wußte nicht, warum seine Anziehungskraft so groß war auf mich. Ich habe alles, all meine Kraft, in diese Beziehung investiert. Ich dachte, wenn ich nur diesen Mann haben kann, diesen einen Mann, dann habe ich alles, was ich brauche. Du bist eigentlich kein normaler Mensch mehr, wenn du so denkst. Alles, was er tut und macht, wird dir so wichtig.
Und jetzt stehe ich an einem unmöglichen Punkt. Ich habe nicht einmal mehr Geld. Nur für das Essen gibt er mir genug. Ich kann mir nichts kaufen. Früher habe ich oft bezahlt, zum Beispiel die Urlaube für uns beide. Er hat sich gerade zwei Computer gekauft. Zwei! Falls einer davon kaputtgeht. Aber darüber kann man nicht diskutieren. Mit ihm kann man kein normales Gespräch führen.
Ja, ich bin sehr zornig, das ist richtig. Was sich daraus ableitet? Ich weiß es nicht. Es leitet sich ab, daß es aus ist zwischen uns. Das könnte sein. Es ist überhaupt kein Respekt mehr da. Schließlich haben wir doch zwei Kinder miteinander, da müßten wir in der Lage sein, zumindest normal miteinander zu sprechen. Aber ich kann nicht sprechen, wenn er nur darauf wartet, daß ich einen Fehler mache und er sich lustig machen kann. Ich bin doch blöd, wenn ich in dieser Situation bleibe. Bis vor kurzem habe ich mir nicht eingestanden, wie schlimm die Situation eigentlich ist. Ich verstehe ihn nicht, er macht Sachen mutwillig kaputt. Wenn ich zum Beispiel einen Mann hätte aus einem anderen Land, dann würde ich mich für dieses Land interessieren. Das wäre doch normal! Aber ihn hat es nie interessiert, und er war nie bereit, mein Land anzuschauen. Sogar wenn ich eine Freundin habe, und sie kommt aus einem anderen Land, interessiere ich mich doch dafür!
Piet merkt, auch wenn er es nicht zugibt, daß ich heute anders denke. Ich weiß das, denn er benimmt sich anders als früher. Er kommt früher heim, geht nicht so oft allein weg.
Ich habe im Moment keine Ahnung, wie es weitergeht. Ich glaube eigentlich schon, daß es aus ist mit dieser Ehe. Nur muß

ich noch überlegen, was das für die Kinder bedeutet. Der Kleine hängt an seinem Vater. Obwohl der ihn gar nicht haben wollte. Er wollte mich zur Abtreibung zwingen. Einmal hatte er das schon geschafft, ein Jahr davor. Da war ich schwanger, und Piet führte sich so bedrohlich auf, daß ich tatsächlich die Abtreibung gemacht habe. Das hat mir viel ausgemacht. Ich denke noch immer an dieses Kind.

Seit ungefähr zwei Jahren fange ich an, mich zu ändern. Seit damals habe ich Freunde, meine eigenen Freunde, die mich gern haben. Früher hatten wir immer nur seine Freunde. Und wenn ich damals etwas gesagt habe, hat er sich über mich lustig gemacht, vor ihnen. Das war gemein. Am Anfang, als ich nur ein paar deutsche Worte konnte, da hat er dort noch Fehler herausgesucht und korrigiert. Er hat Wortspiele gemacht. Es gab Abende, da hatte ich schon vorher Bauchweh. Nachher das heulende Elend, weil man sich über alles, was ich sagte, nur lustig gemacht hat. Er macht sich irrsinnig gern auf Kosten anderer Leute lustig. Ich kann das auch, besonders in meiner Muttersprache, und wenn der andere Ausländer ist. Das ist nicht schwierig, dann. Aber warum sollte ich das tun? Jetzt ist es nicht mehr so, denn jetzt habe ich Unterstützung im Freundeskreis.

Es könnte auch sein, daß wir zusammenbleiben. Wenn ich mir wieder ein eigenes Leben aufbaue. Wenn ich wieder meine Arbeit aufgebaut habe. Richtig schlimm ist es ja erst seit drei Monaten.»

Womit haben wir es hier zu tun? Mit einem Paar, das wir unglücklicherweise gerade auf frischem Streit ertappt haben und das, 24 Stunden später interviewt, einen ganz anderen Eindruck machen würde? Mit einer heftigen Leidenschaft, die ihre Höhen und Tiefen und im Moment gerade eine ihrer Tiefen hat? Mit einer neurotischen Suchtbeziehung, wie Norwood* sie beschreibt? Mit einer hysterischen Frau? Mit einem kaltblütigen Mann?

Vielleicht ist es an dieser Stelle unausweichlich, die aktuelle

* Robin Norwood: Wenn Frauen zu sehr lieben. Reinbek bei Hamburg 1986

Frage nach «Liebe als Sucht» aufzugreifen. In gewisser Hinsicht käme diese Diagnose für Ingeborg in Frage. Sie verläßt einen ausgesprochen netten, fürsorglichen, verständnisvollen Mann wegen eines abweisenden und schwierigen Mannes, den sie auf den ersten Blick alles andere als sympathisch fand. Sie begibt sich freiwillig in eine schwierige Situation und vermutet selbst, daß es gerade die Schwierigkeiten waren, die ihr als Herausforderung reizvoll erschienen. Sie ordnet sich ihm unter – seinen Freunden, seinen Freizeitwünschen. Sie läßt auf sein Drängen eine Abtreibung machen und gibt für ihn ihren Job auf. Sie spricht von Trennung, um kurz darauf wieder zu erwägen, doch bei ihm zu bleiben. Sie erklärt, sich jahrelang unglücklich und gedemütigt gefühlt zu haben, und sagt kurz darauf, eigentlich seien nur die letzten drei Monate schlimm gewesen.

All das ist unverständlich bei einer Frau, die einen stabilen und intelligenten Eindruck macht, die viele Talente besitzt, die in ihrem Beruf streckenweise sehr erfolgreich arbeitete, die zwei Kinder aufgezogen hat.

Daneben haben wir Piet. Piet ist der Auffassung, daß seine Beziehung überhaupt keine Probleme aufweise. Daß seine Partnerin da ganz anders denkt und fühlt und das auch vehement äußert, scheint er nicht bemerkt zu haben oder einfach nicht ernstnehmen zu wollen.

Wirklichen Aufschluß über diese Beziehung erhalten wir nur, wenn wir sie in ihrer historischen Entwicklung betrachten. Wir stellen fest, daß Piet und Ingeborg zu Beginn ihrer Beziehung relativ gleichwertige Positionen einnahmen. Piet war von Ingeborg sehr beeindruckt, bewunderte ihre Unabhängigkeit, fühlte sich des öfteren verunsichert durch ihr selbständiges Auftreten und ihre Kompetenz. Und so versucht er, wenn Ingeborgs Erzählungen wahr sind, mitunter in sehr gehässiger Art, sie zurechtzuweisen, indem er sie vor anderen blamiert. Trotz der offenkundigen Ambivalenz seiner Gefühle ist er bestrebt, sie in Abhängigkeit zu bringen. Sie muß seine Hobbies erlernen, sie soll ihre Berufstätigkeit einschränken. Dabei geht es ihm nicht eigentlich um Nähe, denn immer ist er es, der zurückweicht, wenn größere Nähe sich anzubahnen scheint. Sobald sie sich mit seinen Hobbies anfreundet und sie beherrscht, gibt er sie auf; beim ersten Kind verhält er sich sehr unverantwortlich, ein zweites will er nicht. Piet geht es anscheinend sehr vordringlich um Dominanz; er will in der Beziehung die bestimmende Person sein. Die Machtverhältnisse sind in den Jahren des Zusammenseins erheblich zu seinen Gunsten verschoben worden. Das hat der Beziehung, aber auch Ingeborg sehr geschadet. Doch so scheint die Beziehung Piets Vorstellungen besser zu entsprechen, weshalb er auch keine Probleme sieht. Eine lustige, extrovertierte Partnerin, die sich wohl fühlt? Ein Teil von ihm will das, sonst hätte Ingeborg ihm nicht so gut gefallen. Ein stärkerer Teil von ihm aber kann das offensichtlich nicht ertragen und kann erst zur Ruhe kommen, wenn er Ingeborg glattgebügelt hat.

Irene ist 35, als sie den attraktiven spanischen Anwalt Fernando kennenlernt. Ihre erste Ehe endete vor fünf Jahren mit einer ziemlich häßlichen Scheidung; die sechsjährige Tochter lebt bei ihr. Fernando ist 37 und war noch nie verheiratet. Bisher hatte er von seiner Seite unverbindliche Affären mit Frauen, denen er grundsätzlich gleich zu Beginn der Bekanntschaft erklärte, daß er als Heiratspartner nicht in Frage käme.

Die Beziehung zu Irene hat schon bald eine etwas andere Qualität. Während seine anderen Freundinnen in erster Linie äußerlich viel hermachen, mit ihm schick und teuer ausgehen und hauptsächlich «Aufputz» und Sexpartnerin für ihn sind, läuft das Beisammensein mit Irene familiärer ab. Sie ist zwar hübsch, aber nicht glamourös, ist Steuerberaterin und eine ernsthafte, verantwortungsvolle Person, mit der sich Fernando über rechtliche Fragen und über seine Arbeit unterhalten kann. Sie haben eine Liebesbeziehung, aber sie gehen daneben bald auch andere «Bindungen» ein: Irene macht seine Steuererklärung und berät ihn bei seinen Investitionen; anders als seine früheren Freundinnen behandelt er Irene als intelligenten Gesprächspartner, und bald wird er sogar in einigen praktischen Fragen seiner Lebensgestaltung von ihr abhängig. Den Playboys unter seinen Freunden ist diese Entwicklung nicht ganz geheuer. Aber auch Irenes Freundeskreis ist von Fernando alles andere als begeistert. Er paßt überhaupt nicht zu ihr, finden sie. Was sieht Irene, die nüchterne, sachliche Karrierefrau und Mutter, bloß in diesem komischen südländischen Macho mit der sanften Stimme und dem Schleierblick?

Bald nähert sich das dreijährige Jubiläum ihrer Beziehung. Irene und Fernando leben nicht zusammen, haben aber de facto das, was die Soziologie eine «eheähnliche Beziehung» nennen würde. Vorgesetzte und Geschäftspartner behandeln sie als Ehepaar; sie werden gemeinsam eingeladen, sogar zu Tagungen. Der Stil ihrer Interaktion ist mehr der eines Ehe- als eines Liebespaares: praktische Fragen des Alltags nehmen darin einen großen Raum ein. Fernando geht sogar mit zum Elternabend von Irenes Tochter. Andererseits legt er Wert auf Distanz; das Kind nennt ihn nicht «Onkel» oder Fernando, sondern muß zu ihm Herr P. sagen. Es ist auch kein Geheimnis, daß die beiden seit mindestens zwei Jahren in einen Kampf verwickelt sind: Irene will heiraten, Fernando sagt nein. Er sagt nicht nur «nein», er sagt «nie». Und er begründet diese Haltung mit seinem kulturellen Standort: wenn er eines Tages heiratet, was er beabsichtigt, dann nur eine Katholikin und auf keinen Fall eine geschiedene Frau. Und am liebsten überhaupt eine Spanierin, die ihn versteht und so ist wie er.

Bei einer Runde von Telefonaten, die Irene gegen Ende des dritten Jahres ihrer Beziehung im Freundeskreis startet, klingt sie ungewohnt unsicher und verlegen. Sie hat ihnen etwas mitzuteilen, sagt sie, und sie weiß nicht, wie sie es aufnehmen werden: sie ist schwanger. Nein, es war kein Unfall, sondern Fernando hatte in letzter Zeit gemeint, er habe sich doch eigentlich noch mit niemandem so gut verstanden wie mit ihr, und er würde ja eigentlich gerne mit ihr zusammensein, und auch die Tatsache, daß sie geschieden sei, könne er wohl verkraften. Eigentlich gäbe es nur ein einziges unüberwindbares Problem: zu einer Familie, wie er als Spanier und als Katholik sie verstehe, gehörten einfach Kinder, und Irene würde als Karrierefrau und Mutter eines Schulmädchens bestimmt kein Baby mehr bekommen wollen. Ja, und dann... man habe zwar nie ausdrücklich einen entsprechenden Entschluß gefaßt, aber sie habe aufgehört, die Pille zu nehmen und das auch erwähnt, so daß Fernando Bescheid wußte, und dann sei sie eben schwanger geworden. Und jetzt wisse sie nicht genau, was als nächstes geschehen würde. Fernando freue sich zwar und deute niemals auch nur ansatzweise an, daß er sich überrumpelt fühle. Aber nach wie vor sei eine Heirat ein furchtbar heikles Thema, auf das er einfach keine klare Antwort geben könne. Zumindest aber sage er jetzt nicht mehr «nie», sondern er sage gar nichts, und das klänge doch fast schon wie «vielleicht», oder?

Die Schwangerschaft schritt voran, und noch gab es keine Hochzeit. Irenes Meldungen gestalteten sich widersprüchlich. Er wolle ja heiraten, habe aber Angst vor seiner Familie. Er wolle doch nicht heiraten, übernehme aber volle finanzielle Verantwortung für das Kind. Auch Irenes Meinung zu dem Ganzen variierte stark. Mal war sie restlos verärgert über Fernando und sein Lavieren. Dann wieder meinte sie, das Kind sei für ihn noch zu abstrakt; wenn er es erst leibhaftig vor sich hätte, würde er zur Vernunft kommen. Zwischendurch meinte Irene, sie müsse sich aus dieser krankhaften Beziehung zu diesem neurotischen Menschen lösen und ging in eine Norwood-Gruppe. Dort faßte sie den Entschluß, einen Job in einer anderen Stadt anzunehmen und ihn niemals wiederzusehen. Dann aber wurde ihr klar, daß sie in Wirklichkeit nur versuchte, ihn damit unter Druck zu setzen und daß sie zu einer wirklichen Trennung noch nicht imstande sei. Das sei, meinte sie, schließlich auch nicht überraschend; eine Schwangerschaft sei ein belastender Zustand, und erst nach der Geburt wäre sie wieder gefestigt und stabil genug, um ihr Seelenleben zu regeln. Währenddessen besuchten Irene und Fernando gemeinsam Geburtsvorbereitungskurse, um danach immer schrecklich zu streiten.

Das, was bei diesen Streitereien schließlich als Kompromiß herauskam, wagte Irene nur den allerbesten ihrer Freundinnen zu gestehen: Irene und Fernando heirateten, ließen sich aber per Abmachung eine Woche später wieder scheiden. Damit war das Kind «ehelich» und hatte auch klare finanzielle und moralische Ansprüche dem Vater gegenüber, eine Idee, die dem konservativen, katholischen Fernando einleuchtete. Für das Kind, sagte er, wolle er gerne verantwortlich sein, nicht aber für dessen Mutter, und außerdem habe er immer noch vor, in Zukunft eine katholische Spanierin zu heiraten. Die jeweiligen Freundeskreise, die sich auch in besseren Zeiten nie besonders füreinander erwärmen konnten, wurden in diesen neun Monaten zu unversöhnlich verfeindeten Lagern. «Laß dich bloß nicht einfangen. Das ist wohl der älteste Trick der Welt, eine Schwangerschaft. Klar, daß eine geschiedene Frau zu verzweifelten Maßnahmen greift; sonst will sie doch keiner, und so einen Fang wie dich macht sie nicht jeden Tag», meinten charmant die spanischen Freunde Fernandos. Irenes Freundinnen versorgten sie derweilen laufend mit der aktuellen Literatur über «Beziehungssucht» und versprachen ihr jede Unterstützung, wenn sie diesen «kranken Typen» hinauswerfen und das Baby allein großziehen würde. Ein paar rührselige Tanten ermunterten sie in der Erwartung, daß das Baby ihn verändern würde («schließlich nimmt er seine Vaterrolle jetzt schon ernst»), während einige feministische Anwältinnen studierten, wie sie diesen öden Kerl wenigstens finanziell so festnageln könnten, wie er es verdiene.

Das Baby kommt. Fernando ist tatsächlich ein hinreißender Vater. Er zahlt großzügig und pünktlich und holt das Baby jedes Wochenende ab; seine Schwester kommt aus Spanien angereist, um das Baby zu sehen. Die romantischen Seelen in Irenes Bekanntenkreis sind zuversichtlich, daß Fernandos Familie angesichts des Babys auf ihn einwirken wird, und das tut sie auch, aber nicht im erhofften Sinn. Sie lehnten Irene ab, prinzipiell: was für eine Frau ist das? In ihrem Weltbild gibt es für Irene keinen Platz. Es gibt tugendhafte Frauen, die heiraten und Kinder bekommen. Es gibt verdorbene Frauen, die vor- und außereheliche Beziehungen haben und mit ledigen Kindern sitzenbleiben. Und es gibt einige wenige tugendhafte Frauen, die aus irgendwelchen unglückseligen Umständen heraus schwanger werden und vom Mann nicht geheiratet werden. Aber eine Frau, die mit einem Kind sitzengelassen wird und das anscheinend gelassen hinnimmt, die zu dem Mann dennoch freundlich ist, ja sogar weiterhin mit ihm eine Beziehung hat, das ist unmöglich. Daß Fernando sie geheiratet hat und sich dann wieder scheiden ließ, weiß die Familie nicht. Es würde sie vermutlich nur noch mehr verwirren.

Das Kind wird von der spanischen Verwandtschaft geliebt. Am Wochenende sprechen sie mit ihm Spanisch und (v)erziehen es in einer Art und Weise, die mit Irenes pädagogischen Vorstellungen nichts zu tun hat. Aber sie macht daraus keinen Konflikt. Es liegt nur in ihrem Interesse, meint sie, wenn die Bindungen zwischen Kind und Vater und der Familie des Vaters sich vertiefen. Irgendwann wird diese Bindung so stark werden, daß Fernando das Bedürfnis haben wird, ein normales Familienleben zu führen.

Irenes Freunde zeigen sich unschlüssig. Manchmal wirkt sie wie eine hoffnungslos verliebte Frau. Dann wieder zeigt sie eine pragmatische Kaltblütigkeit. Sekundenlang – und das auch nur selten – bedauern sie Fernando, kommt er ihnen vor wie die Beute einer Spinne, die ihn immer enger in ein Netz einzuweben versucht. Denn irgendwie wirkt er auch naiv, während Irene – die weitaus sympathischere Figur in diesem Drama – mitunter etwas Berechnendes hat. «Mensch, die sitzt das noch durch», sagt schon mal eine ihrer Freundinnen zur anderen – und schämt sich sofort für den häßlichen, illoyalen Gedanken.

Häufiger sind die Momente, in denen alle auf Fernando wütend sind. Er ist nach Spanien gefahren, um dort ein junges Mädchen zu besichtigen, daß seine Familie für ihn ausgesucht hat – absurd! Die lange Reise war umsonst; das junge Mädchen war zu schüchtern, um ihn zu treffen, und schickte statt dessen ihre Brüder, die ihn mit ihren kaltblütigen Fragen über sein Einkommen verärgerten. Geschieht ihm recht! Er hat gesagt, daß Irenes Babysitterin zu viel Geld verlangt, und sie statt dessen ein Au-pair-Mädchen finden soll, obwohl das Baby sich schon so an diese Frau gewöhnt hat – so ein Geizkragen! Dutzende von Menschen nehmen Anteil an den Details dieser Verbindung, jede Handlung Fernandos wird von allen Seiten kommentiert und begutachtet, meist äußerst kritisch. Irene versteht man in erster Linie in einem Punkt nicht: wieso sie sich das alles gefallen läßt. Sie berät ihn weiterhin beim Ankauf von Realitäten, beaufsichtigt die Installation seiner neuen Küche, spielt Gastgeberin für seine Geschäftsfreunde.

Auch Fernando schickt keine eindeutigen Signale aus. Er will mit ihr nicht verheiratet sein, nicht zusammenleben. Aber er zahlt ihre Miete, damit sie sich eine größere Wohnung leisten kann. Er fährt mit ihr auf Urlaub. Er kauft ein Haus und spricht vage davon, dort genug Platz für eine Familie zu haben – und welche Familie sollte das schon sein, wo er seine Tochter doch so heiß liebt und sich die junge Spanierin als Reinfall erwies? Die Freunde der beiden machen die Berg- und Talfahrt atemlos mit. «Sie scheinen sich richtig gut zu vertragen, irgendwie ruhiger geworden zu sein. Vielleicht passen sie doch ganz gut zusammen und müssen bloß etwas verzögert erwachsen werden», lautet der Konsens nach einer harmonischen Geselligkeit. Dann wieder: Krise. «Mir reicht's endgültig», äußert Irene. «Er ist ein verwöhntes, großes Baby. Er ist unfähig, sich zu irgend etwas zu entschließen. Ich will mit ihm überhaupt nichts mehr zu tun haben.»

Jede Schwankung wird so vehement vorgetragen, daß sie überzeugt – bis die nächste Äußerung die vorige aufhebt. Moralisch gesehen ist Irene sicherlich in der attraktiveren Position: sie ist immer ruhig und gelassen, ihr und dem Baby wurde ein Unrecht angetan, sie ist tapfer. Ihre einzige Untugend ist es, diesen Mann zu lieben, der ihrer Gefühle offensichtlich unwürdig ist. Er hingegen hat die unsympathischere Rolle: er hat die Freundin durch sein Lavieren in eine sehr schwierige Situation gebracht, er ist irrational und bockig, er vertritt ein überaltetes Frauenbild. Die Wogen der allgemeinen Sympathie schlagen eher Irene entgegen.

Dann wird dem Freundeskreis eine erstaunliche Nachricht eröffnet. Irene ist wieder schwanger. Ein «Unfall»? Nein, eigentlich nicht, nicht direkt... man hat so vage über die Möglichkeit eines zweiten Kindes gesprochen, ohne jemals einen richtigen Entschluß zu fassen, und nun ist es einfach soweit. Zusammenleben? Nein, das kann sich Fernando nicht vorstellen. Aber er will nicht leugnen, daß er am Zustandekommen dieser zweiten Schwangerschaft in gleichem Maße verantwortlich ist, Irene hat ihn nicht überrumpelt, und er will die volle finanzielle Zuständigkeit übernehmen.

Wir können uns die gleiche Frage stellen, die seither den Freundeskreis beschäftigt: was geht hier vor? Ist Irene eine typische Frau, die «zu sehr liebt» und sich gezielt den Partner ausgesucht hat, der ihr die unterbewußt erwünschten Schwierigkeiten machen wird? Oder sind die beiden ein avantgardistisches Paar, das bloß aus Gründen der Erziehung und des konservativen Umfeldes nicht die Courage hat, konsequent zu einer in Wirklichkeit von beiden gewünschten Form der Beziehung zu stehen? Vielleicht wollen beide eine Partnerschaft mit genau dieser Distanz? Vielleicht lebt Irene gerne in ihrem eigenen Haus, mit den Kindern. Vielleicht entfallen in dieser Weise viele Konflikte, die bei einer anderen Form des Zusammenseins mit Fernando ohne Zweifel auftreten würden, Konflikte z. B. wegen seiner Freunde und deren Angewohnheit, unangemeldet zu kommen und lange zu bleiben, um den ganzen Abend Spanisch zu sprechen und spanische Musik zu hören, die Irene nicht mag. Wegen seiner Verwandten, die oft und lange da sind und zu allem eine Meinung haben, meist eine andere als Irene. Wegen Irenes ältestem Kind.

Wir können natürlich der Meinung sein, daß zwei Menschen mit so vielen potentiellen Konfliktfeldern nichts miteinander zu tun haben sollten – aber fast alle Ehen haben so viele Konflikte und über genau diese Themen. Oft werden sie gelöst, indem ein Partner nachgibt – vielleicht ist diese andere Lösung, in der keiner von beiden nachgeben muß, ganz originell.

Die Therapierte

> Sie ist zuversichtlich, daß es mit Hilfe von Experten für alles eine Lösung gibt. Waren ihre Bemühungen trotz größten Kräfteaufwands nicht erfolgreich, und der Mann ist immer noch lieblos, desinteressiert und unberechenbar, müssen die Therapeuten das zerstörte Selbst wieder zusammensetzen. Und statt um den Mann kreist ihr Denken nun darum, möglichst wenig an ihn zu denken.

In der westlichen Wohlstandsgesellschaft gibt es nicht nur einen Überschuß an Butter, Schweinen und Getreide, sie hat auch ein Übermaß an Büchern zum Thema Beziehungen hervorgebracht. Es war unsere unausweichliche Aufgabe, uns für diese Recherche durch diesen Beziehungsbücherberg durchzubeißen.

Manche Frauen ärgern sich über diese Bücher. Manche Frauen halten diese Bücher, und ihre große Popularität, für peinlich. Wie wir es auch einschätzen, es ändert nichts an der Tatsache, an der

Tatsache nämlich, daß Tausende und Abertausende von Frauen in diesen Büchern fieberhaft und hoffnungsvoll eine Lösung suchen für etwas, das für sie mehr als offensichtlich ein großes Problem ist. Die Frau des modernen Westens: sie glaubt an die Wissenschaft. Sie glaubt an die Aufklärung. Sie glaubt an die psychologische Einsicht. Wenn sie ein Problem hat, wendet sie sich vertrauensvoll an die Experten, erfüllt von der Zuversicht, daß jedes Problem eine Ursache und, hat man sie gefunden, eine Lösung hat und daß diese Lösung sich mittels der richtigen Technik herbeiführen läßt.

Das Problem dieser Frau ist der Mann. Er funktioniert nicht, und sie will ihn reparieren.

Er hat Gefühle, aber er kann sie nicht zeigen.

Er liebt sie, aber er hat Angst vor einer Bindung.

Und so weiter.

Die Beziehung zum Mann – in den letzten Jahren ist das zu einem regelrechten Wissenschaftszweig geworden.

Oder zu einem Kult.

In amerikanischen Buchläden besetzen die entsprechenden Werke eine eigene Abteilung. Fiction. Non-fiction. History. Art. Health. Social Sciences. Und daneben diese neuen Bücher, unterschiedlich kategorisiert als «Self-Improvement» oder «Popular Psychology». Die hochspezialisierte Nuancierung dieser Werke macht sprachlos. Kaum eine männliche Verfehlung, der nicht ein Buch – meist ein ganzes Regal – gewidmet wäre: Wie spreche ich mit ihm, so daß er auch zuhört? Wie höre ich ihm zu, so daß er spricht? Wie bringe ich den Bindungsscheuen dazu, mich zu heiraten? Wir bringe ich den Untreuen dazu, sich von der Geliebten zu trennen? Wie bringe ich den Treuen dazu, sich von seiner Frau zu trennen und zu mir, der Geliebten, zu kommen? Warum fühlt er sich immer von jüngeren Frauen angezogen? Warum fühlt er sich immer von älteren Frauen angezogen? Wie mache ich ihn so glücklich, daß er mich nie verläßt? Wie bringe ich ihm bei, wie er mich glücklich machen kann? Wie trenne ich mich von einem wirklich hoffnungslosen Fall? Wo finde ich als Ersatz einen Netteren? Wie streite ich konstruktiv mit ihm? Wie erreiche ich eine harmonische und gleichberechtigte Beziehung? Wie erkenne ich, daß es gleichberechtigte und harmonische Beziehungen nicht gibt, und lerne endlich, ihn zu meinen Gunsten zu manipulieren? Und so weiter.

Wir haben uns durch einen Berg von 46 solcher Bücher hindurchgelesen. Nicht nur das, wir haben auch die Anleitungen und Anweisungen dieser Bücher befolgt. Wir mußten Diagramme zeichnen, Fragebögen beantworten, Zeichnungen anfertigen, Stammbäume rekonstruieren, in den Ehen unserer Großeltern und Eltern nach Mustern forschen und überprüfen, ob wir diese Muster wiederholten oder nicht. Es war sehr viel Arbeit, und wir hatten sehr viele Hausaufgaben, die wir sehr fleißig erledigten. Und am Schluß erkannten wir vor allem eines: daß Frauen mit demselben Aufwand an Büchern, Hausaufgaben und praktischen Übungen leicht jedes Studium absolvieren und mit einem Diplom abschließen könnten. Wer sich dagegen freiwillig dem Studienzweig der Männerforschung verschreibt, hat am Ende kein Diplom in der Hand und nicht einmal das erhoffte Glück an der Seite des geschickt neukonstruierten Mannes. Vielleicht taugen die Bücher nichts. Vielleicht ist das keine Wissenschaft, sondern Hokuspokus. Vielleicht sind wir bloß unbegabt und ungeeignet für dieses Sachgebiet, wir alle miteinander.

Vielleicht war es genau dies, wovor schon die Bibel uns warnen wollte. Schließlich war es Eva, unsere Ahnin, die das Versprechen der Erkenntnis so anzog, daß sie trotz Verbot in den Apfel biß. Und welche Erkenntnis war das wohl, die sie sich davon erhoffte? Wahrscheinlich wollte sie wissen, ob Adam sie wirklich liebte, was er wirklich dachte und warum er bloß immer so schweigsam war. Und was hat uns das gebracht, dieser Drang nach Erkenntnis? Nichts als Sorgen, Strafen und irdische Pein.

Und noch etwas ist bedenkenswert und kam uns just in dem Augenblick in den Sinn, als wir in besagtem amerikanischen Buchladen erschüttert und ehrfurchtsvoll dastanden vor dem vielen Wissen, das die Amerikanerinnen – getreu dem Ruf ihres Kontinents als Vorreiter der westlichen Zivilisation in Dingen der Technik und Wissenschaft – über die Technik der männlichen Neugestaltung angehäuft und in Druck gebracht hatten. Geblendet davon, wandten wir uns kurz ab, und unser Blick fiel auf das benachbarte Regal. Hier standen die Bücher zum Thema «Kinder», und das war nicht minder eindrucksvoll. Da gab es für das allerwinzigste Detail, von der Empfängnis angefangen über jedes nur erdenkliche Erziehungsproblem bis zum Erwachsenwerden der Urenkel einen Ratgeber. Wie wähle ich den besten Zeitpunkt für meine Schwangerschaft, und wie begünstige ich die Aussichten auf die von mir bevorzugte Geschlechtszugehörigkeit des Kindes? Wie fördere ich die Intelligenz meines Kindes noch im Mutterleib? Wie behandle ich den besten Freund meines Zweijährigen? Wie steuere ich die psychische Entwicklung meines Kindes durch bessere Ernährung? Alles interessant und wissenswert. Und dann: Wie spreche ich mit meinem Kind, damit es auch zuhört? Wie behandle ich das bockige, das faule, das übermäßig ernste Kind? Was mache ich mit einem Kind, das keine Hausaufgaben machen will? Wie behandle ich ein Kind, das Angst hat vor dem Dunkeln? Das nicht allein schlafen will? Das sich mit den Großeltern nicht verträgt? Auch hier lauter interessante Fragen. Die zugleich ein, zunächst noch undefinierbares, Unbehagen weckten. War es notwendig, ein so massives und vor allem so detailliertes Wissen zu vermitteln? Waren manche dieser Fragen ein ganzes Buch wert? Waren die Erkenntnisse darüber wirklich so gesichert, daß sie in dieser Form weitergegeben werden konnten? Vor allem aber: erinnerten diese Bücher nicht fatal an jene im benachbarten Regal? Waren die Frauen jetzt die Erziehungswissenschaftlerinnen der Menschheit, Barfußpsychologinnen, die nicht nur ihren Kindern, sondern auch ihren Männern psychologische Erste Hilfe zu verabreichen hatten? Sollten die Männer direkt aus den Händen ihrer Mütter ein Regal nach links hinüberwandern, in die Hände ihrer Freundinnen, Geliebten, Ehefrauen, die eine zweite Chance erhalten sollten, diese resistente Männerpsyche zu formen?

Sollten wir nicht lieber an einer richtigen Uni studieren, mit Diplomprüfung? Einen ordentlichen Abschluß machen, mit dem wir auch etwas anfangen können?

Die soziologische Literatur ging lange Zeit davon aus, daß verschiedene Machtelemente miteinander zusammenhängen, daß Frauen deswegen in der Ehe die schwächeren sind, weil Männer über zahlreiche Machtkomponenten verfügen. Durch ihr Einkommen bzw. ihr, sofern die Frau berufstätig war, höheres Einkommen, ihren sozialen Status, ihre größere Eingebundenheit in die Außenwelt und Öffentlichkeit und auch durch ihre Muskelkraft waren Männer gegenüber ihren Frauen vielfach im Vorteil. Die von dem Norwood-Buch ausgelöste Diskussion über «Liebe als Sucht» war von einer zentralen Erkenntnis getragen: daß diese objektiven Erklärungen nicht genügten. Auch eine neue Frauengeneration, die sich bezüglich Berufstätigkeit, Einkommen und Status – und sogar bezüglich Ideologie und Bewußtsein – viel erarbeitet hatte und den Männern gegenüber wesentlich besser dastand, zeigte sich in Beziehungen bisweilen äußerst hilflos. Doch Norwood und die von ihr beeinflußte Literatur interpretierte dieses Faktum unseres Erachtens falsch. Sie nämlich ging davon aus, daß Frauen infolge ihrer Kraft und Tüchtigkeit in Beziehungen die Initiative ergreifen und so einer gewissen Männergruppe gegenüber in einen verhängnisvollen Kreislauf geraten. Der Mann läßt sich betreuen, versorgen, oft sogar finanziell aushalten, und zwar ohne Gegenleistung. Im Gegenteil, er straft, ist mitunter auch gewalttätig, in jedem Fall aber beziehungsfeindlich. Und obwohl die Frau das sieht und sehr darunter leidet, ist sie außerstande, sich von dieser Beziehung freizumachen, sondern versucht, durch einen größeren und noch größeren materiellen und psychischen Aufwand doch noch eine Wende zum Glück zu finden. Diese Frau ist, laut Norwood, zu stark und zu dominierend, eine Interpretation, die wenig schlüssig erscheint. Näherliegend ist die These, daß Männer neben der Finanzkraft, dem sozialen Status, der Gewandtheit, der Körperkraft noch eine andere Machtquelle haben – manchmal auch getarnt als Schwäche –, die sie in die Lage versetzt, auch einer berufstätigen, «selbständigen», «emanzipierten» Partnerin gegenüber einen Vorteil auszuspielen.

Susan Forward* hat dazu, basierend auf eigenen Erfahrungen, sehr interessante Beobachtungen gemacht. Ihr eigenes Leben gestaltete sich ausgesprochen schizophren. Sie war nicht nur im Beruf erfolgreich, sondern arbeitete sogar als Therapeutin, die häufig mit mißhandelten oder emotional erpreßten Frauen zu tun hatte, mit Frauen, deren Männer die Ehe als eine Art Beugehaft

* Susan Forward: Men Who Hate Women and Women Who Hate Men. New York 1987 in deutscher Übersetzung: Liebe als Leid. Warum Männer ihre Frauen hassen und Frauen gerade diese Männer lieben. München 1988

für selbstbewußte Frauen ansahen. Diesen Beruf übte sie gerne und sehr gut aus, aber es gab da einen entscheidenden Widerspruch in ihrem Leben:

«In der Außenwelt erschien ich als selbstbewußt und erfolgreich – eine Frau, die ihr Ziel erreicht hatte. Den ganzen Tag lang, in meinem Büro, in der Klinik, wo ich tätig war, half ich anderen Menschen dabei, größeres Selbstvertrauen zu erlangen und sich unabhängig zu fühlen. Aber zu Hause war ich eine ganz andere. Mein Mann war charmant, attraktiv und romantisch, und ich hatte mich sehr in ihn verliebt. Aber nach der Hochzeit entdeckte ich, daß er sehr viele destruktive Gefühle aufgestaut hatte und daß er außerdem die Macht besaß, mich aus dem Gleichgewicht zu bringen, so daß ich mich klein, hilflos und unnütz fühlte... Als Therapeutin konnte ich zu meinen Klientinnen sagen: ‹Das Verhalten Ihres Mannes ist nicht sehr liebevoll. In Wahrheit behandelt er Sie gewalttätig.› Aber ich selber ging jeden Abend heim und verkrampfte mich vor lauter Anstrengung, ihn bloß nicht wieder aus der Fassung zu bringen.

Ich fing also an, den Frauen sehr genau zuzuhören, wenn sie das Verhalten ihrer Männer beschrieben. Diese Männer waren oft charmant und nett, aber es war ihnen möglich, binnen Sekunden bedrohlich, kränkend und gemein zu werden. Ihr Verhalten reichte von offensichtlichen Drohungen und unverhohlener Gewalt bis zu subtilen Attacken, die sich eher als ständige Herabsetzung und beißende Kritik äußerten. Der Stil variierte, aber die Folgen waren immer dieselben. Der Mann gewann Macht über die Frau, indem er sie zermürbte und klein machte. Im Zuge meiner Arbeit lernte ich dann auch viele dieser Männer kennen. Zunächst hatte ich mir gedacht, daß vielleicht auch diese Männer sehr unglücklich sein würden, daß auch sie aus einem inneren Leidensdruck heraus so handelten. Aber ich mußte bald feststellen, daß die männliche Hälfte dieser Paare selten unter den Umständen des Zusammenlebens litt. Die Frauen waren es, die unglücklich waren, denen es schlecht ging, die krank wurden. Sie erlitten Verluste an Selbstachtung. Ihre Karrieren wurden vernachlässigt oder machten ihnen keine Freude mehr. Ehemals erfolgreiche und tüchtige Frauen

> zweifelten nun an ihren Fähigkeiten und an ihrem Wert. Sie wurden depressiv, hatten Angstgefühle, waren unsicher, und das alles infolge der Behandlung, die sie in ihrer Ehe oder Beziehung erfuhren.»

Und wie sah diese Behandlung genau aus? Manchmal wurde körperliche Gewalt ausgeübt oder angedroht, aber andere Methoden konnten eine mindestens so verheerende Wirkung haben. Die Frau, die voller Vertrauen, Optimismus und meist auch Illusion eine Beziehung aufnahm, sieht sich mit Abwertung, irrationalem Zorn, Anschuldigungen und Liebesentzug konfrontiert. Wenn sie das jahrelang mitmacht – immer wieder ermutigt durch Phasen, in denen es besser zu gehen scheint, oder angespornt durch eine neue Theorie, die sie ausprobieren möchte – leidet ihr Selbstbild, ihr Selbstvertrauen, ihr psychisches Gleichgewicht. Und auch die intelligenteste, belesenste, aktivste Frau – wie Susan Forward selbst – ist dagegen nicht immun:

> «Zu Beginn meiner Ehe war ich eine fröhliche, zuversichtliche Person. Jetzt, vierzehn Jahre später, war ich nervös und oft den Tränen nahe. Ich tat Dinge, die ich eigentlich gar nicht leiden konnte. Ich nörgelte an ihm herum und spionierte ihm nach oder zog mich zurück in beleidigtes, gekränktes Schweigen, statt meine Gefühle direkt auszusprechen. Die Atmosphäre zu Hause war sehr angespannt. Meine Kinder bekamen das mit, und ich selber hatte jegliches Selbstvertrauen verloren.»

Dann tritt etwas ein, was für Susan ein Schlüsselerlebnis sein wird. Sie hat ein wichtiges Forschungsprojekt, über den sexuellen Mißbrauch von Kindern, abgeschlossen und erfahren, daß ein Verlag die Ergebnisse als Buch drucken will. In großer Freude darüber geht sie heim, um ihrem Mann davon zu erzählen. Er aber ist so sichtlich schlechter Laune, daß sie es gar nicht wagt, ihn mit ihrer guten Nachricht noch zusätzlich zu provozieren, sondern hält es für besser, ihm aus dem Weg zu gehen. In diesem Augenblick wird ihr endgültig klar, daß «ich in dieser Ehe nicht mehr bleiben konnte, ohne mich selber gänzlich aufzugeben».

Bei dieser – außergewöhnlich artikulierten, problembewußten, erfolgreichen – Frau dauerte es vierzehn Jahre, ehe sie zu dieser Einsicht kam. Und auch dann noch war es äußerst schmerzhaft und schwer, den Entschluß zur Trennung auch in die Tat umzusetzen. In ihrem Buch versucht sie, die Methode solcher Männer zu beschreiben, was ihr bisweilen wirklich sehr treffend gelingt. Aber wieder sind es bloß die Techniken, die detailliert dargestellt werden. Was aber liegt dieser Taktik zugrunde?

Wenn wir diese Frage weiter verfolgen, dann entdecken wir, daß der große männliche «Vorteil», der sogar noch die Gleichberechtigung und die Emanzipation der Frau überdauert, zwei Grundlagen hat. Die erste ist der Wunsch, überhaupt diese Art von Vorteil zu besitzen. Dieser Wunsch allein ist schon ein mächtiges Instrumentarium, denn der durchschnittlichen Frau ist er überhaupt nicht einsichtig und deshalb auch nicht nachvollziehbar; sie steht daher dem Angriff restlos unvorbereitet gegenüber, der da gestartet wird. Im wahrsten Sinn des Wortes handelt es sich hierbei um einen Überraschungsangriff. Die Frau meint, es herrsche Frieden, und beide hätten nichts anderes im Sinn als Liebe, Harmonie und Glück. Und dann kommen die psychischen Terroranschläge, weil in Wirklichkeit für den Mann ein anderes Spiel läuft.

Der Mann tut die absurdesten, widersinnigsten, störendsten Dinge, und die Frau zweifelt an ihrem Verstand: ein intelligenter Mann wie ihrer würde doch nicht so handeln, also muß das Problem mit ihrer Wahrnehmung zu tun haben oder durch irgendeine Verfehlung ihrerseits hervorgerufen worden sein, die sie finden und beheben muß. Hier ist schon die Prämisse falsch. Auch ein intelligenter Mann würde immer so handeln, wenn er ihr gegenüber in eine emotionale Machtposition geraten möchte, und das möchte er.

Die zweite Ursache der männlichen Überlegenheit in Beziehungen liegt in der geringeren emotionalen Investition der Männer, in ihrer vergleichsweise größeren Gleichgültigkeit.

Diese Kombination, das ist evident, ist fatal. Und Frauen reagieren darauf in der genau verkehrten Weise. Sie investieren noch mehr in die Beziehung, lassen sich emotional noch weiter hineinziehen. Gegen jegliche Form männlicher Gewalt – der Finanzmacht, der körperlichen Gewalt, der politischen Entrechtung – gab und gibt es nur eine adäquate Reaktion, nämlich die, sich aus der Abhängigkeit zu lösen.

Statt dessen aber vervielfachen die Frauen ihre Bemühungen um den Partner und geraten immer tiefer in diese Abhängigkeit.

Das Arrangement ist die klassische Methode, mit Beziehungskonflikten umzugehen und steht meist am Ende einer langen Versuchsreihe, aus einem schwierigen, meist nur widerstrebend bereiten Diskussionspartner irgendwelche verbindliche Ankündigungen bezüglich der Gestaltung des gemeinsamen Alltags herauszuholen. *Freda geht einen anderen Weg*, sie schließt sich einer Norwood-Gruppe an, um sich von ihrer ehemaligen Liebessucht zu befreien. Je mehr sie sich um ihren Mann bemühte, um seine Anerkennung und Liebe zu erringen, desto defensiver wurde der. Ihre Schlußfolgerung nach einer langen Zeit in der Selbsterfahrungsgruppe: sie sei zu mächtig gewesen, sie hätte ihn zu sehr gepusht. In ihren neuen, allerdings unverbindlicheren Beziehungen geht sie einen anderen Weg: sie gestattet sich nicht mehr, ihren jeweiligen Partner zuviel Raum in ihrem Denken einnehmen zu lassen. Sie wartet nicht mehr auf seine Telefonate, sondern sagt sich, in einer Mischung aus Trotz und Selbstsuggestion, es sei ihr genauso recht, wenn er sich nicht meldet. In Wirklichkeit kreist ihr Denken noch immer um den Mann, bloß mit umgekehrtem Vorzeichen, daß sie eigentlich nicht an ihn denken sollte. Die psychische Entwöhnungskur wird oft zum neuen Lebensinhalt.

Freda:
«Ich habe viel über meine Kindheit nachgedacht. Kindheitsmuster sind sehr prägend, das sehe ich jetzt. Meine Eltern waren an der Oberfläche sehr freundlich, sie haben sich selber aber nicht besonders gemocht und waren insgesamt recht verkrampft. Mein Vorsatz war, einen Mann zu suchen, der genau das Gegenteil verkörperte. Ich wollte einen freundlichen, offenen Mann, jemand, der mich vorbehaltlos mag. Ich habe mich sehr gut umgeschaut und spät geheiratet, um ja ausreichend vorsichtig zu sein. Bei meinem Mann hatte ich das Gefühl, daß er das genaue Gegenteil von meinen Eltern war, und ich mußte später mit Entsetzen feststellen, daß er sich in Wirklichkeit kaum von ihnen unterschied. Ich brauchte aber 20 Jahre, um das zu begreifen. Er war kalt, ablehnend, unsicher und hat alles von mir gefordert, genau wie meine Eltern. Die hatten immer gesagt, ich sei tüchtig, aber es war ihnen trotzdem zu wenig. Mein Mann hat wortwörtlich das gleiche

über mich gesagt, aber ich spürte keine Wärme dabei, da kam null von ihm in diesem Punkt. Einmal meinte er, wenn ich endlich toll Tennis lernen würde, das würde ihm imponieren. Ich habe viel trainiert, aber es war nie genug. Meinen Eltern genügte ich auch immer nicht, ich konnte ihnen die Liebe, die sie von mir erwarteten, nicht geben.

Die Macht über meinen Mann bestand darin, daß ich immer alles für ihn gemacht, getan und gewußt habe. Er hat keine Verantworung für die Kinder und die Beziehung gehabt, ich war so mächtig. Und trotzdem war ich machtlos, da ich nicht erreichen konnte, daß dieser Mann mich liebte.

Ich habe sehr unter der damaligen Situation gelitten. Mein Leben sah so aus, daß ich furchtbar viel Wäsche wusch, Kuchen gebacken habe, Feste veranstaltete. Ich war mit den drei Kindern zu Hause, sonst hatte ich keinen Bereich. Ich habe nicht einmal so richtig gespürt, daß ich mich nicht wohl fühle. Ich habe so getan, als ob ich das Glück auf Erden gefunden hätte, und jeder hat mich beneidet. Ich hatte ständig Schuldgefühle, daß es noch immer zu wenig ist und ich mehr tun sollte. Ich habe mir gedacht, wenn der nächste Hochzeitstag gut abläuft, dann... Auf solche Punkte habe ich hingearbeitet, damit war ich auch sehr beschäftigt.

Wir hatten viel Streit. Das schlimmste war, daß er mich betrogen hat. Das tat so weh, daß ich es unterdrückt habe; ich dachte, wenn ich wirklich so toll bin, dann muß ich das einfach verkraften. Das gelang mir überhaupt nicht. Ich war todunglücklich. Dann kam es zu einer furchtbaren Szene, ich schrie alles heraus: Er war unter der Dusche und konnte nicht hören, was ich gesagt habe: Während ich todunglücklich war und nicht wußte, wie ich den vor mir liegenden langen Tag überstehen werde, stand er seelenruhig unter der Dusche und wusch sich die Haare. Er hat nicht einmal das Wasser abgedreht, um mich besser zu verstehen, sondern rief nur lapidar: Was hat du gesagt? Ich kann dich so schlecht hören. Ich hätte meine Anschuldigung wiederholen sollen, aber das war mir schon zuviel. Ich bin auf ihn zugestürzt, er ist zurückgewichen, weil er dachte, ich will ihn schlagen. Ich hatte so eine Wut, daß ich mit dem Fuß gegen die Duschtür trat, dabei wurden meine Sehnen durchtrennt. Das ging in Sekundenschnelle. Es konnte zwar alles wieder repariert werden im Laufe der folgenden

Monate, aber es war ein schmerzvoller und langwieriger Prozeß. Mit dem Sport war es auch vorbei, worauf er so großen Wert gelegt hatte. Heute interpretiere ich diesen Unfall so, daß ich zu verhindern versuchte, daß er mir wegläuft. Er ging aber trotzdem. Mir war elend zumute, nicht wegen des Unfalls, sondern weil er weg war.

Mein Mann hat bestimmt auch unter der Ehesituation gelitten. Seine Mutter war auch sehr resolut, genau wie ich. Er mußte sich nie entscheiden, welche Krawatte wozu paßt, er konnte es auch nicht, er wußte auch nicht, wann er Sex wollte, er hat überhaupt nichts gewußt. Eines war sicher, das wußte er auch, daß er ein workaholic war. Er hat irrsinnig viel gearbeitet, was mir auch gut gefiel, weil das gesellschaftlich angesehen war, einen so erfolgreichen Mann zu haben. Er hatte einen Superjob, für den er sich voll eingesetzt hat. Aber im Grunde war er mit sich nie zufrieden, er mußte immer der Beste sein. Und ich habe immer gedacht, ich bin es, die ihn nicht zufriedenstellen kann.

Männer sind eigentlich überhaupt nicht unter Druck, denn eine Frau ist voll austauschbar, das ist für die Gesellschaft selbstverständlich. Für ihn ist klar, daß er immer saubere Wäsche vorfindet, und jede hat das für meinen Mann zum Beispiel noch gern getan. Er war es gewöhnt, daß sich drei Frauen um ihn bemühen, oder besser, um ihn kämpfen, wenn er auch behauptet, es sei ihm unangenehm. Er schwärmte immer für die, die am ärmsten war, weil die sich am meisten für ihn abplagte.

Ich habe auch noch einen Versuch gemacht, ihn zurückzuholen, weil ich ihn jahrelang nicht aufgeben konnte und ständig hoffte, daß er doch noch einmal kommt und sich alles überlegt hat. Irgendwann hat er mich nicht mehr interessiert, aber das war ein langer Weg dahin.

Die Männer, die ich jetzt kennenlerne, sind auch ziemlich arbeitsbesessen. Aber heute denke ich nicht weiter darüber nach. Wenn er sich zu Tode arbeiten will, dann sag ich: viel Spaß, ich bin in der Disco, und wenn er Lust hat, mich zu sehen, dann kann er ja hinkommen, ich werde ihn sicher nicht hinbringen oder einladen oder ihm einreden, daß eine grüne Krawatte für ihn schöner ist. Heute will ich nur mehr einen Mann, der selber weiß, daß er die grüne Krawatte will und nicht mich dazu braucht zu entscheiden, was ihm besser steht. Solche Leute, die das wollen, sind für mich Patienten, die bloß versuchen, mich an ihrem Bett festzunageln.

Es kommt darauf an, daß man irgendwann, eines Tages über alles lachen kann. Dann ergibt sich ein Ausweg. Da ist die Gruppe unter Umständen eine gute Hilfe, weil allein kommst du dir immer ärmer als die anderen vor, da kommst du auf viele Ideen einfach nicht.

Vieles sehe ich heute anders. Früher habe ich mir immer vorgestellt, in einer Beziehung hat man sich grenzenlos lieb. Mir war nicht klar, daß es in einer guten Beziehung sehr klare Grenzen geben muß. Ich habe die Tendenz, jemandem, den ich sehr mag, alles zu genehmigen und alles für ihn zu tun. Ich bin dabei, das abzubauen. Zur Zeit lebe ich allein. Früher war die Vorstellung, allein zu sein, wie Sibirien für mich. Ich hatte weder Freunde, noch ein Hobby, wußte nicht, wer ich bin oder was ich kann, ich fühlte mich wie eine Null.

Ich nahm mir vor, mit dem nächsten Mann, der mir gefiel, ein Experiment zu starten. Ich wollte checken, wie weit ich selber bin, ob es mir bereits gelingt, in der Beziehung meine Interessen wahrzunehmen und mich in erster Linie nach meinen Bedürfnissen zu richten. Er sollte eine angenehme Begleiterscheinung sein, und ich durfte auf keinen Fall darunter leiden, daß er mich nicht genug liebte, daß ich ständig Sehnsucht spürte nach der perfekten Beziehung. So ist es mir 20 Jahre lang gegangen, aber damit war es nun vorbei.

In den Ferien habe ich schließlich einen Dänen kennengelernt, mit dem ich mich sehr wohl fühlte. Total entspannt habe ich ihm von dem Norwood-Buch erzählt. Er hat es sehr interessant gefunden, wie positiv mich die Lektüre und die Gruppe beeinflußt haben. Er wollte immer schon so eine Frau kennenlernen, die sagt, was sie will und nicht will, die ihn nicht ständig pusht. Ich habe dann auch nicht den Fremdenführer für ihn gespielt in Wien, sondern ihn aufgefordert, die Stephanskirche allein anzuschauen, ich kenne sie schließlich schon. Er ging dann lieber an die Donau mit mir. Früher habe ich immer versucht herauszufinden, was mein Mann möchte. Er hat prompt auch eine unendliche Wunschliste gehabt. Ich kam gar nicht zurecht bei der Bearbeitung der Wunschliste. Bei meinem dänischen Freund habe ich versucht, alle meine Wünsche zu äußern. Das war lustig, weil ich es überhaupt nicht gewohnt war. Zuerst hatte ich immer Angst, wenn er mich fragte, was wir für den Tag planen sollen. Ich schlug oft Schwimmen vor, weil es Sommer war. Er war immer dafür, aber ich geriet in Panik: o Gott, jetzt geht er nur meinetwegen Schwimmen. Wenn ein Mann liebevoll und fürsorglich ist, kommt man leicht ins Schleudern, wenn man es vor allem ganz anders gewohnt war über weite Zeitstrecken. Es war sehr schön, aber er ist dann wieder nach Dänemark abgereist.

Mein Mann hat jetzt wieder eine Frau. Von meiner Tochter habe ich erfahren, daß sie genauso sein soll, wie ich früher war. Meine Tochter meint, sie sei zehnmal so arg, aber alles, was ich höre, klingt mir sehr vertraut. Sie droht ebenfalls mit Selbstmord, sie heult furchtbar viel und arbeitet sich zu Tode. Sie ist irrsinnig tüchtig und all das, was ich früher auch repräsentiert habe.

Heute schätze ich es sehr, daß ich mich nirgendwo mehr einmischen muß. Meine ganze Zeit und meine ganze Energie habe ich nun nur für mich.»

3.
Kamikaze
oder: Frauen katapultieren sich selbst ins Out

Zu schnell sind Frauen bereit, sich sogar unausgesprochenen Forderungen der Männer zu unterwerfen. Aus einer selbstbewußten, temperamentvollen und interessanten Person wird ein farbloses Anhängsel.
Manchen Männern gefällt das.
Manche Männer aber betrachten diese allzu bereitwillige Metamorphose mit Beunruhigung.

Frauen orientieren sich häufig nicht nur an den Wünschen der Männer, sondern sie wollen diese Wünsche sogar erraten, ihnen zuvoreilen. «Ich könnte mir an seiner Seite keine Karrierefrau vorstellen», denkt sich Renate und bricht mit der Eheschließung ihr Studium ab. «Er steht gern im Mittelpunkt», vermutet Anna und überläßt ihm das Rampenlicht, indem sie sich selbst absichtlich in den Schatten stellt. Nicht bloß die Forderungen und Diktate der Männer, sondern sogar ihre mutmaßlichen Präferenzen, ihre wahrscheinlichen zukünftigen Entwicklungen, ihre möglichen unterbewußten Wünsche werden von den Frauen als Lebensvorlage benützt – sehr oft nicht nur zum eigenen, sondern auch zum Schaden der Beziehung. Denn die Frau macht zwar die Abstriche, ärgert sich aber – über den Mann, der sie tatsächlich oder nur vermeintlich von ihr verlangt hat, und über sich selbst, weil sie nachgegeben oder sogar freiwillig dazu bereit war. Und die Männer?

Manche haben wirklich nichts anderes im Sinn, als aus der tollen, interessanten Frau, die ihnen so gut gefallen hat, schleunigst eine farblose Untertanin zu machen. Die ihnen dann nicht mehr gefällt, weil sie so farblos, so untertänig und so langweilig ist. Oder mit der sie ständig streiten und kämpfen, weil sie sich gegen dieses Vorhaben wehrt.

Manche dagegen betrachten die erstaunliche Metamorphose ihrer Partnerin von einer lebhaften Person in eine blasse Haushälterin mit Beunruhigung.

Alle aber sind sie überfordert, wenn wir ihnen das Recht zuweisen, unser Wesen zu definieren. Ein Zusammenleben funktioniert, weil zwei Menschen feststellen, daß sie in ihrem Wesen zusammenpassen, und nicht, weil eine Person sich entschließt, sich immer und ständig an das Wesen der anderen Person anzupassen. Irgendwann wird dann der Augenblick kommen, in dem sie die nötige theatralische Leistung, den geforderten Sprung durch den Reifen, nicht mehr erbringen kann, und dann steht sie vor dem

Nichts, ohne Persönlichkeit, denn die hat sie aufgegeben, ohne Beziehung und ohne eigenständige Erlebnisse und Leistungen, auf die sie unter anderen Umständen in ihrem Leben hätte zurückblicken und zurückgreifen können.

Wenn es in Diskussionen um die Frage der weiblichen Berufstätigkeit und Ausbildung geht, stehen unweigerlich Frauen auf, die meinen, sie würden von der Frauenbewegung mißverstanden. Denn sie seien gern Hausfrau und Mutter, und zur allgemeinen Unterbewertung dieser so wichtigen Tätigkeit würden nun auch noch die Feministinnen ihren Teil beitragen. Und überhaupt sei es um nichts besser, berufstätig zu sein, und daheim zu bleiben sei eine legitime Entscheidung, mit der sie sich absolut wohl fühlten. Und dann nicken wir alle, geben diesen Frauen recht und kehren zum eigentlichen Thema zurück.

Aber so mancher von uns ist bei diesem zustimmenden Nicken nicht ganz wohl, weil sie eigentlich, insgeheim, gar nicht davon überzeugt ist, daß eine Hausfrau wirklich einen empfehlenswerten Lebensweg gewählt hat.

Für das vorliegende Buch haben wir Hunderte von Ehepaaren interviewt, und zwar keine negative Auslese, sondern Paare, die ebenso wie ihre Umwelt meinten, besonders gute Ehen zu führen. Darunter befanden sich auch sehr viele Frauen, die ihr Leben lang oder über einen sehr langen Zeitabschnitt hindurch Hausfrauen und Mütter waren. Manche fanden nach wie vor, daß dieser Entschluß für ihre Kinder und für das gute Auskommen mit dem Ehemann notwendig gewesen war. Aber nicht eine einzige Frau war darunter, die unter dieser Entscheidung nicht sehr gelitten hatte, deren Wohlbefinden durch diesen Entschluß nicht einen erkennbaren Qualitätsverlust erlitten hätte und die nicht gerade infolge ihres Zuhausebleibens viele Probleme in ihrer Ehe hatte.

Es gab in unserer Untersuchung Paare, die wirklich den Eindruck vermittelten, daß sie eine gute Beziehung hatten. Ihr Zusammenleben verlief nach den unterschiedlichsten Regeln und Mustern, aber es gab eine einzige Gemeinsamkeit: in irgendeiner Form herrschte zwischen den Beteiligten ein Gleichgewicht. Dieses Gleichgewicht kam auf die unterschiedlichste Art und Weise zustande: eine besonders starke Persönlichkeit, besondere Begabungen, Charme, Status, soziale Fertigkeiten, diese und viele andere Faktoren gingen in die Rechnung ein. Es kam nicht unbedingt darauf an, daß beide in gleichermaßen gutbezahlten Positionen arbeiteten. Es kam nur darauf an, daß in ihrer höchst eigenen, internen Hochrechnung zwei gleichwertige Summen herauskamen.

Nun könnte man meinen, daß in dieser privaten und internen Rechnung eine Hausfrau und Mutter, die schließlich den Fortbestand und das harmonische Leben der Familienmitglieder organisiert, den ihr zustehenden Wert beanspruchen kann. Viele Frauen, die sich zum Zuhausebleiben entschließen, kalkulieren damit – und werden von ihren Männern teilweise darin bestärkt. Diese Frauen sind der Meinung, daß sie einen wertvollen und einzigartigen Beitrag zum Wohlbefinden ihres Mannes und der Kinder leisten, daß sie dafür mit deren unendlicher Dankbarkeit und Verbundenheit rechnen können und daß vor allem ihr Mann es schätzen wird, wenn sie unter Verzicht auf ihre Alternativen diesen Aufgabenbereich wählen. Sie halten sich vor Augen, daß ihr Job schließlich auch nicht so ideal war, daß er eine ziemliche Überlastung bedeutete und viele Abstriche erforderte. Sie glauben, daß sie schließlich eine Beziehung haben, die von den Beurteilungen der Außenwelt unabhängig ist, daß sie im Vergleich zu ihm genausoviel, wenn nicht sogar mehr Wert haben wird, wenn sie seinetwegen ihre anderen Tätigkeiten aufgibt.

Diese Rechnung geht nicht auf. Unweigerlich bewegen sich Paare, die diesen Weg wählen, auseinander, wobei die Frau nach unten driftet und der Mann nach oben steigt. Darunter leidet die Frau, darunter leidet auch die Beziehung. Der Mann hat mitunter, sofern er in Wahrheit keine allzu großen Ansprüche an eine Ehe stellt, sondern sich vor allem ein friedliches «Hinterland» und Bequemlichkeit erhofft, ein persönliches Gefühl des Vorteils. In jedem Fall wird er wichtiger und die Frau unwichtiger, wird das «gemeinsame» Geld subjektiv unmerklich zu «seinem» Geld, erhält Zeit für sie und für ihn eine unterschiedliche Bedeutung. Die Spannungen können auf unterschiedlichste Weise zum Ausdruck kommen, aber es gibt deutliche Muster: Er kommt nicht früh genug nach Hause, sie kämpft darum, daß er mehr Zeit für sie und die Familie hat. Er verbringt nicht genug Zeit mit den Kindern, sie bemüht sich darum, ihm seine Vaterpflichten näherzubringen. Sie hat das Gefühl, sein Geld auszugeben.

Es kann noch so viele Vereinbarungen und Diskussionen und Abkommen zwischen den beiden geben, die harten Fakten werden sie früher oder später, in der Regel aber früher, einholen.

Und diese Fakten liegen auf der Hand: eine Hausfrau hat kein eigenes Geld. Sie mag sich noch so ausführlich vor dem Entschluß, ihren Beruf aufzugeben, mit ihrem Mann darüber unterhalten haben, und sie mögen damals – und offiziell auch heute – noch so dezidiert erklären, daß das von ihm verdiente Geld ihnen gemeinsam gehört, sie ihren Anteil daran hat und darüber sowohl moralisch wie auch praktisch als Miteigentümerin verfügen soll – fast nie trifft das die Realität. Kein eigenes Geld zu haben, ist ein entwürdigender und unbequemer Zustand, und in ihrem jeweiligen tiefsten Inneren glauben weder die Frauen noch der Mann, daß das von ihm verdiente Geld ihnen wirklich in gleichem Maße gemeinsam gehört. Geld bedeutet Unabhängigkeit, daher hat der Mangel an Geld notgedrungen das Gegenteil zur Folge, nämlich Abhängigkeit. Die Frauen empfanden das sehr stark, und es belastete das Zusammenleben auch dort, wo es vom Mann gar nicht bewußt zum Thema gemacht wurde.

Für Jutta zum Beispiel waren Geburts- und Hochzeitstage am schlimmsten, denn «gemeinsames Konto hin oder her, schließlich lief es darauf hinaus, daß ich ihm mit seinem eigenen Geld ein Geschenk kaufte. Die einzige andere Möglichkeit war, ihm etwas zu stricken, und das war genauso schlimm – ich fühlte mich dann wie ein kleines Mädchen, das in der Schule irgend etwas zum Muttertag zusammenbastelt.»

Schon eine beiläufige Bemerkung des Mannes, vielleicht ohne Hintergedanken gemacht, kann von der Frau dann als Rüge aufgefaßt werden. «Was, ein Pullover kostet 2000 Schilling?» oder: «Ja, das Kleid ist schön, was hat es denn gekostet?» können genügen, um in ihr das Gefühl zu wecken, er halte sie für verschwenderisch oder er wolle sie kontrollieren. Um so schlimmer, wenn es keine beiläufige Bemerkung war, sondern der Mann seine Finanzmacht wirklich als Kontrollrecht versteht. Das Abkommen «Ich gehe arbeiten, und du sorgst für unser gemeinsames Zuhause, und wie die Außenwelt diese Tätigkeiten auch bewerten mag, du und ich wissen, daß beide Leistungen gleich wichtig sind und daß wir ein Team sind mit gleichen Rechten» – diese Abmachung ist in der Praxis wertlos. Die eine oder andere Seite, meist beide, halten sich nicht daran, auch wenn es nach außen hin anders aussehen mag.

Sogar Isabel, Mutter von vier Kindern und als Tochter gutbürgerlicher Eltern die klassische Arbeitsteilung gewohnt, fühlt sich durch diesen Aspekt belastet:

> «Die Finanzen sind sicher ein Problem, wenn nur der Mann arbeitet und die Frau praktisch darauf angewiesen ist, was ihr geboten wird. Da gibt's schon öfter Zwistigkeiten, das will ich nicht leugnen. Es ist bestimmt leichter, wenn eine Frau ihr eigenes Einkommen hat, und wenn sie sagt, so, heute will ich irgend etwas kaufen, dann geht sie halt und kauft sich das. Das kann jemand, der über kein eigenes Einkommen verfügt, in dem Maße nicht. Also überhaupt schon die Debatte, ich finde, ich muß irgend etwas kaufen, und er findet, das ist nicht notwendig, daß man das durchsetzen muß, ist eigentlich oft entwürdigend.»

Sogar Frauen, deren Männer «großzügig» sind, empfinden das so. Denn in unserer Gesellschaft ist Mündigkeit auch mit wirtschaftlicher Unabhängigkeit verknüpft, und eine Menge anderer Dinge leiten sich davon ab, etwa Selbstbewußtsein dem Partner gegenüber, Sicherheit im Umgang mit anderen, Freude an den eigenen Fähigkeiten.

Als wir für das Kapitel über Modellbeziehungen die Schriften Simone de Beauvoirs erneut lasen, fanden wir dort Überlegungen, die mit unseren Beobachtungen übereinstimmten. Schon bevor die Kontroverse zwischen dem Hausfrauenleben und der Berufstätigkeit entbrannte, hatte sich Simone de Beauvoir eingehende Gedanken darüber gemacht. Zufällig war sie in einen neuen Personenkreis hineingeraten und dort mit Frauen zusammengekommen, die anders waren als ihre üblichen Freundinnen.

> «Ich hatte nie Frauen gekannt, die ein normales Eheleben führten... Jetzt plötzlich lernte ich eine Menge Frauen über 40 kennen, die, bei aller Verschiedenheit ihrer Lebensumstände, eines gemeinsam hatten: sie alle hatten in Abhängigkeit von einem anderen Menschen gelebt. Weil ich Schriftstellerin war und eine Außenstehende und wahrscheinlich auch, weil ich gut zu-

hören kann, erzählten sie mir sehr viel. Ich befaßte mich mit ihren Schwierigkeiten, mit den trügerischen Verführungen ihrer Lebensweise, mit den Fallen und den vielfältigen Hürden des normalen Frauenlebens.»

Abhängigkeit. Treffend hat Beauvoir damit das Wesentliche des klassischen Hausfrauenlebens identifiziert. Und sie fährt fort:

«Mir selber wurde der Fluch erspart, der auf den meisten Frauen lastet, nämlich der Fluch der Abhängigkeit. Denn ob sie sich davon belastet fühlen oder sich anpassen oder sich dazu gratulieren, am Ende bleibt es doch ein Fluch... Den eigenen Lebensunterhalt zu verdienen, ist vielleicht kein hinreichendes Ziel, aber es bleibt der einzige Weg, um eine stabile, innere Unabhängigkeit zu besitzen... Materielle Unabhängigkeit erlaubt es einem, sich als Individuum zu fühlen. Als ich (als junge Lehrerin) dieses Ziel erreicht hatte, war es mir möglich, ein parasitäres Leben und all die gefährlichen Bequemlichkeiten, die es mir geboten hätte, zu meiden.»

«Trügerische Verführungen», «gefährliche Bequemlichkeiten», Beauvoir drückt auch damit eine scharfsinnige Beobachtung aus. In unseren Interviews stießen wir, und zwar oft bei Frauen, bei denen wir dies am allerwenigsten vermutet hatten, auf ein diesbezügliches Geständnis. Kaum eine war vollkommen der Versuchung entgangen, mit dem Gedanken an die häusliche Alternative zu spielen. Wohl keine von uns, nicht einmal die umtriebigste Karrierefrau, hat noch nie, zumindest für ein paar Sekunden, darüber nachgedacht, wie es wäre, zu Hause zu bleiben. Nicht mehr zu einem bestimmten Zeitpunkt irgendwo sein zu müssen, keine Sitzungen und keine Termine und keinen Chef zu haben. Kaum irgendwo in unserer westlichen Industriegesellschaft wird es eine Frau geben, deren Mann nicht irgendwann ihre Klagen über einen anstrengenden Arbeitstag unterbrach mit dem Vorschlag, sie müsse ja nicht arbeiten gehen, sondern könne zu Hause bleiben. Oft ist dieses Angebot finanziell unrealistisch, weil die Familie von zwei Einkommen abhängig ist. Immer aber ist das Angebot beziehungsdynamisch unrealistisch, weil es keinen Weg gibt, ein egalitäres Zusammenleben und die Entwicklung aller Beteiligten zu verwirklichen, wenn eine vom anderen abhängig ist. Wir wollen die Vision der Hausfrau also in Ehren halten als das, was sie sein sollte – eine kurze, spielerische Entspannungsphantasie für gestreßte Berufstätige. Und dabei sollte es unbedingt bleiben, denn es ist weder erholsam noch entspannend, auf Dauer Hausfrau zu sein.

Antje ist die Tochter eines hochrangigen Managers; ihre Mutter war Hausfrau.

«Ich wurde als ‹brave Tochter› erzogen und sollte später einmal, durch einen ebenso erfolgreichen Mann, ein ebenso angenehmes Leben geboten bekommen – so stellten sich meine Eltern meine Zukunft vor. Ich sollte eine Ausbildung zur Fremdsprachensekretärin machen, um die Zeit bis zu dieser tollen und baldigen Ehe konstruktiv zu nutzen.

Irgendwie ist es aber dann nicht so gekommen, weil ich mit 25 noch nicht verheiratet war und mit 30 auch noch nicht. Statt dessen hatte ich dann eine Reihe von sehr interessanten Anstellungen, auch im Ausland. Ich habe für einen großen Konzern gearbeitet, und die waren mit mir äußerst zufrieden und haben mich zu allen möglichen Fortbildungen geschickt, und ich war da sehr glücklich und hab mich fleißig hochgearbeitet. Ich hatte mein eigenes Geld, meine Wohnung, mein Auto. Für meine Eltern war das schwierig. Vor allem meine Männerbekanntschaften, also zwischendurch habe ich zum Beispiel mit einem Mann zusammengelebt, das war schrecklich für sie. ‹Du mußt an unsere gesellschaftliche Position denken›, haben sie immer gesagt.

Meinen Mann hab ich dann im Urlaub kennengelernt. Ich war mit einem anderen Mann da. Da war aber nichts mehr zwischen uns, wir haben aber noch im selben Hotelzimmer geschlafen. Weil wir noch immer gute Freunde waren, und das schon so lange gebucht hatten. Und mein späterer Mann hat mir das auch damals geglaubt, er hat immer schon sehr viel Vertrauen in mich gesetzt. Das hat mir imponiert und hat mir gefallen. Er war, sagt er, schon am dritten Tag sicher, daß er mich heiraten will. Bei mir hat es etwas länger gedauert, aber sechs Monate später war auch ich so weit.

Der Zeitpunkt war für uns beide ideal. Mein Mann hatte eine sehr schlechte Ehe hinter sich, hatte aber schon genug Abstand dazu, um eine neue Beziehung einzugehen. Und ich wollte sowieso eine Veränderung, fühlte mich einsam, meine Wohnung wurde mir zu klein. Ich hatte sowieso schon dran gedacht, einen move zu machen. In ein anderes Land.»

Nach der Hochzeit gibt Antje ihre Berufstätigkeit auf, ganz selbstverständlich, dem Muster im Elternhaus entsprechend. Thomas fordert das nicht ein, akzeptiert es aber – es geschieht sehr automatisch, auf Antjes Initiative, aber ohne seinen Widerspruch. Sie könnte sich «meinen Mann nicht mit einer Karrierefrau vorstellen, aber auch nicht mit einem Hascherl. Am besten, glaube ich, paßt so ein Zwischending zu ihm. Auch ich habe es mir so vorgestellt: ein starker Mann im Beruf, erfolgreich, der mich sehr liebt.»

Die Vorstellung, Hausfrau zu werden, ging von Antje aus, paßte in ihr Erwartungsbild. Daher hatte sie, gedanklich, keine Probleme damit. In der Praxis war die Umstellung dann aber nicht ganz leicht.

«Mit den Finanzen, das war anfangs schwierig. Ich habe mir ja sonst gekauft, was ich wollte, sofern ich es mir leisten konnte. Jetzt war ich eben abhängig von seinem Gehalt. Er ist überhaupt nicht unangenehm, wie manche andere Männer, von denen ich weiß. Wir haben ein gemeinsames Konto, davon kann ich abheben, soviel ich will. Ich bin auch nicht extravagant. Ich versuche, bescheiden zu bleiben. Aber ich glaube, es ist irgendwo doch ein schlechtes Gewissen dabei. In manchen Familien ist die Frau dann der Finanzminister, aber ich will das nicht. Er kennt sich besser aus, mit Investitionen und so, und ich weiß ungefähr, wie wir dran sind. Daran orientiere ich mich dann. Wenn wir zum Beispiel im Ausland sind, dann geht es uns finanziell immer besser infolge der Zulagen, dann bin ich auch großzügiger, wenn ich den Kindern etwas kaufe und mir. Aber im allgemeinen bin ich sehr bescheiden. Auch wenn ich ins Ausland telefoniere, rede ich ganz schnell, damit es nicht zu teuer wird. Das liegt halt in mir.»

Mit ihrem Schritt aus dem Arbeitsleben hat Antje einen Schritt in die Unmündigkeit getan. Das Finanzielle ist dabei nicht so sehr ein Konflikt,– denn Thomas übt diesbezüglich gar keinen Druck aus, sondern das Gefühl der Beschränkung kommt von Antje selbst. Ein echter Konflikt hingegen ist die «Kinderfrage». Antje stört seine mangelnde Beteiligung, sein schwaches Engagement gegenüber den beiden Söhnen. Dabei erwartet sie gar nicht, daß er sich an der echten Erziehungsarbeit beteiligt, sondern nur, daß er wenigstens abends und am Wochenende als Vater präsent ist.

«Manchmal gibt es so ein Herumturnen, dann macht er seine Alibi-Shows, singt ein Liedchen oder so, aber dann ist er wieder weg. Dann liest er Zeitung. Er hat sicherlich auch Schuldgefühle deswegen. Ich meine auch, seine Kinder sind ihm nicht unsympathisch, er liebt seine Kinder, er ist auch sehr stolz und so, aber dann nimmt er sich nicht die Zeit.»

Ein weiterer typischer Konfliktpunkt ist die Sexualität. Wenn Antje das Problem beschreibt, spricht sie auch wieder zweistimmig. Auf der einen Seite spricht aus ihr die gutbürgerliche Ehefrau, zu der sie erzogen wurde und die es als ihre Aufgabe sieht, den Mann auch in dieser Hinsicht zu versorgen. Auf der anderen Seite spricht die selbständige, moderne Frau, die ein beidseitig erfüllendes Sexualleben haben will. Das klingt dann so:

«Ich glaube nicht, daß er sich woanders etwas holen will, weil soviel, wie er braucht, kann ich ihm, glaube ich, geben. Aber das Problem ist trotzdem, mein Mann will einfach mehr als ich. Er nähert sich, legt sein Händchen auf meine linke Brust, und dann glaubt er, ich bin schon ganz wild. Und es kann sofort losgehen. Und das versteht er nicht, obwohl wir ziemlich offen reden. Er sieht das immer gleich so schwarzweiß und versteht nicht, daß es bei mir auch Stimmungen und Nuancen gibt.»

Antje versucht, durch Gespräche, bei Thomas mehr Sensibilität für ihre Bedürfnisse zu wecken. Wenn das nicht funktioniert, schlüpft sie wieder in die Rolle der pflichtbewußten Ehefrau:

«Manchmal tue ich so, als ob. Dann tue ich es manchmal doch. Ich sage manchmal ja, weil vielleicht schon zwei Wochen vergangen sind, ohne daß etwas war. Aber er ist eigentlich verständnisvoll. Er versteht zwar nicht, was ich eigentlich will, aber er akzeptiert, daß ich eben manchmal nicht will und nicht kann. Aber oft ist er auch beleidigt.»

Antje und Thomas werden als glückliches Paar beschrieben und erleben sich auch selber so. Die Beschreibung des Alltags läßt jedoch Fragen aufkommen:

«Eines vielleicht noch, nämlich daß wir zuviel trinken. Beide.

Es ist immer etwas im Haus, dadurch, daß wir oft Gäste haben. Wenn dann die Flasche dasteht, und die Kinder quengeln, und der Tag war lang, dann nehme ich einen Drink um sechs, vorher nicht, da bin ich schon konsequent. Dann werde ich manchmal aggressiv, und dann merkt er das, wenn er heimkommt. Dann trinkt er auch. Das kommt oft vor, und wir wissen das auch, und wir wollen das auch ändern. Oder diese geschäftlichen Cocktail-Parties, die steht man mit einem Glas Orangensaft einfach nicht durch.»

Ihren Ehealltag erlebt Antje als im großen und ganzen normal:

«Er kommt nach Hause, wir geben uns ein Bussi, das machen wir immer und vergessen es nie. Dann legt er seine Tasche nieder, und geht sich umziehen. Dann setzen wir uns gemütlich hin, wenn die Kinder schon schlafen, um so besser. Wenn die Kinder noch nicht im Bett sind, dann bringt er sie ins Bett, dann sind sie schon gewaschen, gebügelt, alles, und dann legt er sie ins Bett und liest ihnen ein bißchen ungeduldig noch eine Geschichte vor. Dann kommt er wieder, dann essen wir, dann gehen wir schlafen.»

Und wer ist nun dieser Thomas, mit dem Antje ein so braves Leben führt? Sie spricht, trotz der erwähnten Probleme mit den Kindern und dem Sexualleben, insgesamt sehr liebevoll von ihm. Sein Vater war sehr erfolgreich, ein berühmter Autor. Als Kind litt er an der Vernachlässigung durch den Vater, der ihn schon sehr jung in ein Internat steckte. Von seiner Persönlichkeitsstruktur her ist er ein wenig pedantisch, ein wenig unflexibel, was Antje aber mehr amüsiert als ärgert. Was ihr eher Sorgen macht, ist ein Mangel an echtem beruflichen Erfolg. Thomas hat sich hochgearbeitet ins mittlere Management, ist dort aber stehengeblieben. Sie formuliert ihre Reaktion darauf recht eigentümlich:

«Ein Kompromiß, den ich in der Ehe gemacht habe, ist wohl, daß mein Mann jetzt nicht so erfolgreich ist, wie er eigentlich sein könnte. Ich meine, er hat einen ganz guten Beruf und ist auch schön hoch, aber er ist kein Firmendirektor. Vielleicht ist das ein Kompromiß für mich, daß ich das auch bewußt immer wieder verzeihe. Ich meine, das klingt jetzt irgendwie doof. Aber manchmal habe ich das Gefühl, ich hätte vielleicht etwas Besseres finden können.»

Antje fühlt sich mit diesem Gedanken sichtlich nicht ganz wohl und überlegt, welchen Ursprung er haben könnte:

«Vielleicht spielt auch eine Rolle, daß meine Eltern das erwartet hätten. Daß ich einen echten Spitzenmann habe. Sie mögen ihn zwar und sind zufrieden mit ihm. Aber mein Vater war halt Direktor. Ich meine, wir haben auch genug Geld, aber wir sind halt einfach so mittel. So auf einer mittleren Stufe. Ich weiß gar nicht, ob es wirklich meinem Hirn entsprungen ist oder ob es die Idee meiner Eltern ist, die sich mir vermittelt. Aber es kommt mir oft so in den Sinn.

Also, ich habe die Karriere von Thomas von Anfang an eigentlich einschätzen können. Er hat am Anfang das gleiche gemacht wie heute, nur heute ist er ein bißchen höher. Er ist halt so avanciert, wie man ganz automatisch aufrückt, wenn man nicht die tolle Karriere macht, aber ein gründlicher und guter Mitarbeiter ist. Ich bin auch nicht verbittert deswegen, aber es tut mir weh für ihn. Ich denke, daß er mehr leisten könnte. Ich finde, er hat das totale Potential. Nur fehlt ihm vielleicht die Härte, die Ambition. Er will gar nicht mehr so furchtbar weiter nach oben. Und ich sehe auch, was für ein Geschäft das ist. Wenn man da an die Spitze will, muß man entweder ganz besonders gut sein im Taktieren, und das ist er nicht, oder man muß absolut brillant sein, und das ist er auch wieder nicht.»

Wenn sich Antje über sich selbst Gedanken macht, dann klingt es nicht minder verworren und widersprüchlich:

«Ich habe zwei Söhne. Aber wenn ich eine Tochter hätte, würde ich sie ganz anders erziehen, als ich erzogen wurde. Ich würde sie genauso erziehen wie einen Sohn. Ich meine, damals war es wohl auch meine Schuld, daß ich nicht konsequenter eine gute Ausbildung gemacht habe. Aber ich war erst 17, und damals war man mit 17 noch jünger als die Mädchen es heute sind. Und dann sagte mein Vater, du machst jetzt diese blöde Sekretärinnenschule. Ich hatte gar keine Zeit zum Überlegen. Ich hätte ein Studium machen können, ich hatte das Abitur ja bestens absolviert. Ich denke schon, daß ich meinem Leben wieder eine Wende gebe. Und ich habe auch das Gefühl, daß ich mich unterschätze, daß ich unterfordert bin. Ich glaube, ich habe doch noch ein Potential, das man ausschöpfen könnte.»

Die Doppeldeutigkeit, die oft aus Antjes Aussagen spricht und ihnen ihren widersprüchlichen, verwirrenden Charakter gibt, trifft auf ihre gesamte Lebensgestaltung zu. Ihre Beziehung zu Thomas scheint im Grunde gut zu sein. Man hört authentische Zuneigung heraus, wenn sie ihn beschreibt, ohne unterschwellige Ressentiments, die sonst in krisengeladenen Ehen oft hörbar werden. Wenn sie Schwierigkeiten hat, dann sind die größtenteils selbstverursacht, gehen hervor aus dem rigiden Ehe- und Lebensbild, das sie von zu Hause mitgebracht hat.

Obwohl sie gar nicht auf Berufstätigkeit hin erzogen wird, findet sie großen Gefallen an ihrem Job. Trotz schlechter Startvoraussetzungen arbeitet sie sich hoch und genießt sehr die Unabhängigkeit und die Kontakte, die ihr Beruf ihr ermöglicht. Ohne jegliche Notwendigkeit aber gibt sie diesen Beruf auf, als sie Thomas heiratet. Thomas will das nicht, erwartet das gar nicht von ihr, und noch sind nicht einmal Kinder da, die einen Sachzwang darstellen würden – Antje bleibt zu Hause, weil sie meint, daß es so in irgendeiner Weise «richtiger» ist. Alle darauffolgenden Probleme ergeben sich aus dieser Fehlentscheidung. Denn nun fühlt Antje sich abhängig und sekundär. Sie hat das Gefühl, von Thomas unterhalten zu werden und dafür Gegenleistungen erbringen zu müssen. Das belastet sie in ihrem Alltag; sie entrechtet sich selber. Am Telefon spricht sie schnell. Sie ist betont bescheiden. Sogar die Sexualität wird zu einer Pflicht, die sie dem Ehemann und Familienerhalter zu seiner Regeneration schuldet. Dabei ist der «Kern» der Beziehung in Ordnung, und alles könnte auch ganz anders laufen. Thomas ist nicht geizig und kontrolliert ihre Ausgaben nicht, sondern sie allein versetzt sich in die Position einer «Schuldnerin». Auch sexuell ist Thomas zwar – wie es insgesamt seinem Persönlichkeitsbild entspricht – unflexibel, aber nicht unzugänglich. Aber Antje nimmt immer nur einen kurzen Anlauf zur «Aufklärung», dann verfällt sie sofort wieder in die Rolle der helfenden Gattin, die ihre eheliche Pflicht zu absolvieren hat.

Thomas lernte Antje kennen als selbständige, aktive Person, die durchaus unkonventionelle Züge hat – die zum Beispiel mit einem ehemaligen Geliebten Urlaub macht. So gefällt sie ihm. Sie aber macht sich sofort daran, sich zurückzunehmen, Abstriche zu machen, zurückzutreten – aus eigenem Antrieb.

Nicht nur sie selber, auch Thomas soll natürlich mit dem Lebensbild ihres Elternhauses konform gehen. Das entspricht aber nicht seinem Charakter und auch nicht seinen Wünschen. Zwar hat er sich in diese «Inszenierung» eingefügt, weil auch er vom Elternhaus das Bild «erfolgreicher Mann, häuslich-unterstützende Gattin» mitbekommen hat. So leben beide eine Rolle, die ihnen nicht entspricht – und die sie dementsprechend auch nur halbherzig auszufüllen versuchen. In dieser Halbherzigkeit liegt auch noch ihr Glück, denn würden sie besessen beide darauf bestehen, daß der/die andere den Anforderungen voll entspricht, wäre das Zusammenleben sehr viel unerfreulicher.

Antje sieht, daß die Vorstellungen ihrer Eltern – vor allem ihres Vaters – ungerecht und unpassend waren, und ärgert sich über die «blöde Sekretärinnenschule», in die sie verfrachtet wurde, unter völliger Übergehung ihres Potentials und ihrer möglichen Talente. Aber sie hat immer noch nicht die volle Distanz. Immer noch vergleicht sie ihren Mann mit ihrem Vater. In jeder Phase hätte sie besser daran getan und wäre es einfacher gewesen, auf die eigenen Impulse zu hören. Ihre Arbeit machte sie «sehr glücklich» – also hätte sie sie behalten sollen. Ihr selbst war es eigentlich egal, ob ihr Mann im mittleren oder im Spitzenmanagement steht, also hätte sie mit dem Erreichten zufrieden sein können. Ihre Gefühle der Abhängigkeit wären verschwunden, hätte sie ein eigenes Einkommen gehabt. Ihr Mann war bereit, ihren sexuellen Standpunkt zu verstehen und wäre wahrscheinlich auch weiterführenden Erläuterungen ihrer Wünsche freundlich gefolgt. Statt dessen verlaufen sich diese zwei Personen, die offensichtlich ganz gut miteinander auskommen, immer wieder in Sackgassen. Antjes Bemühungen, eine «gute Ehefrau» zu sein, haben ihre eigene Zufriedenheit reduziert, haben zugleich Thomas unter Leistungsdruck gestellt und die Ehe belastet. Wäre sie «sie selbst» geblieben, hätten es alle besser.

Doch der Sirenensang, nur die innige Verschmelzung unter Aufgabe des eigenen Lebensweges sei erstrebenswert – fast keine Frau ist dagegen immun.

Helene van Damm kann dabei als abschreckendes Beispiel dienen. Zuerst galt sie als die personifizierte weibliche success story, arbeitete sich nur durch Einsatz und Können vom unbedeutenden Kleinstadtmädchen zur wichtigsten Frau im Weißen Haus hoch. Dann gab sie alles auf, aus Liebe: aus einer Liebe, die nicht einmal ein ganzes Jahr lang hielt.

Helenes Startkapital bestand, wie sie selber meint, aus fast nichts. Weder sah sie besonders gut aus, noch war sie überragend gut in der Schule, noch hatte sie eine augenfällige Begabung. Was sie hatte, war Ausdauer und Kraft und der Wille, ihre Lebensverhältnisse zu verbessern und etwas aus sich und ihrem Leben zu machen. Ihre Jugend war von den Kriegsjahren geprägt und vom Leben in einer österreichischen Kleinstadt, die sie als beengend erlebte. Nach dem Krieg wanderte sie zunächst nach Deutschland aus und fand Arbeit als Haushaltshilfe bei amerikanischen Militärfamilien. Diese erste Kontaktaufnahme mit den USA beeindruckte und prägte sie. Es gefiel ihr nicht nur der materielle Wohlstand, der dort herrschte, sondern auch der lockere Umgangston, die vergleichsweise geringere Bedeutung sozialer Unterschiede, der insgesamt leichtere Zugang zum Leben. Es gefiel ihr, daß sie als Hausgehilfin freundlich behandelt wurde und in ihrer Freizeit mit ihren «Arbeitgebern» verkehren konnte, ohne daß ein unüberbrückbarer sozialer Unterschied sie global zum Paria stempelte. Amerika symbolisierte für sie eine soziale Durchlässigkeit, die sie in ihrem österreichischen Umfeld nicht erlebt hatte. Sie wanderte erneut aus, nach Amerika.

Dort, lediglich gewappnet mit schlechtem Schulenglisch, holte sie ihren Schulabschluß nach und arbeitete sich allmählich von der «kleinen Tippse» hoch. Dabei scheute sie auch Risiken nicht; als sie zum erstenmal das politische Phänomen «Reagan» sah, war keinesfalls sicher, daß ihm auch wirklich eine politische Karriere bevorstand, sondern er war lediglich Kandidat für den Gouverneursposten. Trotzdem gab Helene ihren sicheren Job auf, um zunächst als freiwillige Helferin bei seiner Wahlkampagne mitzuarbeiten. Später sollte sie seine persönliche Sekretärin im Weißen Haus werden, dann Chefin der Personalabteilung und schließlich Botschafterin in Österreich.

Was danach geschah, versetzte die Boulevardpresse in helle Aufregung. Frau Botschafter kehrte triumphal in ihr Geburtsland zurück, verliebte sich dort in den Eigentümer des Sacher-Hotels, ließ sich von ihrem Mann scheiden, um Obengenannten zu heiraten, wurde deshalb in Washington sehr angefeindet, gab schließlich diesem Druck nach und legte ihr Amt nieder. In ihrer Autobiographie, *Wirf die Angst weg, Helene**, reflektiert sie diese Episode.

Der Unmut Washingtons über ein Verhalten, das nicht als professionell gedeutet wurde – die Heirat mit einem Staatsbürger des «Fremdlandes», in das sie als Botschafterin geschickt wurde, dazu noch eine dritte Scheidung –, hätte sich gelegt. Es konnte ihr nichts vorgeworfen werden an Inkorrektheit, und Botschafter haben sich schon weit Schlimmeres geleistet. Helene aber entschließt sich, das Botschafteramt niederzulegen, um eine Entscheidung zu dokumentieren, «die ich bei meiner Hochzeit so klar getroffen hatte: die persönliche Beziehung für wichtiger zu halten als die Karriere».

Sie war bereit, die Begegnung mit dem Sacher-Hotelier als schicksalhafte Wende zu deuten; eine Interpretation, die sie in ihrer Autobiographie ausführt.

> «War es nicht vielleicht gut, daß ich aus der Botschaft hinausgedrängt wurde, weil es mir dadurch leichter fiel, meine Karriere zu beenden? Brauchte ich nicht meinen ganzen Mut für das, was jetzt auf mich zukam: als ‹Frau Gürtler› zu leben; damit zurechtzukommen, daß sich um meine Augen die ersten Falten bildeten und daß niemand aus lauter Respekt darüber hinwegsehen würde; herauszufinden, was man anderen Menschen wert ist, wenn man nicht mehr die Vertraute Ronald Reagans und der politischen Prominenz in Washington ist; zu sehen, ob dieselben Leute, die sich darum gerauft haben, von mir eingeladen zu werden, mich jetzt auch nur zurückrufen. Zu erfahren, was man ist, wenn man nichts mehr ist. Nur noch Helene Winter, Handelsschülerin aus Ulmerfeld-Hausmening, verheiratete Gürtler.»

Diese Passage liest sich nicht nur dann gespenstisch, wenn man weiß, wie die Geschichte weitergeht – und das wissen alle Leser, denn bei Erscheinen des Buches war das schnelle Scheitern dieser Ehe schon so gut wie sicher. Sie ist auch so für sich genommen beklemmend. Und sie drückt sehr gut eine Denkhaltung aus, die unter Frauen verbreitet ist.

* Helene van Damm: Wirf die Angst weg, Helene. München 1988

Es fällt Frauen oft schwer, ein natürliches Verhältnis zu den eigenen Leistungen zu finden. Sie sehen eine Unterscheidung zwischen ihrem «Selbst», von dem sie möchten, daß es an und für sich liebenswert ist, und ihren Handlungen, Interessen und Leistungen, die sie als oberflächliches Beiwerk ihrer Person betrachten. Helene van Damm sieht in ihrem Abstieg eine Liebesprobe – nun wird sie feststellen können, ob sie «wirklich» und «um ihrer selbst willen» geliebt wird oder ob die Leute «nur» an ihren Leistungen und an ihrer Position interessiert waren. Aber diese Unterscheidung ist willkürlich, denn man kann eine Person nicht so rigoros von ihren Eigenschaften trennen. Helene war eben auch der Mensch, der seinen kleinen Geburtsort verläßt, auswandert, sich durchsetzt, Karriere macht; sie war eben nicht Helene Winter, Handelsschülerin aus Ulmerfeld-Hausmening, sondern sie war jemand, der hart und engagiert dafür kämpfte, mehr und etwas anderes zu sein als eben das.

Was für ein abenteuerlicher Gedanke, was für eine verrückte Idee, nur noch «Frau Gürtler» sein zu wollen: auch hierin erblickt Helene offensichtlich eine Liebesprobe bzw. einen Liebesbeweis. Um zu beweisen, wie stark ihre Liebe ist, wie sehr sie dazu entschlossen ist, ihrer Ehe die Priorität einzuräumen, «schenkt» sie ihrem Mann ihre bisherige Existenz und ihren Status, um als unbedeutendes kleines Nichts in die Beziehung einzutreten. Warum glaubt sie, daß ihn das besonders erfreuen wird? Weil er neben sich keine zweite «wichtige Person» ertragen kann, sondern ihren Status als Bedrohung ansehen würde? Er jedenfalls darf nicht nur er selber bleiben, er soll es sogar; Helene selbst will aber nicht mehr diejenige sein, als die er sie kennenlernte und in die er sich verliebte, nämlich die energische und tatenfreudige Frau Botschafter, sondern will nur mehr seine Ergänzung, seine Gattin sein.

Die Prämisse, nach der van Damm – und mit ihr Scharen von Frauen – hier handelt, ist verhängnisvoll. Sie geht davon aus, daß ein Mann sich im wesentlichen durch seine Werke, Taten und Eigenschaften definiert, während eine Frau irgendein innerstes Wesen besitzt, das man am besten erkennen und lieben kann, wenn man es frei von allem Beiwerk vor sich hat. Sie geht ferner davon aus, daß eine Frau eine «negative» Mitgift in die Beziehung einbringen sollte, nämlich den Verzicht aus Liebe auf all das, was sie bisher als eigenständige Person in ihrem Leben erreicht hat. Drittens unterliegt sie dem Trugschluß, daß ein Mann eine Frau dann ganz besonders lieben und schätzen wird, wenn sie total abhängig von ihm ist und sich möglichst ausschließlich seinem Leben anpaßt.

> «Ich für meinen Teil», schreibt Helene, «habe meine Prioritäten neu geordnet: in meiner vierten Ehe sollte die persönliche Beziehung das wichtigste sein – mit allen Risiken, die das vielleicht mit sich bringt. Denn wer seine Karriere aufgibt, hat nichts mehr, worauf er sich zurückziehen kann, wenn diese persönliche Beziehung scheitert.» Sie erinnert sich, daß ein guter Freund sie von diesem waghalsigen Schritt abbringen wollte. «Ist dir klar», versuchte er sie umzustimmen, «daß du dabei bist, deine Unabhängigkeit aufzugeben? ... Du hast 25 Jahre gebraucht, dir die Position und den Ruf aufzubauen, die du heute hast und auf die du weiterbauen kannst, wenn du willst. Und das alles willst du aufs Spiel setzen?»

Helene aber ließ sich nicht beirren: «Ich war entschlossen, mich auszuliefern – auch wenn ich damit verletzbar wurde.» Sich ausliefern, ein seltsamer Impuls. Helene erhofft sich davon das Glück; wie viele ihrer Geschlechtsgenossinnen erhält sie aber nur das, was sie selbst schon als mögliche Folge vorhergesehen hat: die Verletzung.

4.
Männer lesen Shakespeare
Zum Umgang mit Widerspenstigen

«Gebt ihm doch recht, sonst kommt ihr nicht vom Fleck.»
Shakespeare, Der Widerspenstigen Zähmung.

«Vergeßt ihn doch, sonst kommt ihr nicht vom Fleck.»
Benard / Schlaffer, Laßt endlich die Männer in Ruhe.

Petruchios Methoden, Katharina zu unterwerfen, entsprechen absolut dem männlichen Grundrepertoire: Sie emotional auszuhungern, physisch und psychisch Druck auszuüben, bis sie bereit ist, auch die schlimmsten irrationalen und willkürlichen Handlungen hinzunehmen – um des lieben Friedens willen. Die Regeln von Vernunft und Gerechtigkeit sind außer Kraft gesetzt. Was allein gilt, ist seine Dominanz.

Eigentlich ist es verwunderlich, daß überhaupt irgendeine Ehe funktioniert. Denn die unterschiedlichen Prinzipien der Partnerwahl, von denen Frauen und Männer meist ausgehen, programmieren schon den Konflikt. Frauen suchen sich einen Mann aus ohne Rücksicht darauf, ob er schwierig, uneinsichtig und voll von Vorstellungen ist, die sie nicht teilen. Teilweise sind sie dabei immer noch von dem romantischen Klischee gesteuert, ein finsterer, komplizierter Mann sei besonders attraktiv. Und teilweise leiden sie unter dem Größenwahn, daß sie und die Institution Ehe ihn schon zurechtbiegen werden. Sie suchen einen Partner mit der Vorstellung, ihn anschließend zu verbessern.

Männer suchen sich eine spontane, witzige, interessante Frau. Dann fürchten sie, daß eine solche Frau ihnen über den Kopf wachsen könnte. Sie können ihren Drang zu messen, zu vergleichen und zu rivalisieren nicht abstellen, und deshalb ist es ihr Bestreben, Sieger in einem eingebildeten Kampf zu sein, das heißt, die Frau kleiner und blasser werden zu lassen, um selber daneben größer und imposanter zu wirken. Sie suchen eine Partnerin mit der unbewußten Absicht, sie anschließend zurechtzustutzen.

Anfangs geht alles gut: man gefällt sich. Statt sich damit zufriedenzugeben und die Dinge, die einem gefallen, zu fördern, feilt, stümpert und hobelt man daran herum; der Partner wehrt sich dagegen, und es entsteht der erste Kampf. Der weitet sich dann aus, entweder zu einem fortdauernden Krieg, der viele Kräfte verschleißt und die Stimmung vergiftet. Oder eine Seite kapituliert, was den Sieger auch nicht wirklich zufriedenstellt, da der Verlierer voll der Ressentiments ist. Er wird sich zwar den Wünschen des Siegers entsprechend verhalten, ihm so aber eigentlich auch nicht richtig gefallen.

Frauen, die schließlich darauf spezialisiert sind, vom Happy-End und dem großen Glück der wahren Liebe zu träumen, engagieren sich heftigst. Die Männer dagegen... aber bitte, bilden Sie sich Ihr eigenes Urteil, nicht nur an Hand der hier wiedergegebenen Fälle, sondern auch aus der eigenen Erfahrung und der Beobachtung Ihrer Umgebung.

«Es war nicht Liebe auf den ersten Blick, nein, überhaupt nicht. Man hatte mich gezwungen, auf eine Party zu gehen. Ich war in ganz wen anderen verliebt damals, der war aber gerade verreist, und so hatten Freunde mich zu dieser Party geschleppt. Dort saß ich, böse und bockig und schlechtgelaunt, und dann kam so einer daher, hat mich aufgefordert zum Tanzen, und als ich mich mißmutig erhob, sagte er, ‹Ja, das geht.› Das war der erste Satz meines Mannes an mich. Später hat er mir erklärt, daß er damit meine Körpergröße gemeint hat. Er war der Meinung gewesen, ich sei übermäßig groß, aber als ich aufstand, sah er – das geht.»

Eine witzig-romantische Begegnung? Nein, aber eine bezeichnende. Ein Mann und eine Frau stehen sich erstmals gegenüber, und sein erster Gedanke gilt der Frage, ob er denn auch größer sein wird als sie. Denn wenn er sie nicht überragt – und sei es auch bloß um einen halben Zentimeter –, dann «geht» es für ihn nicht.

Es wäre falsch, Details wie diesem allzuviel symbolische Bedeutung bezumessen... wenn sich nicht aus den historischen Verläufen so vieler Ehen zeigen würde, daß es oft jahrelang darum geht, den Mann größer und die Frau kleiner zu machen. Wenn das dann erreicht ist, ist die Ehe oft «gerettet», herrscht oft «Frieden» – und die Beziehung ist kaputt.

Dieser Zustand ist deshalb besonders deprimierend, weil er so unnötig ist. Es geht meistens gar nicht um objektive Interessensdivergenzen, nicht darum, daß Mann und Frau um die Vormachtstellung ringen und sich gegenseitig beherrschen wollen. Oder daß sie in irgendeiner konkreten Frage verschiedene Auffassungen haben, von denen nur die eine oder andere verwirklicht werden kann. Es geht nicht einmal darum, daß die Frau zu selbständig, zu emanzipiert, zu rechthaberisch ist. Es geht, schädlicherweise, um und an die Substanz der Frau, und insofern ist das obengenannte Beispiel in seiner Symbolik doch sehr geeignet. Die Frau ist keine eigenständige Persönlichkeit, die einfach gewisse Eigenschaften hat: eine gewisse Körpergröße, gewisse Fähigkeiten, gewisse Eigenarten und Wünsche. Sondern diese Eigenschaften werden in Relation gesehen zu den Eigenschaften des Mannes. Und dabei geht es nicht einmal um etwas Einsichtiges, wie z. B. die gegenseitige Verträglichkeit, sondern einzig darum, daß bei gewissen festgelegten Punkten der Mann «größer» sein oder sich größer fühlen muß. Wenn sie nicht kleiner ist als er, dann «geht» es nicht – oder es entsteht ein Kampf, bis sie ihren Rücken krumm macht und den Kopf einzieht, um wenigstens kleiner zu wirken. Und dabei hat die Frau ja nicht diese Körpergröße erreicht, um den Mann zu provozieren und ihm irgendeine Position streitig zu machen, sondern sie ist von Natur aus so. Übertragen auf Beziehungsprobleme läßt sich diese Dynamik sehr häufig wiederfinden: der Mann interpretiert eine Handlung oder Eigenschaft der Frau, die gar nicht auf ihn gerichtet war und mit ihm eigentlich gar nichts zu tun hatte, als Provokation und kämpft dagegen. Dann hat die Frau zwei Möglichkeiten. Sie kann sich der Sache stellen, was meist einen langen und zermürbenden Kampf mit sich bringt, der nur selten einen harmonischen Ausgang nimmt. Oder sie kann nachgeben. Das geht aber nicht nur auf ihre Kosten, sondern es macht aus einer Beziehung, die möglicherweise auch gut verlaufen könnte, ein Zusammenleben von beschränkter Qualität.

Die Frau, die eingangs zum Tanz aufgefordert und für hinreichend klein befunden wurde, heißt Anita. Und sie weiß noch ganz genau, wie sie sich als Kind und junges Mädchen ihre spätere Ehe vorstellte: nämlich ganz anders als die Ehe, die sie zu Hause bei ihren Eltern miterlebte. *Anitas Vater war ein «ausgesprochener Patriarch»*, und als prägendstes Kindheitsgefühl nennt sie

> «die unglaubliche Dominanz meines Vaters und die Angst meiner Mutter vor ihm. Ich wollte niemals vor einem Mann Angst haben müssen. Zwar hat mein Vater meiner Mutter nie etwas getan, im Sinne von Gewalt, Gott behüte, das wäre undenkbar gewesen. Aber er hat schlechte Stimmung verbreitet. Angst war ein großer Stimmungsmacher in unserer Familie, Angst vor seinem Zorn, seiner Kälte. Das wollte ich nie, ich wollte nie mit einem Mann leben, vor dem ich Angst hätte.»

Ihrer Mutter gegenüber verspürte Anita, als Älteste von fünf Kindern, in erster Linie Mitleid, weil sie «immer zu kurz kam. Also, genaugenommen kamen sie beide zu kurz. Mein Vater ist in der Vaterschaft zu kurz gekommen, weil er zu uns nur ein sehr distanziertes, formelles Verhältnis hatte. Und meine Mutter hat überhaupt nur für uns Kinder und für ihn gelebt. Sie sagte das auch immer so. Sie hat zu leben begonnen, als ich – die Älteste – geboren wurde, so hat sie das immer formuliert. Vielleicht war da ein wenig auch Rache gegen meinen Vater dabei, denn dieser Satz implizierte ja, daß sie vorher, nur mit ihm, nicht gelebt hatte.»

Ein Vater, der nur im negativen Sinn emotional sein kann, als abweisende und mißbilligende Instanz, eine Mutter, die kapituliert hat, seine Vorherrschaft akzeptiert, sich dafür aber auf eigene Weise revanchiert, das war das Familienleben, das Anita erfahren hatte und auf keinen Fall wiederholen wollte.

Mittlerweile wissen wir über die Wiederholungszwänge in Privat- und Familienleben gut genug Bescheid, als daß uns Anitas Partnerwahl erstaunen könnte. Nicht einen offenen, warmherzigen Mann hat sie sich ausgesucht, der ganz anders ist als ihr Vater, sondern einen, der ihm in vieler Hinsicht gleicht. Schon sein erster Satz an sie war ein Urteil, eine Beurteilung – er prüfte sie, und sie bestand die Prüfung... diesmal. Was ihr genau an ihm gefallen hat, kann Anita

«bis heute eigentlich gar nicht sagen. Bis zum heutigen Tag, wenn mir auf Anhieb ein Mann sympathisch ist, ist der immer ganz anders als mein Mann, ist das immer ein ganz anderer Typ. Er ist attraktiv, objektiv festgestellt, aber mir hat er damals gar nicht übermäßig gefallen. Er war ein fürchterlicher Angeber, was mich entsetzlich gestört hat. Er war zwar sehr intelligent, aber menschlich hat er eigentlich nicht viel los gehabt, und anfänglich ist er mir ziemlich auf die Nerven gegangen. Ich kann's gar nicht genau sagen, was mich an ihm fasziniert hat.»

Zweieinhalb Jahre lang waren Anita und Dirk zusammen, mit dem Plan, nach Beendigung des Studiums zu heiraten, dann, wenn ihre finanzielle Situation einigermaßen gesichert wäre. Dann aber wurde Anita schwanger. Ehe, Kinder, Familie – für beide stand immer fest, daß sie das wollten und gemeinsam wollten. Trotzdem reagierte Dirk auf all diese Ereignisse stets sehr negativ. Die Hochzeit erlebte er als traumatisch, weil sie früher kam als geplant und die Umstände für eine Familiengründung nicht günstig waren. Und auch heute zeigt er eine intensive innere Abwehr gegen die Ehe.

«Erst später habe ich verstanden, wie sehr er damals wohl unter den Umständen gelitten haben mußte. Ich habe es nicht als so schlimm erlebt, denn wir wollten ja ohnehin ziemlich bald heiraten, und beide Elternpaare standen voll hinter uns und versprachen uns jede Unterstützung. Aber mein Mann hat das bis heute nicht überwunden. Hochzeitstage feiern ist für ihn zum Beispiel bis heute ein Schrecken. Ich sage, jetzt können wir das doch feiern, damals war es irrsinnig improvisiert, und die Lage war nicht ideal, aber jetzt, jetzt sind wir noch beisammen, und alles funktioniert, jetzt feiern wir das richtig. Aber das ist nicht drin. Der steht noch 25 Jahre später unter Schock.»

War die erste Schwangerschaft durch die ungünstigen Umstände belastet, so erlebt er auch die zweite nicht entspannter. Dirk erkennt plötzlich – jedoch zu spät –, daß er ein zweites Kind nicht will, unter gar keinen Umständen. Er reagiert so zornig und so heftig, daß Anita ihm vorschlägt, das Kind abtreiben zu lassen. Aber auch das kommt für ihn nicht in Frage. «Diese Schwangerschaft möchte ich nicht noch einmal erleben. Das gehört zu den wenigen Dingen, die ich ihm nicht vergessen kann, daß er mir diese Zeit so wahnsinnig schwer gemacht hat.»

Anita sieht es nicht, aber für jeden Außenstehenden wird sofort aus ihrer Beschreibung deutlich, daß sie ein Ebenbild ihres Vaters geheiratet hat. Im Haushalt läßt er sich bedienen wie einst ihr Vater von der Mutter – so sehr, daß Anitas Kinder ihr Vorhaltungen machen. «Eigentlich haben mich erst meine Kinder darauf aufmerksam gemacht, sie sagen, was ist hier eigentlich los, bist du der Büttel von der Familie?» Aber fünf Sätze später schon meint Anita, daß sie ein geplantes Seminar in einer anderen Stadt unbedingt noch dieses Jahr besuchen müsse, denn noch lebt das jüngste Kind, der 17jährige Sohn, zu Hause und kann dem Vater, wenn sie zwei Tage weg ist, das Frühstück richten. Nächstes Jahr wird sie nicht mehr wegfahren können, denn dann gibt es niemanden mehr, der für ihn den Toaster bedienen und ihn so vor dem Hungertod bewahren kann.

Auch emotional und in seinem Umgang mit den Kindern ähnelt Dirk dem frostigen Vater. Anita formuliert es zwar sehr liebe- und verständnisvoll, aber es ist nicht minder offensichtlich.

Zwei Dinge fallen in ihrer Beschreibung besonders auf: ihr Bestreben, Dirks Verhalten freundlich zu interpretieren, und ihr – vergebliches – Bemühen, so zu leben wie ihre Mutter und gleichzeitig ganz anders zu sein. Was Dirks Vaterrolle betrifft, so sagt sie zum Beispiel:

> «Dirk hat sicherlich bei den Kindern, wie sie klein waren, mehr getan, als es mein Vater etwa getan hat. Den Jüngsten hat er sogar schon gebadet und ihn gewickelt hier und da mal und hat mit ihm gespielt, natürlich nur einmal im Monat, denn er war sehr wenig zu Hause. Aber wenn er da war, hat er sich schon für ihre Entwicklung interessiert. Das spüren Kinder, und das spür auch ich, und es war mir immer sehr wertvoll. Ich hab zwar meine Arbeit damit gehabt und die meiste Zeit mit ihnen verbracht, aber interessiert hat es ihn schon.»

Diese Bescheidenheit und Dankbarkeit ist fast schon rührend, vor allem aber ist sie notwendig, um für Anita die Fiktion aufrechtzuerhalten, daß ihre Ehe anders ist als die Ehe ihrer Eltern. Daraus entsteht für Anita ein großer Zwiespalt. Denn einerseits hat sie die Familie, die Kinder, zum Inhalt ihres Lebens gemacht, hat dafür auf ihren Beruf verzichtet und erst später eine Sekretärinnentätigkeit aufgenommen, die ihr wenig Freude macht, zumindest aber ein bißchen Umgang mit Erwachsenen bringt. Andrerseits aber möchte Anita keinesfalls so, wie ihre Mutter immer betonte, «für die Kinder leben». Eigentlich tut sie es ja – und bekam das zweite Kind, um ihre Familie zu komplettieren, gegen den Willen ihres Mannes. Aber dennoch ist es Anita wichtig, den Unterschied zwischen der Mutter und sich selbst zu unterstreichen!

> «Ich habe, obwohl es dann andersherum gegangen ist, geheiratet, weil ich diesen Mann heiraten wollte und nicht, weil ich Kinder haben wollte. Es hat mir das erste Kind dazu verholfen, daß ich ihn schneller geheiratet hab, aber es gab nie eine Zeit, wo ich meine Beziehung zu den Kindern der Beziehung zum Mann vorgezogen hätte. Ja nun, man schmust mit den Kindern herum, und das ist schön, aber sie kamen nie an erster Stelle. Es hat auch nie etwas daran geändert, und da konnten die Kinder

da sein und lieb sein wie sie wollten, ich habe unter den mangelnden Emotionen meines Mannes gelitten und konnte sie nicht wettmachen durch die Kinder.»

Der Schlüsselsatz ist der letzte. Anita will nicht, wie ihre Mutter, eine leidende Ehefrau sein, die ihre schlechte Beziehung zum Mann dadurch ausgleicht, daß sie «für ihre Kinder lebt». In der Ehe bekommt Anita aber nicht das, was sie braucht – und von den Kindern kann und will sie es nicht nehmen. Sie will eine gute, partnerschaftliche, freundschaftliche Ehe auf der Grundlage einer emotionalen Kommunikation führen. Statt dessen aber hat sie einen Mann, der – wie sie es freundlich formuliert – «kein Emotionaliker» ist. Wenn Anita beschreibt, was diese Tatsache für sie bedeutet, dann wird sie zu einer Frau, die sich selber zurückgenommen, kleiner gemacht hat und die versucht, in einer gewissen Resignation Trost zu finden. Dabei plagt sie eine tiefe Ambivalenz, denn sie weiß genau, was sie gegeben, worauf sie verzichtet hat und was sie hätte haben können. Zugleich ist sie getrieben von dem Wunsch, das Beste daraus zu machen. Fast unerträglich wird dabei ihr Bemühen, ihm kein Unrecht zu tun, ihm keinen Vorwurf zu machen – und trotzdem schwingt in manchem Nebensatz unverhohlen Aggression mit.

«Mein Mann ist ein sehr intellektuell betonter Mensch, der Angst vor Emotionen hat. Er ist in einer recht emotionsarmen Familie aufgewachsen. Ich glaube, das war ganz reizvoll für mich am Anfang, da ich dachte, ach, den wirst du schon hinkriegen. Wie man sich das halt so vorstellt, wenn man 19 oder 20 ist. Na ja, mittlerweile weiß ich, daß das nicht so geht, aber um so höher schätze ich seine Ansätze von Emotion oder seltene Ausbrüche – nein, Ausbrüche wäre zuviel gesagt... Wissen Sie, ich weiß ganz genau, daß mein Mann zu mir steht, aber wenn er einmal im Monat mich nimmt und umarmt irgendwie oder irgend etwas Liebes sagt, so ist das für mich sicherlich wertvoller, als wenn ein anderer Mann seine Frau fünfmal abschnuddelt am Tag, weil ich das als Seltenheit so zu werten weiß. So habe ich Zeit meines Lebens gewisse Mangelerscheinungen auf diesem Gebiet gehabt, habe sie durch entsprechende Emotionen meinerseits ihm gegenüber für mich positiv ausgeglichen und ihn damit wahrscheinlich überfordert. Ich bin überzeugt, daß er immer wieder überfordert ist. Ich nehme an, daß ich ihn damit überfordert habe, daß ich zuviel Liebe angeboten und zuviel verlangt habe. Ich habe ihn mit Aufmerksamkeiten verfolgt und war dann enttäuscht, wenn er es nicht bemerkte. Das ist für ihn genauso arg wie für mich. Aber im Lauf der Jahrzehnte weiß man das dann auch ein bißchen gezielter einzusetzen, hält sich zurück. Je älter ich werde, desto mehr kann ich das in den Griff kriegen.»

Wir haben diese Passage nicht erfunden, und eigentlich müssen wir sie nicht einmal interpretieren. Ist es möglich, daß es jemanden «überfordert», öfter als einmal im Monat seinen müden Arm zu heben und um seine Frau zu legen und dazu noch seine Stimmbänder soweit zu strapazieren, daß er diese Übung mit ein paar passenden Lauten begleitet? Das kostet nichts, das tut nicht weh, und es ist kaum vorstellbar, daß selbst ein emotionales Wrack, das die entsetzlichste Kindheit hinter sich hat, zu dieser einfachen Handlung unfähig sein soll, die weder Nachteil noch Schaden bringt. Also müssen wir die Sache, um sie zu verstehen, wohl umgekehrt betrachten. Bringt es einen Vorteil und einen Nutzen, wenn man nichts tut, wenn man sich verweigert? Und tatsächlich, nun wird das Ganze klarer. Denn ja, der Vorteil liegt auf der Hand und besteht darin, daß die Partnerin unter «ständigen Mangelerscheinungen» leidet und daher abhängig wird. Sie lauert auf das nette Wort und ist dankbar dafür, sie würdigt und schätzt es wie der Häftling, der einmal am Tag ein Stück Brot und sonntags eine Scheibe Wurst bekommt und den man mit der Drohung, ihm diese schimmelige Wurstscheibe vorzuenthalten, schon schrecken kann. Sie muß daran glauben, daß er im Innersten gut ist und bloß durch seine Kindheit und seine intellektuelle Überbegabung nicht in der Lage ist, mit einem netten Wort und einer freundlichen Geste herauszurücken, denn sonst muß sie zur Auffassung gelangen, daß er entweder verrückt oder gemein ist.

Und was hat er, konkret, davon? An ihn werden keine Anforderungen gestellt. Seine Taten und Zuwendungen werden überbewertet, weil sie selten und dadurch kostbar sind. Er erhält sehr viel Aufmerksamkeit, denn er gilt als schwieriger Charakter und seine Frau sieht es als ihre Aufgabe an, ihn zu analysieren, ihn zu verstehen, ihm Wohlbehagen zu verschaffen. Indem sich der

Mann irrational und schwierig gibt, enthält er erstens der Frau die Zuwendung vor, die sie für ihre eigene emotionale Gesundheit und Kraft brauchen würde; damit schwächt er sie und hält sie bei der Stange, weil sie nicht verstehen kann, warum er sie so behandelt und immer darauf hofft, daß er sich ändern wird. Zweitens zieht er ihre volle Aufmerksamkeit und Kraft auf sich, weil sie sich viel mit ihm beschäftigen muß. Drittens zermürbt er sie, so daß sie viele Konflikte gar nicht mehr ansprechen wird, weil die Auseinandersetzung so unangenehm und anstrengend ist. Hören wir dazu Anita:

«Sicherlich habe ich mich in den vielen Jahren unserer Ehe verändert. Ich bin bestimmt beherrschter und ausgeglichener geworden. Erstens wird man älter und dadurch sowieso ruhiger und reifer, und dann merkt man ja, was etwas bringt und was sowieso vergeblich ist. Ich bin ruhiger geworden, möchte das aber nicht als Nachteil beurteilen. Obwohl ich mir manchmal denke, jetzt habe ich mein ganzes Temperament schon verloren... Natürlich baut man gewisse Ressentiments gegenüber dem Partner auf, das ist klar, und das ist nicht aufzuhalten. Natürlich denk ich mir auch mal, mein Gott, jetzt müßte ich jemanden haben, mit dem ich, ich weiß nicht, jubelnd über den Frühling meinen Emotionen freien Lauf lassen kann. Und nicht einen, der dann sagt: Jaja, schon gut.»

Wobei sich herausstellt, daß das große Schweigen und Abwiegeln nicht generell bei jedem Thema einsetzt, sondern speziell bei Fragen des Zusammenlebens:

«Über uns und unsere Beziehung zu reden, davon hält er einfach nichts. Und ich hab das früher versucht, und das waren die berühmten Monologe, wo ich also geredet hab, geheult hab, geredet, geheult und ihn dann fast umgebracht hab, wenn ich feststellte, er ist eingeschlafen dabei, wenn wir im Bett waren. Und das hätte ich mir ersparen können, denn das hat nichts gebracht, außer daß ich mich maßlos aufgeregt hab, und das hab ich dann auch irgendwann einmal aufgegeben.

Streitgespräche haben sich bei uns im Laufe der Jahre ja sehr verändert, sehr geändert. Früher hab ich gestritten, jetzt will er streiten. Früher war ich echt streitlustig, und er hat mich fertiggemacht, weil er stand da und hat mich ständig angegrinst. Ich konnte sagen, was ich wollte, er hat das über sich ergehen lassen, und irgendwann hat er dann gelacht. Und jetzt will er streiten. Das sind immer Situationen, wenn er besonders überreizt ist, überarbeitet, dann habe ich das Gefühl, er braucht ein Ventil, und da sucht er Streit. Er fängt irgend etwas an, und ich sag: ja, ist gut. Dann sagt er, wieso sagst du ja? Sag ich: Ja, wenn du meinst, ist das in Ordnung. Er: Aber du warst doch immer dagegen, wieso sagst du jetzt ja? Ich: Ich hab es mir mittlerweile überlegt, ich bin jetzt deiner Meinung. Da bohrt er lange und will unbedingt mit mir Streit haben. Aber es hat keinen Sinn, und ich mach das nicht mehr. Über das bin ich hinweg.»

Hier haben wir eine Frau, die sich vollständig in sich selber zurückgezogen hat, und eine Ehe, in der die Mühe, sich miteinander auseinanderzusetzen, nicht mehr lohnt. Dieser Ausgang ist in jeder Hinsicht tragisch. Denn der Mann hat zwar erreicht, was er erreichen wollte: er hat seine Partnerin «kleingekriegt». Aber letztlich hat er sich auch selbst geschadet. Ihr Rückzug beweist ihm zwar, wie erfolgreich seine Bemühungen gewesen sind: aus einer temperamentvollen, lebhaften Person wurde eine Frau, die nicht einmal mehr um ihre Standpunkte streitet, sondern ihm kampflos seinen Willen läßt. Aber er hat auch niemanden mehr, an dem er seine Wirkung erproben kann. Besonders deprimierend an der ganzen Übung aber ist ihre vollkommene Sinnlosigkeit, denn hier haben sich zwei Menschen infolge des unsinnigen Machttriebes des einen gegenseitig ein Zusammenleben kaputtgemacht. Wer hat den höheren Preis gezahlt? Das ist schwer zu sagen. Anita hat ihre Persönlichkeit, ihre Wünsche zurücknehmen müssen, hat ihre ganze Lebensgestaltung umgepolt, umsonst. Sie ist der sympathischere Mensch geblieben, aber wenn wir nicht daran glauben, daß nach dem Tod irgendeine Jury über humane Qualitäten richtet, dann hat sie nicht viel davon gehabt. Dirk dagegen ist zwar ein unangenehmer Mann, aber intakt – er hat die Welt nach seinen unangenehmen Vorstellungen grau angestrichen und Anita dazu gebracht, ihm noch den Pinsel zu reichen. Oder sollen wir seine plötzliche «Streitlust» so interpretieren, daß auch ihn dieser Ausgang der Dinge anödet? Daß er Anitas Widerstand gar nicht ersticken wollte, sondern sich im Gegenteil einen noch sehr viel energischeren Widerpart gewünscht hätte? Und wie hätte dieser Widerstand aussehen können, wo doch Anita ohnehin alles Erdenkliche versucht hat, mit dem einzigen Ergebnis, daß er entweder darüber lachte oder einschlief?

Sehen wir uns an, wie Anita über ihre restliche Lebensgestaltung spricht:

«Ich habe ursprünglich Wirtschaftswissenschaften studiert, aber ich brach das Studium dann ab, als ich schwanger wurde. Nach fünf Jahren wollte ich wieder etwas unternehmen, und ich überlegte, ob ich das Studium abschließen sollte, aber dann kam mir das so umständlich vor, und ich nahm statt dessen eine Anstellung als Fremdsprachensekretärin an, in Teilzeit. Meine Tätigkeit hat meinen Mann nicht belastet. Wenn er heimkommt, bin ich schon da. Ich glaube nicht, daß er jeden anderen Beruf genauso akzeptiert hätte. Ich will ihm nicht unrecht tun, aber ich glaube nicht, daß ich bedeutend werden dürfte in meinem Beruf, denn das ist er. Er kämpft ja irrsinnig um sein Selbstbewußtsein, der arme Mann. Ich meine, er ist ja so erfolgreich, er hat eine so angesehene Stellung, ist ein gefragter Mann, und dennoch fühlt er sich so unsicher. Da bin ich viel gefestigter, ich muß mir nicht ununterbrochen beweisen, wie gut ich bin. Das ist ihm auch in der Beziehung wichtig, daß er der dominante Teil ist, nach wie vor. Daher ist es sicherlich besser, daß ich eine unbedeutende kleine Sekretärin bin, weil ich leide nicht darunter, und für ihn ist es günstiger.»

Was war hier wirklich maßgebend? Die Neigung, ein anstrengendes Berufsleben zu umgehen und im tyrannischen Partner dafür ein Alibi zu finden? Die anhaltende Wirkung des elterlichen Vorbilds und das verinnerlichte Bild, nach dem der Mann in der Welt besteht, die Frau sich aber unterordnet und der Familie widmet? Oder die Ermüdung durch zu viele eheliche Konflikte und die Entscheidung, sich nicht auch noch wegen des Berufs auseinanderzusetzen? Was wäre geschehen, wenn Anita einfach konsequenter ihren Weg gegangen wäre?

Eine kleine Episode, die sie zu einem ganz anderen Thema schildert, ist möglicherweise aufschlußreich. Ihr geht es dabei um die Freizeit, die, wie sie sagt, ebenfalls von Dirk einseitig gesteuert wird. Dirk ist sportlich, sie nicht, aber im Interesse eines gemeinsamen Hobbys hat auch Anita sich mühevoll gewisse Fertigkeiten angeeignet:

«Zum Beispiel ist mein Mann sehr sportlich und ich eigentlich wenig. In der Schule sind wir x-mal auf Skikurs gefahren, aber immer hinter der Latein- oder Mathematiklehrerin her, die nichts anderes fahren konnten als Stemmbögen, und die haben wir dann auch recht oder schlecht gemacht. Also, wie ich meinen Mann kennengelernt habe, hab ich ihm erzählt, freudestrahlend, daß ich so oft auf Skikurs war, und er hat gemeint, das ist phantastisch, jetzt hat er die supersportliche Freundin. Und dann sind wir das erstemal raufgefahren, und er ist dann losgewedelt, und ich bin halt so im Schneepflug hintennach gekommen. Der war fassungslos. Mittlerweile bin ich keine schlechte Skifahrerin. Natürlich, er ist nach wie vor der bessere, aber das will er sein und soll er sein.»

Sehr oft betont Anita, daß die Dominanz ihres Mannes und ihre eigene Unterordnung ihr gar nichts ausmachen, weil sie in Wirklichkeit die Stärkere und Gesündere sei und es sich daher leisten könne, ihn durch ihr Nachgeben aufzubauen. Vermutlich können wir Anitas Wahrnehmung glauben, daß Dirk zwar eine Partnerin will – zum Tanzen, zum Skifahren und fürs Leben – aber eine, die etwas unter ihm steht. Aber es gehören zwei dazu, um dieses Spiel 30 Jahre lang zu spielen. Trotzdem können wir Anita nicht verurteilen, denn ihre Wünsche und Maßnahmen waren, verglichen mit seinen, meist die wesentlich sympathischeren. Seine Methoden dagegen verdienen es, eingehender durchleuchtet zu werden, denn sie entsprechen absolut dem männlichen Grundrepertoire.

Wir begegnen ihnen sogar in historisch-literarischer Gestalt. «Der Widerspenstigen Zähmung» heißt das Stück, am bekanntesten in der von William Shakespeare verfaßten Version, zuvor und danach aber von weniger bekannten Autoren in zahllosen Märchen, Novellen, Geschichten und Dramen verarbeitet – und natürlich von Abertausenden nicht prominenten Geschlechtsgenossen dieser Autoren auf der Bühne des Lebens inszeniert. Shakespeares Stück ist unzählige Male aufgeführt worden. Cole Porter hat es musikalisch umgesetzt, und immer wieder versuchen sich etablierte und alternative Theatergruppen mit immer neuen Versionen der Interpretation. Dabei gibt es eigentlich, nichts zu interpretieren: Eine intelligente, gebildete, eigenwillige, junge Frau eckt überall an, weil sie nicht dem lieben Mädchenbild ihrer Zeit entspricht. Das reizt und fasziniert einen Heiratswilligen, Petruchio. Sofort nach der Eheschließung, die Katharina dem herrschenden Recht entsprechend seiner Gewalt ausliefert, beginnt er, sie systematisch zu quälen. Er enthält ihr Essen und Schlaf vor, sperrt sie ein, nimmt ihren Besitz weg und isoliert sie von ihrer Familie, bis sie akzeptiert, daß sie keine Möglichkeit hat, sich zu wehren. Seine Macht, sogar noch die Realität irrational zu definieren, ist ihm das wichtigste Ziel; nachdem er das erreicht hat, mit welch unlauteren und unfairen Mitteln auch immer, befindet er seine Ehe für «gut». Er benimmt sich absichtlich wie ein Irrer, nur um zu erreichen, daß er für unzurechnungsfähig gehalten wird und damit als einer gilt, den man unbedingt beschwichtigen muß, weil es sonst keinen Frieden mehr geben kann; genau die Rolle, die so mancher Ehemann bevorzugt. Er setzt die objektive Wahrheit, die Regeln von Vernunft und Gerechtigkeit außer Kraft; will sie mit ihm auskommen, muß sie seine Willkür, sein Recht zu bestimmen, abstrakt seine Dominanz akzeptieren. Sonst gibt es Krieg. Und diesen Krieg gibt es nicht um irgendwelcher echter Prinzipien willen, denn ginge es um Interessen, könnte man die auch anders – und besser – durchsetzen. Die meisten Frauen sind ohnehin nur allzu bereit, für ein gutes menschliches Klima alle erdenklichen Beiträge zu leisten. Aber Petruchio geht es nur um die reine Machtposition. Und Macht hat man erst dann, wenn man nicht nur einsichtige Dinge verlangen und in Abstimmung mit anderen Kompromisse erzielen kann, sondern wenn man in völliger Willkür seine Umgebung beherrscht.

(Akt IV) FÜNFTE SZENE

Feld.

(Petruchio, Katharina und Hortensio treten auf.)

Petruchio.
Ums Himmels willen schnell! Nochmals zum Vater! –
Mein Gott! wie hell und freundlich scheint der Mond! –
Katharina.
Der Mond? die Sonne! Jetzt scheint ja nicht der Mond! –

Petruchio. Ich sag, es ist der Mond, der scheint so hell.
Katharina. Ich weiß gewiß, die Sonne scheint so hell.
Petruchio. Bei meiner Mutter Sohn, und das bin ich,
Mond soll's sein, oder Stern, oder was ich will,
Eh' ich zu deinem Vater weiterreise:
Geht nur und holt die Pferde wieder her.
Stets Widerspruch! und nichts als Widerspruch! –
Hortensio.
Gebt ihm doch recht, sonst kommt Ihr nicht vom Fleck.
Katharina.
Nein, bitt Euch, kommt, da wir so weit gelangt;
Sei's Mond und Sonn' und was dir nur gefällt,
Und wenn du willst, magst du's ein Nachtlicht nennen;
Ich schwör, es soll für mich dasselbe sein.
Petruchio. Ich sag, es ist der Mond.
Katharina. Natürlich ist's der Mond.
Petruchio. Ei wie du lügst! 's ist ja die liebe Sonne! –
Katharina. Ja, lieber Gott! es ist die liebe Sonne! –
Doch nicht die Sonne, wenn du's anders willst:
Der Mond auch wechselt, wie es dir gelüstet,
Und wie du's nennen willst, das ist es auch,
Und soll's gewiß für Katharinen sein.
Hortensio. Glück auf, Petruchio, denn der Sieg ist dein.
Petruchio. Nun vorwärts denn! So läuft die Kugel recht.

Diesen Wortwechsel, vielfach variiert, können wir in unzähligen Eheprotokollen nachgestellt finden. Die Frau zerbricht sich den Kopf. Was will er nur? Worum geht es ihm? Warum macht er das? Die Antwort ist ganz einfach. Er will «den Sieg», um des Sieges willen.

Klara und Felix sind die Top-Designer der späten siebziger Jahre. Sie sind beide Mitte Vierzig, haben zwei erwachsene Töchter, einen florierenden Betrieb, ein elegantes Heim und werden häufig in den Gesellschaftskolumnen der Presse erwähnt. Sie sehen beide gut aus und wurden uns als das perfekte Paar empfohlen, das beneidenswert liebenswürdig und erfolgreich ist.

Klara: «Wir haben uns als Konkurrenten kennengelernt, Felix und ich. Die ersten beiden Jahre habe ich jeden Design-Wettbewerb gewonnen, da habe ich ihn gar nicht registriert, weil er so unauffällig war. Ich wußte, da gibt es einen, der macht ab und zu den dritten Preis. Wahrgenommen habe ich ihn erst, als er mich geschlagen hat, er hat mich einfach vom Siegesstockerl geholt, das war ein Schock.»

Felix: «Dann haben wir zusammen gefeiert.»

Klara: «Ich habe mich das erste Mal mit ihm unterhalten und dachte: komisch, der schaut so unauffällig aus und hat doch eine Menge los. Er hat mir imponiert, aber ich weiß nicht, ob ich beeindruckt war, weil er mich überrundet hat oder weil ich von seiner Person so eingenommen war.

Mein Vater hat mich gelehrt, in erster Linie an den Beruf zu denken, fleißig zu arbeiten, nicht auf die Männer zu schauen, immer schön gerade und zielstrebig meinen Weg zu gehen. Ich war sehr beeinflußt von ihm. Ich hatte gar keine eigene Meinung, die Gedanken meines Vaters waren auch meine. Und dann habe ich mich gegen den Willen meines Vaters mit Felix verlobt.

Das Leben von Felix und mir war total arbeitsbestimmt. Es gab nur mehr das mittlerweile gemeinsame Geschäft, die Modelle, den Laufsteg. Eigentlich haben wir uns gar nicht gut gekannt. Am Anfang fiel mir das nicht so auf, vom Vater hatte ich ja immer gehört, das Privatleben sei uninteressant. Es brauchte Jahre, bis ich erkannte, daß ich was versäumt habe. Was ich genau versäumt habe? Auf Händen getragen zu werden, das war mein Traum. Ich habe viele Jahre gedacht, das habe ich verpaßt.»

Felix: «Wir waren ja Konkurrenten, wir haben ständig gekämpft am Laufsteg. Ich weiß nicht, was konnte ich dir eigentlich bieten? Einen sehr fleißigen Partner, das schon. Das kam dir sehr entgegen, dein Vater wollte, daß du einen Partner hast, der gern arbeitet und tüchtig ist. Das war sicher ausschlaggebend.»

Klara: «Unsere Ehe hat sehr vernünftig begonnen. Wir kommen beide aus einfachen Verhältnissen. Wir haben uns gegenseitig ergänzt, er ist souverän, korrekt und ordentlich, ich bin mehr emotionsgeladen. Wir sind so konträr, daß wir uns ständig ergänzen. Daß natürlich auch die Fetzen geflogen sind, ist auch klar. Wenn wir Rücken an Rücken gestanden sind, solange wir Rücken an Rücken gegen andere gekämpft haben, waren wir das ideale Paar – und sind es heute noch. Aber wehe, wir schauen uns an und stehen nicht Rücken an Rücken.»

Klara spricht im ersten Satz des Gesprächs bereits das zentrale Problem der Beziehung mit Felix an, sie hätten sich als Kollegen kennengelernt... und als Konkurrenten. Das Konkurrenzverhältnis wurde im Lauf der Ehe noch intensiver, auf Felix' Betreiben. Felix fühlt sich seiner kreativ begabten Frau gegenüber, die internationale Anerkennung erhält, unterlegen, daran ändert auch die Tatsache nichts, daß auch er ab und zu Preise und Wettbewerbe gewinnt; meist liegt sie an der Spitze, und er ist «nur» Zweiter oder Dritter. Wäre es umgekehrt, gäbe es kein Problem, sondern ein gut funktionierendes Team. Aber Felix ist nicht stolz auf seine Frau, sein Gefühl des Zurückgedrängtseins läßt keine positive Sichtweise zu.

Klara: «In den letzten Jahren ist es viel besser geworden, ich versuche seit ungefähr zehn Jahren seine Eigenschaften, die mir wahnsinnig auf die Nerven gegangen sind, nicht mehr zu bekämpfen.

Daß er nicht pünktlich sein kann, daß er auf den Gongschlag ins Theater kommt oder fünf Minuten später; am Flughafen ist er, wenn die Maschine schon mit laufenden Motoren dasteht, während ich lieber eine Stunde dort warten und den Kaffee genießen würde. Ich steh auf um sechs, geh mit dem Hund, er steht auf in der letzten Sekunde, er geht spät schlafen, ich geh gern früh schlafen, es gibt überhaupt nichts, was da gemeinschaftlich ist. Daß wir das eigentlich über die Runden gebracht haben mit dem Beruf, mit diesen ganzen Arbeiten, okay. Aber als es ein bißchen ruhiger geworden war, war so etwa die schwerste Zeit, für mich die allerschwerste Zeit. Da hab ich mich überhaupt nicht mehr ausgekannt. Ja, gut, ich hab einen guten Partner, aber der Mann, den ich möchte, der mich versteht, wenn ich sage, jetzt bin ich müd, jetzt kann ich nicht mehr, ich möchte heute schlafen gehen, den habe ich vermißt.

Meine Eigenheiten sind schlecht angekommen, das kann ich Ihnen sagen: Ich nenne es großzügig, er nennt es schlampig, oberflächlich. Ich nenn es großzügig, also ich seh das Wichtige;

was ich nicht sehen will, pack ich weg, weil es mir sonst zuviel wird, wächst mir über'n Kopf. Was hab ich noch für Fehler? Sag's...»

Felix: «Das sind ja keine Fehler.»

Klara: «Eigenheiten, meine Eigenheiten.»

Felix: «Du bist ganz einfach, du scheinst auch sehr dominant. Die meisten Leute glauben eigentlich heute noch, daß du, also meine Frau, den ganzen Laden machst. Daß sie ihn organisiert, denn nur sie kann ja das mit ihrer Ausstrahlung, mit ihrer Schnelligkeit...»

Klara: «Das stimmt ja alles nicht, ich mach die Unordnung. Ich leg da was hin, was ich nicht hinlegen darf, mein Mann kommt bei der Tür herein: Und wer hat da eine Schere liegen und ein Buch, was nicht daher gehört? Ich natürlich. Und dann kommt er, und dann legt er meine Schere weg, und dann will er das da wegräumen. Und ich brauch das, ein bißchen Schlamperei. Also es ist genau umgekehrt.»

Felix: «Es mag stimmen, daß bis in weiten Teilen immer noch das Konkurrenzprinzip steht. Vor allem diese Ergänzung ist, glaube ich, unheimlich wichtig, wie meine Frau vorhin gesagt hat. Daß genau diese Gegensätze ganz einfach diesen Erfolg ausgemacht haben, den wir ja doch in unserem Beruf gehabt haben, durch diese Ergänzung, die ganz einfach irrsinnig wichtig war. Die ich auch in den letzten Jahren zu schätzen gelernt hab. Die ersten sieben Jahre, also wir haben enorm viel gearbeitet, auch die Kinder...»

Klara: «Ja, ich hab geheiratet, weil ich schwanger war. Die ersten sieben bis zehn Jahre waren für uns eigentlich kein Problem, wir haben nur gearbeitet.»

Felix: «In dieser Zeit wurden wir von Kollegen sehr bewundert und beneidet, die fragten immer, wie schafft ihr das nur, so eng im Geschäft zusammenzuarbeiten und dann noch eine funktionierende Ehe, die beiden Kinder daheim...»

Klara: «Da gibt's aber einen wichtigen Punkt. Du hast die ersten sieben bis zehn Jahre an mir nichts auszusetzen gehabt. Du hast mich so genommen, wie ich bin. Du hast mich nicht kritisiert. Du hast mich einfach akzeptiert, wie ich war, die ersten Jahre. Dann bist du gewachsen, ein bißchen über mich hinausgewachsen. Ich war durch die Kinder schon ein bißchen eingegrenzt. Mein Mann wollte mich dann ein bißchen in seine Richtung umformen.

Na, daß ich mich so kleide und so bewege...»

Felix: «Also auch beruflich. Und zwar sind da sicher die Kinder in irgendeiner Form schuld. Und zwar diese ersten Jahre, meine Frau konnte nicht mitfahren auf Seminare z. B. Das war ganz einfach nicht möglich. Dadurch hab ich mich persönlich durch Seminare usw. in eine gewisse Richtung entwickelt, und meine Frau konnte das ganz einfach nicht. Ich wurde professioneller, ganz einfach fortschrittlicher. Da muß man ständig dabeisein, um die Trends zu kennen.»

Klara: «Die neuesten Sachen parat haben, Organisation, Menschenführung...»

Felix: «Ja, ja, an und für sich ein großes Gebiet. Wenn ich nach Haus gekommen bin, meiner Frau versucht hab, das zu erklären, das ist ganz einfach nicht möglich, dem Partner das dann so weiterzugeben, wie das also wirklich ist. Und da haben speziell die ersten Probleme wirklich begonnen.»

Klara: «Ich kann da aber jetzt wirklich ganz was Positives dazu sagen. Ich war halt immer gewöhnt, einfach alles besser zu wissen, besser zu können. Ich hatte ein bißchen einen Höhenflug, klar, ich hatte einen Höhenflug. Ich bin immer im Spitzenfeld gewesen und glaubte viele Jahre wirklich, ich bin die Größte, bis man mir dann bewiesen hat, es geht ja vorbei, da gibt's ja dann noch andere. Meine Preise waren irgendwie fast ein Schaden für mich, ein geistiger Schaden, ein Klotz am Bein.»

Felix: «Das war ein ganz großes Problem, wir haben es aber trotzdem irgendwie geschafft. Meine Frau wurde in die ganze Welt eingeladen. Und sie ist auch gefahren. Anschließend habe ich aber wieder aufgeholt und ebenfalls einen Preis errungen, der nicht ganz so renommiert war wie ihrer. Wir sind dann viel gemeinsam gereist.»

Klara: «Das war ein Glück, gleich stark zu sein, gleich gut...»

Felix: «Trotzdem, in der Öffentlichkeit warst du angesehener, eigentlich bist du es heute noch. Nur mit der Zeit sind die Auszeichnungen nicht mehr ausschlaggebend, es kommt auf die Organisation des Betriebes an, wie gut alles gemanagt ist.»

Klara: «Das war für mich schwer, akzeptieren zu müssen, je höher du oben bist, um so tiefer mußt du runter.»

Felix: «Wenn ich ein bißchen älter und gescheiter gewesen wäre, dann hätte ich vielleicht vernünftiger reagieren können. Ich habe sehr viele Fehler gemacht. Ich war ganz einfach unheimlich eifersüchtig. Innerlich mußte ich aber zugeben, daß sie in vielen Dingen einfach viel besser war als ich.»

Es stimmt sehr nachdenklich, daß gerade Klaras Talent und Erfolg sie an ihrer geistigen Intaktheit zweifeln läßt, statt daß sie sich über ihren mißgünstigen und eifersüchtigen Ehemann ärgert, der zu kleinlich ist, um ihre Fähigkeiten offen anzuerkennen. Heute, nach 25 Ehejahren, gibt er zwar zu, daß er eifersüchtig war, weil sie wirklich Außerordentliches leistete. Wie aber reagierte er in der unmittelbaren Situation? Klara, die wegen der beiden Kinder nicht zu internationalen Tagungen und Fortbildungsseminaren fahren konnte, wurde von Felix schnell in die Rolle des kleinen daheimgebliebenen Frauchens gedrängt. Er hatte einen Informationsvorsprung und baute ihn sofort zu seiner neuen Machtdomäne aus. Es ist ihm unmöglich, sein Wissen weiterzugeben, weil sich Klara das alles nicht vorstellen konnte. Gerade Klara, der durch anerkannte Jurien ein außergewöhnliches Maß an Phantasie bescheinigt worden war, kann den neuen Erkenntnissen ihres Mannes nicht mehr folgen? Anstatt sich gegen diese Anmaßung zur Wehr zu setzen, akzeptiert Klara demütig, daß ihre Sternstunde vorüber und Felix der rechtmäßige Boss ist. Die Arbeitsteilung zwischen Klara und Felix wird nun festgelegt:

Felix: «Als ich merkte, wie gut meine Frau war, dachte ich, jetzt ist der Punkt, da muß etwas passieren. Sie war bestimmt das auslösende Moment, daß ich mich enorm gesteigert habe in meinen Leistungen. Aus dieser Eifersucht heraus habe ich versucht, mir weitere Betätigungsfelder zu suchen, meine Entwürfe intensiviert, mehr Gewicht auf Design gelegt und mich weniger mit der Ausführung beschäftigt. Mir persönlich hat diese angespannte Situation sehr viel gebracht. Ich bin daran nicht zerbrochen, sondern habe mich eher...»

Klara: «Du bist gewachsen.»

Felix: «Ja. Ich glaube, du mußtest deine eigenen Erfolge etwas zurücknehmen, wenn du die Beziehung auch wolltest.»

Klara: «Das habe ich auch getan. Ich mußte viele Angebote ablehnen, weil ich nicht soviel von zu Hause weg sein konnte. Ich bin sehr ehrgeizig, aber nur bis zu einer gewissen Grenze. Hier ist doch mein Privatleben, meine Kinder, das alles ist mir wichtiger. Ich hatte tausend Möglichkeiten, ich hätte in Amerika eine tolle Sache aufbauen können, aber das war es mir einfach nicht wert.

Ich wollte nicht meine Ehe aufs Spiel setzen, er ist einfach der Partner und außerdem ein Frauenfreund. Er hat Frauen immer als gleichwertig eingeschätzt, ich kenne keinen zweiten Mann mit einer ähnlichen Haltung in diesem Punkt. In den letzten Jahren ist er allerdings strenger geworden Frauen gegenüber. Das war früher wirklich besser.

Felix: «Ich bin draufgekommen, daß Männer und Frauen ganz unterschiedlich denken. Ich bin überzeugt davon, daß das Hirn jeweils ganz anders funktioniert. Das ist nicht wertend gemeint.»

Klara: «Er ist der totale Frauenfreund. Du hast dich doch hundertprozentig auf mich eingestellt und oft gesagt, geh nicht in den Betrieb, bleib lieber bei den Kindern. Das ist mit ein Grund, daß ich das alles so lange ausgehalten habe.»

Felix: «Bei der Arbeitsteilung hat es auch bei uns nie Probleme gegeben.»

Klara: «Glauben Sie das nicht, er macht viel mehr, auch zu Hause, er sieht einfach alles, wo Spinnweben hängen usw. Ich kümmere mich eher um die groben Arbeiten. Er hat aber auch genauso wie ich die Kinder gewickelt und sie zum Arzt gebracht, er war da immer gleichwertig, eigentlich fast ein geschlechtsloses Wesen.»

Felix: «Das bringt der Beruf mit sich.»

Klara: «Es ist mir sogar machmal auf die Nerven gegangen, daß du soviel mitredest im Haushalt und glaubst, alles viel besser zu wissen und zu können. Das Gemeine ist bloß, daß er wirklich alles besser weiß. Die Probleme haben aber erst angefangen, als die Kinder aus dem Gröbsten raus waren und wir die ärgsten Sorgen weg hatten. Ich hab dann überhaupt erst angefangen zu überlegen, was ich selber möchte. Am Sonntag zum Beispiel früh aufstehen und auf den Kahlenberg fahren. Die Familie will ganz andere Dinge. Ich schrieb dann einen Zettel: ‹Hallo, ich bin am Kahlenberg.› Dann rief ich nachmittags an und fragte: ‹Wer geht mit mir ins Kino?› Niemand. Also gehe ich allein. Das kommt bei mir jetzt alles so raus, nach 15 Jahren Ehe.»

Felix: «Das Problem dabei ist nur, daß die Art, wie ich mir unseren Betrieb vorstelle, sehr viele Einbußen erfordert, vor allem Verzicht auf viel Freizeit. Plötzlich hatte ich den Eindruck, meine Frau steigt jetzt aus.»

Klara: «Nein, nein, ich wollte dir damit nur zeigen, wenn du ohnehin alles besser machst, dann mache es eben. Ich strecke meine Füße aus, fahre auf den Kahlenberg, gehe wandern, beschäftige mich mit meinen esoterischen Büchern, die du ja auch ablehnst. Ich habe natürlich schon geschaut, daß alles läuft, ich habe meine Fäden überall.

Ich kann nicht genau sagen, wogegen ich gekämpft habe. Vielleicht gegen diese Dominanz von seiner Seite, der Versuch, mich ständig herumzuschicken. Ich weiß genau, was mich total umbringt, nach wie vor. Den ganzen Tag arbeiten wir mit vollem Einsatz. Und wenn er dann um 20 Uhr sagt, jetzt machen wir noch das Konzept für die nächste Show, und mit dem Beleuchter hat es das letzte Mal nicht so gut geklappt, der kommt noch so gegen 23 Uhr vorbei, da lieg ich am Boden vor Müdigkeit. Sein Kommentar dazu: Jetzt bist du schon wieder dagegen. Ich kann das einfach nicht verkraften, weder physisch noch psychisch.»

Felix: «Das hast du nie so ausgedrückt.»

Klara: «Nein, weil ich von meinem Vater in dem Geist erzogen worden bin, niemals müde werden zu dürfen. Dann bin ich eine Aussteigerin geworden, so hat es jedenfalls mein Mann gesehen. Das war eine gute Phase.»

Felix: «Ja, das war positiv. Ich habe mir dann einen Partner gesucht, mit ihm Sachen gemacht, für die du nicht unbedingt erforderlich bist.»

Klara: «Das klingt lustig, ich hab mir einen Partner gesucht. Mit diesen Partnern, den weiblichen, bist du ständig Mittagessen gegangen.»

Felix: «Wir haben versucht, die Kompetenzen aufzuteilen.»

Klara: «Ich hab mein Eigenleben völlig zurückgestellt, immer gab es nur die Arbeit. Ich erinnere mich, als ich merkte, daß ich mit unserem ersten Mädchen schwanger bin, das war fast eine

Erlösung. Das war zwar nur eine Illusion, es ist dann mit doppeltem Einsatz weitergegangen. Dann kam das zweite Kind, da hast du nur gesagt: noch ein Kind und den Aufbau des Betriebes, das schaffen wir nicht. Aber ich habe geantwortet, das Kind will ich, den Betrieb will ich, wir brauchen beides. Ich bin die nächsten 15 Jahre nicht mehr zum Denken gekommen. Felix ist viel ehrgeiziger als ich, ich habe mich damit abgefunden, daß ich doch zurückschalten muß. Ich möchte mich nicht mehr in den Mittelpunkt stellen. Das ist aber ein Teufelskreis, jetzt nennt er mich eine Aussteigerin.»

Eines geht ganz klar aus diesen Gesprächspassagen hervor: Klara hat immer alles falsch gemacht, und Felix muß immer beweisen, daß er nicht in Klaras Schatten steht, daß er genausogut ist wie sie, ja, daß er eigentlich tüchtiger und ausdauernder ist. Klaras Denken kreist nicht nur um die Arbeit, wie sie sich noch effizienter und überzeugender am Design-Markt durchsetzen könnte, sondern zunehmend verbeißt sie sich in die Idee, daß ihr Felix unter keinen Umständen ihre Fähigkeiten und Erfolge spüren soll. Im Gegenteil, er soll als Chef etabliert werden. Klara ist kompromißbereit genug – man könnte es auch als großzügig, ängstlich, beziehungsabhängig bezeichnen –, Felix ständig den Vortritt zu lassen. Ihr größter Energieaufwand wird nicht auf die Arbeit verwendet, sondern auf den klassischen weiblichen Balanceakt, die eigenen Fähigkeiten, den Beruf, die Sorge um die Kinder und das verletzliche männliche Ego im Gleichgewicht zu halten.

Ihre Strategie hat einen Fehler: sie vermittelt Felix den Eindruck, daß er die wesentlichste Kapazität in seinem Bereich ist, und kontrastiert seine Großartigkeit mit ihren Mängeln. Sie macht sich ganz klein, damit er noch glorioser und leistungsstärker erscheint. Bei kritischer Betrachtung ihres Gatten hätte Klara erkennen können, daß diese künstlichen Höhenflüge weder ihr noch ihm guttaten. Ein ausgeprägtes Gefühl von Minderwertigkeit – in der individualpsychologischen Literatur bereits ausführlich beschrieben – basiert fast immer auf starker Ich-Schwäche und kann nicht durch Größenvorstellungen kompensiert werden. Felix kann durch die zwar gutgemeinten Versuche seiner Frau, ihn aufzuwerten und ihm das gemeinsame Terrain zu überlassen, nur eine künstliche Identität und Stärke gewinnen, die bei der geringsten Krise wieder in sich zusammenfällt. Vernünftiger wäre es, auf den Prinzipien von Egalität das ge-

meinsame Leben aufzubauen, die der Frauenfreund Felix hätte akzeptieren müssen.

Doch Klara verstrickt sich immer mehr in ein Netz von Angst, Opportunismus und masochistischer Selbstabwertung.

Klara: «Mein Mann ist stärker geworden. Er war unterdrückt durch meinen Erfolg. Heute ist er mir in vielen Dingen überlegen. Er hat jetzt die Kraft, seine Sache durchzuziehen. Ein Beispiel. Wir haben eine Show in Brüssel. Er sucht sich den besten Choreographen dafür. Er sagt fünf oder sechs anderen ab, weil er nur den Top-Mann nimmt. Ich hätte vielleicht bereits den dritten akzeptiert, wobei man sagen muß, daß alle zur Spitzenklasse gehören. Wenn ich das erwähne, sagt er: Wenn du ein Partner wärst, würdest du durchhalten. Und er geht weiter auf die Suche und zieht es durch, während ich schon flachliege.»

Interessant ist die Wortwahl. Klara liegt flach am Boden, er ist ganz oben, voll im Leben, quer durch Europa auf der Jagd nach dem Supermann der Show. Klara, die behauptet, flachzuliegen, finden wir in der Zwischenzeit weder in Sauna oder Solarium, wo sie wieder zu Kräften zu kommen versucht, sondern im Betrieb mit 30 Angestellten und der Steuerprüfung beschäftigt. Denn Felix könnte nicht seine kreativen Phantasien ausleben, wenn ihm nicht Klara die schlimmsten Bilanzprobleme vom Hals schaffen würde. Felix stilisiert sich zunehmend zum Art-Director, während an Klara der weniger glamouröse Alltag hängenbleibt.

Felix: «Eine Zeitlang war ich auf deinen Beruf so eifersüchtig, weil ich das Gefühl hatte, daß du auch soviel Erotik reinsteckst.»

Klara: «Erfolg ist immer ein Konkurrenzfaktor für die Erotik in der Beziehung, weil man sich im Beruf so auslebt. Ich bin überzeugt, daß auf diesem Gebiet in vielen Ehen mehr los ist, als bei uns los war und ist. Aber ich habe es nicht so sehr vermißt. Vielleicht bin ich kühl, aber ich habe überhaupt nicht viel erwartet. Der Lebensrat meines Vaters war: Schau, daß du nie auf einen Mann angewiesen bist, lebe dein Leben, das ist viel besser. Vielleicht würde ich es heute anders machen, wenn ich nochmals 20 wäre, den Beruf wegstecken und auf den Prinzen warten.»

Felix: «Das würde dir nicht gefallen.»

Klara: «Das weiß ich nicht. Welche Frauen beneide ich? Es sind solche Frauen, die von ihren Männern auf Händen getragen werden, die keinen Beruf haben. Sie kommen zu uns in den Salon, lassen sich das tollste Modell entwerfen, er nickt beifällig und sagt: hinreißend schaust du wieder aus, Schatzi. Da steht er und strahlt sie an.»

Felix: «Es ist vieles schiefgelaufen.»

Klara: «Das ist ein reiner Kampf gewesen, ein Machtkampf.

Also ich hätte das Geschäft in einer anderen Form geführt, irgendwie lockerer. Ich habe mich dann zurückgestellt.

Für die Ehe war es phantastisch, weil mein Mann hat das Gefühl, es geht nach seiner Richtung, und es geht gut.»

Felix: «Wie meinst du, für die Ehe war es gut? Wir haben doch eine Reihe Probleme.»

Klara: «Ja, aber ich glaube, wenn es jetzt nach meinem Willen gelaufen wär und du müßtest zurückstellen, dann hätte die Ehe nicht mehr gehalten. Wir würden nicht mehr zusammensitzen. Du hättest dich nie unter meine Fuchtel gestellt. Entweder das geht so durch, wie du dir das vorstellst, oder es wär aus gewesen, die Ehe und das Zusammenleben und die Partnerschaft.»

Felix: «Darüber habe ich nie nachgedacht...»

Klara: «Das hat ja 20 Jahre gedauert, das ist ja wirklich eine Entwicklung.»

Felix: «Ja, ich glaub auch. Das wär sicher nicht anders gegangen. Na ja, unterschwellig... habe ich das schon gespürt. Aber die Beziehung ist ja nicht unbedingt besser geworden, das kann man nicht sagen.»

Klara: «... es ist ja noch nicht zu Ende. Also ich bin jetzt in der Phase, ich versuche wirklich seit zwei Jahren, die Eigenschaften meines Mannes nicht nur zu akzeptieren, sondern sogar zu mögen. Er hat ja das Recht, so zu sein, so unpünktlich und so korrekt, wie er ist. Ich meine, ich versuche dadurch, unsere Partnerschaft zu retten. Das ist ein Rettenwollen, daß ich mir sag, er ist so, Schluß aus, er ist so. Entweder ich will ihn wirklich so... Aber als ich dieses Thema begonnen hab und gesagt hab, du solltest meine Eigenheiten lieben, bist du immer drei Meter in die Höhe gegangen. ‹Nicht nur, daß ich es annehmen muß, lieben auch noch, du bist wahnsinnig, so was kann man nicht lieben.› Also das war deine Einstellung noch vor drei Jahren, wenn ich gesagt hab, bitte, der richtige Partner liebt die Fehler seiner Frau. Das hab ich verlangt von dir. Ich wollte, daß du meine Fehler liebst, das wollte ich. Das hab ich oft gesagt... ‹So einen Blödsinn hab ich überhaupt nicht gehört.› Das war vor drei Jahren. Dazwischen haben wir über das Thema nimmer mehr gesprochen.»

Felix: «Sie hat gar nicht unrecht. Also ich mein, lieben ist ja wirklich ein bißchen übertrieben. Man kann ja die Fehler des Partners nicht...»

Klara: «Fehler, Eigenheiten. Eigenheiten des Partners lieben.»

Felix: «Ich glaube schon, daß es mir jetzt besser gelingt, vor allem, weil ich gespürt habe, daß die Beziehung sehr in Gefahr war. Vor allem diese Schwierigkeit, die jetzt dazu gekommen ist mit den Kindern ... diesen Lösungsprozeß, den sie ja momentan durchmachen.»

Klara: «Du machst den Lösungsprozeß durch.»

Felix: «Das ist schon so, daß meine Frau eher immer die Mutterrolle hat und auch wie eine Mutter immer reagiert.»

Klara: «Eine Mutter reagiert eben nicht mit Verstand. Sondern als Mutter. Wenn man irgendwelche Probleme bespricht, dann gäb's eigentlich eine Lösung, eine relativ einfache Lösung. Aber die Mutter beschützt in jedem Fall das Kind.»

Felix: «Also man könnte viele Probleme, wenn meine Frau eher nüchterner überlegen würde, lösen. Ich würde mir wünschen, daß meine Frau ganz einfach vernünftiger, also mit Verstand reagiert.»

Klara: «Sag ein Beispiel.»

Felix: «Zum Beispiel die kleinere Tochter, die ist eher mollig. Sie ist 17. Meine Frau weiß auch, daß sie diesen fetten Toast nicht essen soll. Wenn ich aber darauf hinweise, sie soll das bitte nicht essen, ich versuch das eh mit ‹bitte› und ‹sei so lieb› und ‹schau, das bringt ja nichts› usw. zu sagen, dann reagiert meine Frau auf jeden Fall so: ‹Laß sie in Ruh!› Hat sie auch irgendwo recht, aber ich mein jetzt nur zum Beispiel. ‹Laß sie in Ruh, laß sie das essen›, obwohl sie eigentlich weiß, daß der fette Toast wirklich für sie ganz, ganz schlimm ist. Das war vielleicht jetzt nicht das beste Beispiel, aber es gibt ununterbrochen so Situationen, wo man normalerweise drüber reden könnte, sie mich unterstützen könnte mit ihrer Aussage, weil sie ja immer doch irgendwo die meiste Macht hätte, aber nicht so reagiert, wie es eben sein sollte. Sie würde ja bei einer fremden Person hundertprozentig so reagieren oder mit mir eins sein. Aber bei den Kindern, da stellt sie sich sofort vor die Kinder, egal ob ich jetzt recht hab oder...»

Klara: «Du kennst ja eh meine Antwort. Ich hab mit der Elfi ein Programm, und wir versuchen – wir sind sowieso Vollwertler...»

Felix: «Aber das hat überhaupt nichts mit der Elfi zu tun. Wie gesagt, bei der Kathi ist es genau das gleiche.»

Klara: «Die sind in einem Alter, in dem sie, wenn sie vor Publikum ermahnt werden, sofort die Gegenreaktion liefern. Die geht sofort und holt sich einen noch fetteren Toast. Ich will ja nicht sagen, du hast unrecht mit dem fetten Toast, aber sprich sie jetzt nicht an in der Situation, sondern wenn du mit ihr unter vier Augen bist.»

Felix: «Also, wir haben es praktisch nicht geschafft, sie ist nun aber irgendwo auch störrisch.»

Klara: «Was heißt, wir haben es nicht geschafft? Das ist es ja, Schatzi. Die Elfi ist jetzt erwachsen. Sie weiß, ich red mit ihr darüber, und sie ist derart vernünftig. Sie sagt: ‹Ich kann manchmal nicht anders, und dann kauf ich mir das, und ich weiß, daß das ein Blödsinn ist.› Aber so kann ich nur mit ihr alleine reden. Aber wehe der Papa sagt einen Satz. Dann geht sie zum Imbiß und kauft sich eine Mayonnaise und löffelt die Mayonnaise.»

Felix: «Und ich fühl mich halt ganz einfach irrsinnig verpflichtet, um Gottes willen...»

Klara: «Aber es kommt jetzt alles raus. Jetzt sehen Sie dieses Verhältnis...»

Felix: «Nein, aber es ist egal. Auch die Ausbildung usw. Meine Frau übernimmt sofort diese Mutterschutz-Rolle...»

Klara: «Das lern ich auch noch, daß du das nicht gleich mitkriegst. Das lern ich auch noch. Ich seh das so...»

Felix: «Ich glaube, es gibt da weniger Probleme, wenn du das vernünftig sehen könntest...»

Klara: «Und deine Meinung annehmen würde. Aber was ist, wenn ich sie nicht annehmen kann, deine Meinung? Was ist, wenn ich eine andere Meinung habe? Du bist so gewachsen und hast dich dann aber umgestellt, auch im Ton mir gegenüber. In der ersten Hälfte unseres Zusammenseins warst du höflich und hast mich also wirklich so behandelt, wie ich es mir immer gewünscht hab. Ich wollte z. B. nie laut angesprochen werden.»

Felix: «Ich hab dich schon immer verehrt, bewundert, geschätzt...»

Klara: «Ja, eben, aber dann hast du dich mehr entwickelt, ich hab mich zurückgenommen, du bist über deinen Schatten gesprungen. Du hast fotografieren gelernt, du hast dich für die Kunst sehr interessiert, du bist immer stärker geworden. Und ich ein bißchen schwächer. Die Kinder haben mich schon ein bißchen geschwächt. Ich hab dann nicht gewußt, in welche Rolle soll ich mich jetzt hineinleben. Ich kannte mich in den ersten 15 Jahren unserer Ehe nicht, überhaupt nicht. Bin nie zu mir gekommen. Ich bin erst zu mir gekommen, als ich mich zurückgezogen hab, und bin drauf gekommen, ich geh irrsinnig gern mit Menschen um. Menschen sind mir viel wichtiger als jegliches Gut und Habe und Haus und... Das Haus ist mir uninteressant, das Geschäft ist mir uninteressant. Ich könnte in einer kleinen Wohnung leben.»

Felix: «Ja, meine Frau hat mindestens 200 esoterische Bücher. Das war ja auch so ein – dann hat sie angefangen, ganz schlimm zu...»

Klara: «Esoterisch, so weit bin ich leider noch nicht, das sind andere Bücher. Das ist Selbstbeeinflussung, um eben mit dem allen fertigzuwerden, wie ich besser mit dir auskomme, wie ich mit den Kindern auskomme.»

Felix: «Nein, ich glaube, ich habe mich nicht so ausführlich damit auseinandergesetzt, wie wir besser miteinander umgehen können.»

Klara: «Er hat so viel zu tun gehabt mit seiner Karriere, daß er das überhaupt nicht mitgekriegt hat.»

Felix: «Das hab ich schon mitgekriegt, aber ich hab es schon ziemlich herausgefordert, die ganze Situation. Ich hab dann irgendwo den Bogen zu sehr gespannt. Vielleicht bis zur Selbstzerstörung.»

Klara: «Das waren die letzten Reste von der Konkurrenz, die da rausgekommen sind, die Aggressionen, ganz bestimmt. Jetzt einmal zu beweisen, so, und jetzt bin ich wirklich da, und jetzt geh ich da durch, und alle machen, was ich sage, und da gibt's überhaupt keine Widerrede mehr, und was ich sag, das gilt. Das war eine Phase von ihm.»

Felix: «Ja, das war sicherlich berechnet. Aber sie hätte sich an und für sich auch nicht so leicht von mir trennen können, allein durch die Kinder... Also eine gewisse Härte von mir aus war da sicherlich da, muß ich sagen.»

Klara: «Wir haben uns ja wiedergefunden. Wir haben viel gesprochen. Wir haben uns dann ausgesprochen. Ich hab ihm das versucht zu erklären, daß das kein Aussteigen ist, sondern ein Suchen, mich selber suchen. Ich hab einen Weg gesucht, wieder an ihn ranzukommen, daß er das versteht, daß das kein Aussteigen ist. Ich hab alles versucht, mich unterzuordnen, zurückzustellen, gar nichts mehr zu machen. ... Wie soll denn das in so einem Betrieb laufen, wenn da 50 Leute im Raum sind, 30 Mitarbeiter und 10, 20 Kunden, und er geht da durch und sagt an, ich kann nicht widersprechen vor den anderen. Ich kann das erst am Abend machen. Was leidet darunter? Das Privatleben. Wenn das nicht konform geht, geht's kreuz und quer. Theoretisch muß sich einer ein bißchen unterordnen, wenn der andere gerad so stark ist.»

Felix: «Also wir haben kaum Konflikte hier vor den Mitarbeitern ausgetragen.»

Klara: «Ja, aber nur, weil ich sehr vernünftig war in vielen Jahren. Er ist anerkannt als Chef, die Mitarbeiter fürchten ihn ein bißchen, sie schätzen ihn aber auch sehr. Jetzt können wir uns wieder einpendeln, auf die Zeit, wie es vor 20 Jahren war.»

Felix: «Na, ich weiß nicht...»

Klara: «Ich verstehe seine Situation, ich möchte nicht als Mann in der Rolle sein, daß ich miterleben muß, wie meine Frau gefeiert wird, und ich kann zuschauen. Ich war auch kein leichter Fall. Ich glaube, daß noch viel Schönes auf uns jetzt zukommt. Die Machtfrage stellt sich zum Glück nicht mehr.»

Felix: «Sollte man glauben.»

Klara: «Seine Dominanz ist es, die Konflikte schafft, daß du immer glaubst, anschaffen zu müssen, bei den Mädchen zum Beispiel.»

Felix: «Ich fühle mich verpflichtet, daß meine Kinder gut aussehen und gut ausgebildet sind.»

Klara: «Wir sind auch verpflichtet, daß sie glücklich werden. Und darum geht der Kampf zwischen uns weiter. Aber trotzdem, ich will meinen Mann so, wie er ist. Ich habe nicht geglaubt, damals, als ich dich genommen habe, daß soviel in dir steckt. Ein Wahnsinniger bist du, ein Wahnsinniger.»

Felix: «Aha...» (*sprachlos*)

Klara: «Ich wollte einen Stärkeren, nein, einen mindest gleich Starken.»

Felix: «Es geht mir sehr ab, daß meine Frau nicht mitgezogen hat mit meinen Freizeitinteressen, es gab den Zeitpunkt, da war es drin, Tennis zu spielen, Vernissagen zu besuchen...»

Klara: «Vernissagen, ja, aber nicht drei Stück am Tag.»

Felix: «Ich leide auch darunter, daß meine Frau ein ganz anderes Empfinden dem Schönen gegenüber hat, daß sie vieles nicht so wichtig nimmt. Ich würde mein Haus zum Beispiel am liebsten vom ersten bis in den dritten Stock mit Blumen schmücken. Ich würde einen Partner brauchen, der das genauso steckt und drapiert, wie ich mir das vorstelle, da ich das selber nicht kann.»

Klara: «Genauso, wie du es willst.»

Felix: «Das ist richtig, aber es gibt schon gewisse Kriterien für Qualität und eine Linie für Ästhetik. Bei Möbeln, Bildern, Autos ist es dasselbe. Meine Frau ist einfach zu schnell mit etwas zufrieden. Ich vermisse eigentlich am meisten an ihr, daß sie sich mit diesen kleinen Dingen nicht intensivst beschäftigt. Ich weiß, daß ich sehr angewiesen bin auf die Meinung von anderen, daß ich den Erfolg brauche.»

Klara: «Du willst, daß es nicht funktioniert, du willst, daß du immer ein bißchen unglücklich bist. Es gibt keine Situation, in der alles in Ordnung ist. Ich kann mich auf den Kopf stellen, mein Mann wird nie sagen: Wunderbar, so soll es sein. Diese Situation gibt es nicht.»

Felix: «Weil es sie nicht geben kann.»

Klara: «Für dich nicht.»

Felix: «Was ist Glück? Man kann vielleicht glückliche Momente haben.»

Klara: «Ich bin jeden Tag glücklich, wenn ich die Augen aufmache, die Sonne scheint und ich mit dem Hund schnell eine Runde durch den Wald laufe.»

Felix: «Meine Frau geht jeden Abend vor zehn ins Bett, ich aber nie vor zwei Uhr früh.»

Klara: «Ich bin glücklich, wenn ich sehe, daß die Knospen täglich etwas größer werden oder sich im Herbst das Laub verfärbt, ... ich denke, wir haben uns ein bißchen auseinandergelebt. Ich habe meine Persönlichkeit, meine kleinen Freuden gefunden, du hast deine Freuden gefunden. Es kann jetzt nur noch besser werden.»

Felix: «Meine Frau ist sicher in dem Punkt weiter als ich.»

Klara: «Du wirst an mir lernen, wie das funktioniert.»

Allein der Gesprächsstil des Paares sagt sehr viel über die Beziehung aus. Klara richtet sich in ihren Äußerungen direkt an ihren Mann, sie definiert die zur Diskussion stehenden Fragen damit als Probleme zwischen sich und Felix. Sie möchte von ihm wissen, wie er verschiedene Aspekte der Beziehung sieht, sie geht immer wieder auf ihn direkt ein. Felix hingegen spricht mit uns über Klara, als sei sie nicht anwesend, er gibt Erklärungen ab, meine Frau tut oder denkt das und jenes. Felix und Klara haben auch nicht viel gemeinsam. Es gibt die Firma, aber die Meinungen über Führungsstil und Management klaffen weit auseinander. Es gibt die Kinder, doch in den grundsätzlichen Fragen der Erziehung und des Familienklimas gibt es keinen Konsens. Es gibt das luxuriöse Heim am Rande des Wienerwaldes, doch in der Frage, wie dieses Haus wohnlich gestaltet werden soll, können sie sich nicht einigen. Klara gibt nicht auf, das ist die Linie, die sie beharrlich in der Beziehungsdiskussion durchhält. Felix gibt an einigen Stellen deutlich zu erkennen, daß er von einem Partner bestimmte Dinge erwartet, die ihm Klara weder in der Firma noch daheim erfüllen konnte. Es scheint dabei um Banalitäten wie Blumenarrangements und Ordnungsvorstellungen zu gehen, dahinter steckt aber viel unaufgearbeiteter Ärger und Mißmut. Interessanterweise wählt Felix immer das männliche Personalpronom, er, sein Partner sollte idealerweise dieses und jenes so sehen wie er selbst. Klara ist unermüdlich bestrebt, Felix und ihre Beziehung zu ihm positiv zu sehen, bis zur zwanghaften Selbstverleugnung.

Klara: «Ich ändere mich ununterbrochen. Das ist vielleicht übertrieben, aber ich kann mich wunderbar anpassen an diverse Gegebenheiten. Als du angefangen hast, dich für Segelfliegen zu interessieren, habe ich sofort den Flugschein gemacht, jetzt fliege ich viel lieber und öfter als du.»

Felix: «Ich glaube, daß es kein Weg ist, sich zurückzuziehen und sich in irgendwelche Bücher zu vertiefen, das ist kein Weg in die Zukunft.»

Klara: «Der eine kauft sich Handtaschen, der andere kauft sich Bücher.»

Felix: «Meine Frau ist relativ beeinflußbar von Büchern und dergleichen.»

Klara: «Ich lese dazwischen auch mal etwas ganz Leichtes, keine Sorge. Du bist ein Manager, ein Fanatiker. Dein Notizblock wird immer größer, meiner immer kleiner. Es hat sich aber schon viel geändert, und ich fange wieder an dich zu erziehen, ich fange wieder von vorne an. Jetzt kämpfen wir wieder. Laß den Block wieder kleiner werden, wir fahren auf eine Insel, damit du nicht mehr telefonieren kannst.»

Felix: «Na gut, es ist okay –»

Er greift zum Hörer, um den Choregraphen ins Kaffeehaus ums Eck zu bestellen. Es ist 23 Uhr, als wir aufbrechen.

5.
Seine Ehe – ihre Ehe
Aussage gegen Aussage zur Frage des Glücks

Es gibt konkrete und abstrakte, vernünftige und neurotische Beweggründe, eine Ehe zu schließen. Meist ist von allem etwas dabei.
Das gilt für beide Partner. Grundsätzlich unterschiedlich aber ist die Ausgangslage: die Frau will «ein Paar» werden, gemeinsam etwas Neues schaffen. Der Mann will er selbst bleiben und durch die Beziehung seine subjektive Position noch verbessern.
Daß das nicht zusammenpaßt und Katastrophen bereits programmiert, wird deutlich, wenn Frau und Mann getrennt zu Wort kommen.

Für den Prozeß der Partnerwerbung und -findung kennen die Amerikaner einen recht aufschlußreichen Ausdruck: «the marriage market». Sicher zeigt dieser Begriff auch ihre kapitalistische Grundeinstellung, aber er ist dennoch durchaus zutreffend. Wir können uns das, was bei der Partnersuche stattfindet, wirklich ganz gut als Markt – manchmal als Jahrmarkt, mitunter als Flohmarkt, oft auch als Basar – versinnbildlichen. Es wird gehandelt, eingekauft und getauscht. Und die Transaktionen, die auf diesem Markt stattfinden, sind sehr kompliziert.

Sie unterscheiden sich von Kultur zu Kultur. In manchen Kulturen geht die ganze Familie einkaufen. Für den Sohn suchen sie ein hübsches, nettes, kooperatives Mädchen, das sich in die Familie einfügen wird, das kräftig genug ist, um hart mitzuarbeiten, gesund genug, um viele Kinder zu gebären, und schüchtern genug, um sich anzupassen und unterzuordnen. Für die Tochter wollen sie einen Mann in gesicherten finanziellen Verhältnissen finden, mit einer netten Mutter, die das Mädchen nicht allzusehr herumkommandieren wird. Oder jemanden, mit dessen Familie man gern in näheren Kontakt käme. Jemanden, der eine Arbeitserlaubnis für das westliche Ausland besitzt und den Ehepartner (und dessen Verwandtschaft) nachreisen lassen kann, usw.

In unserer eigenen, westlichen Kultur herrschen am Markt der Sehnsüchte und der Wünsche die kompliziertesten Bedingungen, weil der individuelle Spielraum am größten ist. Um diesen orientalischen Basar etwas zu gliedern und durchschaubar zu machen, wollen wir verschiedene Ebenen des Tausches unterscheiden.

Da gibt es zunächst die *pragmatische Ebene*. Anita ist Studentin der Publizistik; davor arbeitete sie schon als Lehrerin, ist also mit 30 älter als ihre Mitstudenten. Im Seminar lernt sie einen interessanten Gastvortragenden kennen, Rolf. Rolf ist Auslandskorrespondent einer mittelgroßen Tageszeitung. Jahrelang war er in Islamabad stationiert; sein nächster Posten ist Moskau; jetzt hat er Heimaturlaub, und nur seinem Freund zuliebe ist er in dessen Seminar gekommen, um über seine Arbeit zu erzählen. Anita kann Russisch; nach dem Seminar unterhält sie sich mit Rolf, geht mit ihm noch ein Bier trinken. Als die beiden fünf Wochen später ihre Verlobung bekanntgeben, haben die Zyniker in ihrem Freundeskreis unnette Interpretationen des Blitzereignisses parat. Die ambitiöse, angehende Journalistin hat einen Förderer mit besten Verbindungen incl. einem interessanten Auslandsaufenthalt gefunden. Als sie die Hoffnung äußert, in Moskau zu schreiben, und Rolf sie daraufhin liebevoll anlächelt und meint, sie sei sehr talentiert, und er würde ihre Artikel sicher unterbringen, sehen sich seine Freunde vielsagend an.

Der Alte hat eine attraktive junge Frau gefunden und sie mit seinem Macho-Reporterimage, seinen Erzählungen über heldenhafte Abenteuer und seinen mondänen Flair geangelt, meinen indes Anitas Freundinnen.

Und es ist durchaus möglich, daß beide Zynikergruppen recht haben. Denn pragmatische Überlegungen spielen bei den meisten Eheschließungen eine Rolle. Wenn sie allzu offensichtlich sind – reicher 80jähriger heiratet 19jähriges Showgirl – löst das Verachtung aus, weil es unseren Vorstellungen vom wahren Wesen der Ehe, die ihr Fundament in der Liebe haben soll, widerspricht. Aber eine gewisse Dosis an Pragmatik halten die meisten Menschen für sinnvoll, und meist wird erwartet, daß es immer noch in die traditionell gewohnte Richtung geht: daß der Mann ein bißchen mehr an Sozialem und Finanziellem zu bieten hat und die Frau dafür ein bißchen mehr an Schönheit oder Persönlichkeit einbringt. Der 30jährige Professor, der die 22jährige angehende Volksschullehrerin heiratet, hat damit in den Augen der meisten eine ideale Ehe geschlossen. Die 30jährige Professorin, die einen 22jährigen angehenden Lehrer heiratet, macht sich auch heute noch lächerlich.

Eine zweite traditionelle Vorstellung aber ist in diesem Zusammenhang fast noch problematischer, die Vorstellung nämlich, wir sollten eigentlich überhaupt nicht nach pragmatischen Überlegungen vorgehen. Das bewirkt zwar nicht – denn der Mensch ist ein pragmatisches Lebewesen –, daß wir diese Beweggründe aufgeben, sondern hat nur zur Folge, daß wir sie verleugnen und sie uns auch selber gegenüber nach Möglichkeit gar nicht eingestehen. Damit entziehen sie sich unserer logischen Erwägung – als ob wir, weil Geld uns peinlich ist, einen Job annehmen, ohne nach dem Gehalt zu fragen oder einen Mietvertrag unterzeichnen, ohne die Miete vorher festzulegen. Diese Beispiele zeigen, daß Pragmatik nicht unbedingt Ausschließlichkeitswert haben muß: Vom Job erwartet man außerdem, daß er einen interessiert, und die Wohnung hat man ausgewählt, weil sie einem gefallen hat. Dieses «Gefallen» – im Bereich der Beziehungen müssen wir auch da weitere Unterscheidungen treffen.

Das bringt uns bereits zur zweiten, der *subjektiven Ebene.* Sie entspricht noch am ehesten dem, was das Klischee unter «Liebe» versteht. Man hält eine bestimmte Person für attraktiv und interessant, man findet ihre Witze komisch und ihre Sorgen traurig und fühlt eine Sympathie, die man nicht genau erklären kann. Erst viel später, wenn die Krise kommt, werden die Profis sich mit dieser Sympathie auseinandersetzen und vielleicht entdecken, daß man z. B. per Wiederholungszwang einen jüngeren Zwilling des eigenen Vaters gefunden hat, jemanden, mit dem man die Ehe der eigenen Eltern erneut inszenieren kann, u. v. a. m.

Die dritte Ebene, die eine gewisse Verwandtschaft mit der zweiten aufweist, ist die *autodidaktisch-therapeutische Ebene.* Sie unterscheidet sich in erster Linie dadurch von der zweiten, daß die Beteiligten sich ihrer Beweggründe bewußt sind oder bewußt zu sein glauben. Die Reservierte erhofft sich vom Extrovertierten, daß er in allen sozialen Situationen ihr lebender Eisbrecher sein wird. Die «brave» Tochter rechnet damit, daß die Ehe mit dem selbstsicheren Freund die schon lang angestrebte Lösung vom Elternhaus realisieren wird.

Unter moralischen Gesichtspunkten können wir «gute» und «schlechte», «gesunde» und «neurotische» Beweggründe unterscheiden und feststellen, daß fast jede Ehe aus einer Mischung besteht. Wenn wir uns z. B. Anita und Rolf etwas genauer ansehen, werden wir vermutlich feststellen, daß Anita an Rolf nicht nur die Karrierehilfe und der Moskau-Aufenthalt gefallen, sondern daß sie sich von seinen Beschreibungen seiner Einsamkeit im Ausland persönlich angesprochen fühlte und sich damit identifizierte; daß sie «miteinander sehr schnell über sehr persönliche

Dinge sprechen» konnten, daß sie seine altmodischen Strickwesten «süß» findet und, genau wie er, immer schon ein Kind adoptieren wollte. Auch auf der dritten Ebene spricht er sie an: er geht mit Problemen lässig um, während Anitas pedantische Natur sie immer dazu veranlaßt, die Dinge sehr schwer zu nehmen. Und er ist sehr kompetent und unabhängig und wird vermutlich ihrem «Lehrerinnenimpuls» – den sie haßt und der sie immer in die Situation bringt, besserwisserisch die Probleme anderer zu den eigenen zu machen – bremsen.

Wir können feststellen, daß andere Beziehungen genauso von einer Mischung der Motive bestimmt werden. Auch Freundschaften funktionieren so. Es gibt Freunde, die einem beruflich oder sozial helfen sollen, Freunde, die psychologischen Rückhalt geben, auf die man sich in schwierigen Situationen verlassen kann, von denen man sich einfach verstanden fühlt, und es gibt Freunde, die ganz anders sind als wir selber, die uns gerade infolgedessen faszinieren und von denen wir uns eine Bereicherung versprechen.

Die Vielfalt dieser Motivationsebenen wird noch einmal erweitert und ihre Durchschaubarkeit erschwert durch ein Phänomen, das Ehesoziologen bekannt ist: das Phänomen der Selbstdarstellung und der Wahrnehmung. Wenn zwei Menschen sich überlegen, ob sie als Partner füreinander geeignet sind, dann haben wir es nicht bloß mit «Max» und «Wilma» zu tun, sondern da ist einmal Max, so wie er als Partner von sich aus sein wird. Dann gibt es Max, wie er selbst sich Max als Partner vorstellt. Und Max, wie er sich Wilma als zukünftiger Partner beschreibt und präsentiert. Dann gibt es noch den Max, den Wilma sieht. Und Max, wie ihn Wilma sich als Partner zurechtzurücken gedenkt. Spielen wir das ganze einmal am Beispiel der Freizeit durch. Max ist in Wirklichkeit ein sehr ambitiöser junger Anwalt, dem seine Arbeit sehr wichtig ist. Bevor er Wilma kennenlernte, verbrachte er meist einen guten Teil seines Wochenendes damit, Akten zu bearbeiten oder mit Kollegen Squash zu spielen. Max hat sich «freigenommen», weil er meint, es sei an der Zeit, eine Familie zu gründen. Er hat vor, als Ehemann die «erste Pflicht eines Ehemannes» zu erfüllen, die darin besteht, daß er weiterhin beruflich erfolgreich bleibt, und das bedeutet mit Sicherheit weitere Arbeitswochenenden. Zugleich denkt er vage daran, ein «guter Vater» zu sein, und hat diffuse Vorstellungen von Campingausflügen mit «den Kindern». Wilma gegenüber präsentiert sich Max als aufmerksam. Bisher hat er noch jedes Wochenende mit ihr verbracht. Da er der Ehe und der Elternrolle eine hohe Priorität zu geben scheint, rechnet sie auch in Zukunft mit ihm als Freizeitpartner. Es ist ihr natürlich nicht entgangen, daß seine Freunde fast ausschließlich aus Anwaltskreisen kommen und seine Freundschaften fast immer eine karrierefördernde Dimension haben. Aber sie hält das bei einem ambitiösen Junggesellen für normal. Sie mag ihn, sie hat kein Interesse mehr an kurzfristigen, unverbindlichen Beziehungen, sondern will heiraten, und er benimmt sich aufmerksam und charmant. Sie sieht in ihm daher den Mann, den sie sich als Partner immer schon gewünscht hat. Eigenschaften, die dem Bild widersprechen, definiert sie als vergängliche Aspekte seines Junggesellentums, die im Zusammenleben verschwinden werden.

Können sich Menschen verändern? Sicher, wenn sie wollen. Die zweite Phase einer Ehe ist diesem Ziel gewidmet: aus den vielschichtigen Ebenen der individuellen Partner und ihren jeweiligen Erwartungen eine gemeinsame Realität zu machen. Für die Realitätsphase einer jeden sozialen Situation haben die Amerikaner wieder einen schönen Ausdruck. «The honeymoon is over», sagen sie, und die Phrase wird vielfältig verwendet: für den neuen Kollegen, der als «kreatives Genie» von den Vorgesetzten verhätschelt und umjubelt wurde, bis der Arbeitsalltag bewies, daß er auch nicht brillanter ist als seine schon länger dort tätigen Kollegen; für ein neues Handelsabkommen zwischen zwei Staaten, die triumphierend einen bahnbrechenden Vertrag unterzeichneten, der jetzt von Tausenden von Beamten in die Praxis umgesetzt werden muß. Aber natürlich trifft der Satz nach wie vor auch auf das menschliche Modell zu, dem er ursprünglich entlehnt wurde: eine Beziehung. Kaum jemand ist die Beziehung eingegangen, ohne die Absicht, sofort einige Paragraphen des Abkommens ersatzlos zu streichen... oder zumindest zu revidieren. Er liebt zwar seine Stadtwohnung... aber bestimmt wird er einsehen, daß es am Stadtrand viel schöner ist, denn er liebt die Natur ja auch. Sie hat eine Vorliebe für teure Restaurants, aber das wird sich bestimmt ändern, wenn man gemeinsam ein Familienbudget zu verwalten hat. Während auf dem Hochzeitsfoto lächelnde Gesichter Eintracht signalisieren, reifen in den Köpfen längst Pläne, wie der Partner umzugestalten wäre.

Die Erziehung bedingt, daß diese Zielsetzung zwei sehr unterschiedliche und vollkommen unvereinbare Inhalte hat: die Frau will, in aller Regel, ein «Paar» werden. Und der Mann will, fast immer, er selbst bleiben, aber ein «Selbst», dem es durch die Beziehung besser geht. Nicht «Beziehungsunfähigkeit» oder «Probleme damit, Gefühle zu zeigen» sind der Grund, warum so viele Männer Diskussionen über die Qualität der Beziehung und Wege, sie zu verbessern, hassen wie die Pest. Der Grund ist, daß die Beziehung ihnen so, wie sie ist, sehr gut gefällt und jede Veränderung nur eine Verschlechterung bedeuten kann. Die «Verbesserungsvorschläge» der Frau sind daher in seinen Augen nicht wirklich Verbesserungsvorschläge, sondern Beschwerden ihrerseits. Der Mann überhört diese Beschwerden, solange er kann, in der Hoffnung, daß sie bald damit aufhören wird. Er denkt auch nicht darüber nach, denn sonst könnte er entdecken, daß sie objektiv im Recht ist, und dann wäre es moralisch schwer für ihn, ihre Forderungen abzuwehren. Wenn sie weiterhin insistiert, dann ist es sehr wahrscheinlich, daß sie in ihrem Zorn über seine abblockende Haltung immer lauter und aufgeregter wird. Er hat dann die Möglichkeit, sie als hysterisch und als neurotisch zu bezeichnen und es erneut abzulehnen, sich mit ihr auseinanderzusetzen.

An unendlich vielen Beispielen läßt sich ablesen, daß die «Beziehungsunfähigkeit» der Männer kein Manko ist, sondern eine erfolgreiche Methode zur Durchsetzung ihrer unmittelbaren Interessen.

Helene möchte, daß Alex sich mehr um die Erziehung der Kinder kümmert. Das bedeutet, sich mit ihren Schularbeiten und Schulproblemen zu befassen, zu überlegen, warum sie in letzter Zeit so viel streiten und aus der Lektüre vieler Bücher eine Strategie zu entwerfen, um damit umzugehen, heißt aber auch, pünktlich von der Arbeit heimzukommen, um all diese Dinge mit ihnen gemeinsam tun zu können. Alex kommt das in keiner Hinsicht erstrebenswert vor. Im Moment macht Helene das alles, und sie macht es gründlich, gewissenhaft, mit großem Zeitaufwand und gut. Alex bezweifelt, daß er es besser könnte. Außerdem gefällt ihm seine momentane Rolle in ihrer Mischung aus Kumpel (Mutti nörgelt und schimpft, Vati spielt und steckt heimlich Geld zu) und imposanter Autoritätsfigur (wenn alle Stricke reißen, hört Mutti sich zu ihrem eigenen Entsetzen damit drohen, daß sie nicht mehr weiter kann und die Streitaffäre nunmehr Vati überlassen wird, «wenn er heimkommt») außerordentlich gut. Helene geht davon aus, daß eine wirklich gute Eltern-Kind-Beziehung nur auf der Basis einer ausführlichen Verantwortung für gute und schlechte Situationen wachsen kann. Alex wäre ihrer Meinung nach «ein besserer Vater», wenn er die von ihr geforderten Leistungen erbringen würde. Er gibt ihr prinzipiell recht, schiebt aber immer wieder Sachgründe vor, warum es gerade diesmal wieder nicht möglich ist, auch entsprechend zu handeln. Sie merkt aber, daß seinen Beteuerungen eine gewisse Aufrichtigkeit fehlt, daß das Thema ihn langweilt oder irgendwie sonst zum innerlichen Abschalten bewegt. Alex «schaltet ab», weil er die Situation nicht verändern und ihre Gründe, warum er es doch tun sollte, nicht hören will, um nicht in ein inneres Dilemma zu geraten.

Die meisten Menschen beziehen ihr Wissen über das Zusammenleben erstens aus Erziehung und Sozialisation, zweitens aus hoffnungsvollen Vorstellungen und drittens aus popularisierten Fachartikeln. All diesen Quellen ist zu entnehmen, daß nach einem mysteriösen Psychoprozeß der Partnerwahl der Alltag kommt, in dem es Konflikte gibt, die mit «Kompromissen» bewältigt werden. Die Begriffe, die oft weit besser auf die Strategien des Alltags passen, sind brutaler: Zermürbung, Erpressung, Drohung sind die Methoden und die Taktiken, die hier zum Einsatz kommen.

In dieser zweiten Phase einer Beziehung laufen mehrere Prozesse gleichzeitig ab, und es ist leicht, sie miteinander zu verwechseln. Es werden

- Vorstellungen vereinbart
- Routinen geschaffen
- Positionen verteilt.

Diese Leistungen sind unausweichlich, denn das Zusammenleben muß organisiert werden. Wer übernimmt es, die Rechnungen zu zahlen? Wie oft werden die Eltern besucht? Wohin fährt man in Urlaub? Bei den hundertfachen Dingen, die organisiert und entschieden werden müssen, sind Meinungsverschiedenheiten und unterschiedliche Vorstellungen unvermeidbar. Manche lassen sich sehr einfach regeln. Manche bauschen sich unverhältnismäßig auf. Manche nehmen einen Symbolwert an und dienen über Jahre und Jahrzehnte einer Beziehung sozusagen als Zündhölzer, mit denen man garantiert sofort einen Streit entfachen kann. Manche scheinen klein und unbedeutend, ergeben aber in der Summe eine perfide, stete Benachteiligung des einen Partners zugunsten des anderen. Oft ist es schwer, im jeweiligen Fall zu beurteilen, mit welcher Art von Entscheidung man es zu tun hat. Sie richtig einzustufen, ist aber wichtig.

In ihrem Bemühen, die richtige Einschätzung und die richtige Strategie zu finden, arbeitet und lernt die Frau sich krumm. Das Eheleben ist für sie eine ewige Schule, die sie nie abschließen wird, geschweige denn mit einem Diplom. Allerdings: Wenn sie es ganz schlecht macht, fliegt sie raus. Frauen lesen Bücher, besonders psychologische Ratgeber. Sie studieren Zeitschriftenartikel und besuchen Vorträge. Sie probieren jede nur erdenkliche Strategie aus: sie sind nachgiebig und dann wieder hart, einfühlsam, bis ihnen die Geduld ausgeht, dann wieder resolut, bis sie zermürbt aufgeben. Es gibt nicht wenige Frauen, die seit zehn Jahren versuchen, einen einzigen strittigen Punkt im Zusammenleben mit dem Partner zu «lösen». Das ist tatsächlich eine Art Spiel: Hat man einmal angefangen, ist es schwer, aufzuhören. Man gewinnt ein bißchen – das ermuntert weiterzumachen. Man verliert ein bißchen – und möchte das Verlorene wenigstens wieder aufholen. Doch in letzter Instanz gewinnt immer das Kasino.

Das Verhalten der Männer, oberflächlich betrachtet so verwirrend und kontraproduktiv, erweist sich dadurch als sinnvoll. Die Frau ist ständig darum bemüht, die «Störung» zu beheben. Was hat er bloß? Warum tut er das? Warum sagt er nichts?

Mit Verlaub: das ist seine Sache.

Sie braucht keine Ratgeber mehr; sie hat genug gelesen. Sie braucht keine «zwölf Leitsätze», keine «Übungen», keine «zehn Fragen» und kein Gebet.

Sie muß sich nur eine einzige Frage stellen: Ist dieser Mann mit irgendwelchen Eigenschaften versehen, die das Zusammenleben mit ihm zu einem Gewinn für mich machen? Mit anderen Worten: überwiegt das Angenehme oder das Unangenehme? Dabei muß sie einzig und allein vom Ist-Zustand ausgehen.

Nur sehr wenige Frauen tun das, statt dessen versuchen sie es mit Überreden, mit Zorn, mit Trotz, mit Drohungen. Sie machen einen Termin beim Scheidungsanwalt aus, und er ist eine Zeitlang lieb, nett und versöhnlich. Nach drei Monaten gibt es wieder eine Krise, und sie versuchen es wieder mit der Scheidungsdrohung, da sie sich bewährt hat. Die Wirkung setzt wieder ein, hält aber diesmal nur für zwei Monate vor.

Sie ärgern sich über ihn so sehr, daß sie innerlich resignieren und Distanz zu ihm gewinnen. Sie sind nun in der Lage, viel gelassener, kühler und überlegter auf ihn zu reagieren. Das schreckt ihn, so daß er plötzlich viel zugänglicher, viel netter wird. Und schon verlieren sie wieder ihre Distanz und geben sich erneut der Hoffnung hin, daß sich jetzt alles ändern wird. Eine Woche später ist wieder alles beim alten. Die Frau fühlt sich belogen und denkt nach, was das zu bedeuten habe, warum er so ist, welche Reaktionsweise sie als nächste versuchen soll. Und so addiert sich eine horrende Anzahl von Stunden, die auf dieses Thema verschwendet wird – letztlich ohne Erfolg. Die Geheimmethode gibt es nicht. Irrtum: Es gibt sie, und sie wird bereits praktiziert – von ihm. Denn: Er erreicht es, stets ihre Aufmerksamkeit auf sich zu ziehen. Sie fühlt sich immer ein bißchen unsicher, ein bißchen nervös, ein bißchen aus dem Gleichgewicht.

Auch für Frauen gibt es eine Methode, den Beziehungsstreß zu vermeiden, eine einzige. Sie müssen sich in sich stabilisieren. Und dem Mann die Verantwortung für sich selber überlassen.

Manche der Ehen, die uns da angepriesen wurden, waren objektiv schlecht. Die Partner belogen und betrogen sich. Der eine, die eine oder beide waren unglücklich. Man lebte resigniert und zugleich mit aufgestauter Wut nebeneinander her, und lediglich die noch größere Angst vor dem Alleinsein hielt die «Partner» noch zusammen.

Andere Ehen hielten wir subjektiv für schlecht, wohl wissend, daß uns ein solches Urteil, eine solche Meinung gar nicht zustand.

Doch: Steinzeitliche Arbeitsteilung, ein Vater wie aus dem vorigen Jahrhundert, ein Mann, der sich immer mehr fernhielt von zu Hause, eine Frau, die all ihre Hoffnungen nach und nach verloren hatte und jetzt, resigniert oder zynisch, fand, die Männer seien eben so (oder noch schlechter), man habe sich eben zu arrangieren, was sollte man davon halten?

Dann gab es Ehen, die schwer zu beurteilen waren. Perfektion darf man schließlich nicht erwarten, wenn es um das menschliche Zusammenleben geht, und Zufriedenheit ist subjektiv. Dennoch war eins störend: das Ungleichgewicht. Der Mann veränderte sich zwar, den Bedürfnissen seiner Frau entsprechend – aber millimeterweise und mit der Zähigkeit von Kaugummi. Oder er «bemerkte zwar, daß sie unglücklich war», fühlte sich aber keineswegs aufgefordert, deswegen irgend etwas zu unternehmen. Seine Haupttugend bestand darin, daß er im Vergleich besser abschnitt, daß andere Männer noch schlimmer waren, noch unzugänglicher, noch gleichgültiger.

Als Prototyp dieser Ehe kann die von Annemarie und Stefan bezeichnet werden. Warum, das wird am ehesten sichtbar, wenn wir beide Aussagen einander gegenüberstellen.

Stefan: Keine Probleme.

Annemarie: Viele Zurücknahmen, viele Enttäuschungen, jetzt langsam eine Besserung, für die sie dankbar zu sein hat.

Stefan:

«Wir haben uns in einem Studentenklub kennengelernt, einem katholischen. Unser erster Kontakt war bei einem Skilager, aber gefunkt hat es dort noch nicht, noch lange nicht. Das entstand erst später.

Ich hatte eigentlich genau die Erwartungen, wie es dann auch gekommen ist. Ich wollte immer heiraten. Zwei bis drei Kinder, das war immer meine Vorstellung. Genauso ist es gekommen.

Wir sind lange miteinander ausgegangen und haben beide fertigstudiert, bevor wir heirateten. Das waren konservative Vorstellungen, die wir beide hatten.

Die Idee war sicherlich, daß meine Frau weiterarbeiten sollte. Sie hatte ja einen Beruf erlernt. Aber nach einigen Monaten war das erste Kind unterwegs. Wir meinten dann, nachdem der Sohn etwas größer ist, kann sie wieder arbeiten gehen. Aber dann kam schon das nächste. Und nach dem dritten, da ging es dann eigentlich nicht mehr. Auch bei meiner Frau war, glaube ich, das Interesse dann erloschen.

Wie das gelaufen ist, fand ich schon okay, doch. Nur das Tempo war vielleicht etwas schnell. Auch sie wollte drei Kinder, nicht nur ich.

Meine Erwartung an eine Ehefrau? Ich hatte natürlich die Vorstellung, daß sie hübsch sein sollte. Von den Äußerlichkeiten abgesehen? Also, sie sollte sportlich sein. Sport war für mich ein hoher Wert schon von Jugend an. Und es sollte weltanschaulich eine Übereinstimmung da sein. Das war in meinem Fall die katholische Werthaltung. Ja, das ist schon alles, glaube ich. Ja, eine gewisse Intelligenz vielleicht noch. Ein gewisser Bildungsstand. Vom Sozialen her hatte ich keine Vorstellung oder eher eine negative. Ich komme aus einfachen Verhältnissen und hätte eher Angst gehabt, daß eine Frau aus gehobeneren Kreisen Dinge von mir erwartet, die ich ihr nicht bieten kann oder bieten will.

Ich glaube nicht, daß ich an eine Karrierefrau hätte geraten können. Ich sehe mich eher als überlegt und besonnen, und so blind mich verlieben in eine Frau, die meinen Vorstellungen nicht entspricht, das hätte ich mir nicht zugetraut. Woran wir jetzt arbeiten, und es gemeinsam abbauen, ist eher das umgekehrte, nämlich diese gewisse Gefühlsarmut. Wenn ich mich damals unpassend verliebt hätte, hätte ich gewiß etwas Kontrollierendes eingeschaltet. Ich wollte keine Karrierefrau hauptsächlich infolge meiner Vorstellungen von Häuslichkeit. Ich wollte Kinder, und diesen Kindern wollte ich Häuslichkeit bieten. Ich wollte ihnen die Geborgenheit des Zuhauses bieten, der Eltern oder zumindest der Mutter, denn für mich nehme ich nach den alten Vorstellungen das Recht auf Karriere heraus, was beinhaltet, daß die Mutter dann zurückzustehen hat. Ich sah das immer als gemeinsame Entscheidung, daß sich meine Frau bewußt gewisse Chancen entgehen läßt. Ich habe das rational gesehen und hatte damit nie ein Problem. Meine Frau sieht das, glaube ich, anders. Gerade in letzter Zeit sagt sie mir, du hast mich es nie spüren lassen, daß dir das so wichtig und wertvoll ist, was ich tue. Sie hat wohl eine Zeitlang befürchtet, daß ich Karrierefrauen, interessante Frauen mehr schätze. Aber das tue ich nicht, aus Fairneß ihr gegenüber, weil ich ja sehe, daß sie sich nicht mit so vielen Dingen beschäftigen kann wie andere Frauen, die nicht zu Hause geblieben sind. Und darunter hat meine Frau wohl doch lange Zeit gelitten, das ist mir erst jetzt bewußt. Jahrelang habe ich das nicht gewußt.

Ich glaube, es liegt an einem wechselseitigen Kommunikationsproblem, eben viele Dinge nicht zu sagen, weil man sie für selbstverständlich hält. Daß sie mir sehr wertvoll ist in dieser Funktion als Hausfrau und Mutter, war mir zumindest immer klar. Ich interpretiere da natürlich jetzt auch ein bißchen im nachhinein. Was ich ihr hätte sagen sollen, habe ich ihr nicht gesagt, bzw. wenn ich es doch gesagt habe, dann war es für sie zu undeutlich, zu verwaschen, zu wenig klar oder nicht gefühlvoll genug unterlegt oder was weiß ich.

Es gab in unserer Ehe schon Probleme. Aus gewissen Psychosen meiner Frau heraus. Sie hat gemeint, ihr fällt die Decke auf den Kopf mit drei Kindern. Die Kinder kamen innerhalb von drei Jahren. Das war sicher für sie belastend. Weil sie auch gedacht hat, sie muß alles selber machen. Man konnte niemand anderem die Kinder überlassen. Sie wollte ja eine gute Mutter sein, weil sie sonst nichts beitrug zum Haushalt, nichts verdiente und so.

Mit den Finanzen war das ein Konflikt, der mir erst Jahre oder genaugenommen sogar eineinhalb Jahrzehnte später bewußt wurde. Wir halten das so, meine Frau bekommt Wirtschaftsgeld. Und dieses Geld kann sie verwalten, wie sie will. Das ist ihr Geld für den Haushalt. Da hat sie vollkommene Freiheit. Und was über bestimmte Dinge hinausgeht, größere Anschaffungen, das trägt sie dann in ein Haushaltsbuch ein, und das überweise ich ihr dann. Dieses System habe ich als sehr liberal und fair empfunden, da hat sie mir gesagt, daß sie sich doch durch mich kontrolliert gefühlt hat. Ich habe meine Ausgaben auf den Pfennig genau auch eingetragen, deswegen war es für mich keine Frage, daß ich es von ihr genauso verlangen konnte. Aber sie hat sich bevormundet gefühlt, was ich gar nicht wußte.

Bis auf ganz wenige Ausnahmen, soweit ich mich erinnern kann, widme ich meine freie Zeit der Familie, das ist so mein Anteil. Stammtisch oder so etwas hatte ich nicht. Auch am Abend habe ich die Kinder dann, als sie größer waren, gesehen.

Es war aber sicher nicht so, daß sich die Kinderarbeit symmetrisch aufgeteilt hätte. Ich kann zum Beispiel an einer Hand abzählen, wie oft ich die Kinder gewickelt hab. Da war sie stark belastet. Damals habe ich sicher klar eine Arbeitsteilung zwischen ihr und mir gesehen. Wir haben uns eben damals so entschieden, das ist ein Faktum. Daß wir also beide für meine Karriere das Entsprechende tun müssen. Heute würde ich es vielleicht nuancierter sehen. Heute ist mir die Karriere, gut, sie ist jetzt auch etabliert, aber dennoch ist sie mir heute nicht mehr so wichtig. Spät heimkommen und sonntags arbeiten, das würde ich heute in Frage stellen. Wegen der Kinder wäre ich mehr zu Hause. Wenn ich jetzt auf die ersten Jahre zurückblicke, würde ich sagen, sie waren nicht idyllisch, aber schön. Idyllisch nicht, denn ich habe ja schon erwähnt, daß meiner Frau, das habe ich oft gespürt und konnte ihr nicht helfen, aus unersichtlichen Gründen die Decke auf den Kopf fiel. Zu wenig Abwechslung oder zu einförmig oder so was.

Nach 23 Ehejahren fällt mir jetzt kein zentraler Konflikt ein. Im Gegenteil, ich habe damals Ehepaare bewundert, die sich so richtig anschreien konnten. Das gab es bei uns nicht. Ich kann mich an keinen zentralen Konflikt erinnern. Vielleicht verdränge ich das auch. Wenn es zu Streitigkeiten kam, war es eher sie, von der es ausging. Und dann sind wir uns bloß aus dem Weg gegangen, waren betont höflich. Freizeitplanung war oft ein Punkt. Ich würde dann am liebsten mit einem Rucksack auf einen Berg rauf. Wohingegen meine Frau gepflegtes Ausgehen liebt und solche Dinge. Aber das war alles sehr moderat.

Und dann sind wir bei einer Sache dabei, ich weiß nicht, ob Sie das kennen, so eine Art Erneuerungsbewegung. Das heißt ‹marriage encounter› und geht von der katholischen Kirche aus. Da sind wir seit sechs Jahren dabei und sind sehr aktiv. Das hat uns sehr viel weitergebracht. All die Dinge, die ich schon erwähnt habe und die mir erst im nachhinein bewußt geworden sind, die sind dort zur Sprache gekommen. Also das Eingehen auf den anderen, das Annehmen seiner Gefühle, daß man Dinge nicht nur auf der rationalen Ebene angehen soll, sondern auch auf der Gefühlsebene. Oder daß die Grundbedürfnisse meiner Frau in den frühen Ehejahren nicht berücksichtigt wurden, ihre Arbeit mit den Kindern und all diese Dinge.

Sie hat es mir wahrscheinlich auch schon vorher zu vermitteln versucht, aber ich hatte keine Antenne dafür. Über Freunde erfuhren wir von dieser Sache, und wir haben an einem Wochenende teilgenommen.

Gebracht hat uns das, daß wir nicht nur auf der rationalen Ebene kommunizieren, sondern auch auf der Gefühlsebene. Nicht nur argumentieren, sondern auch sehen, wie es dem anderen dabei geht. Nicht immer der Starke sein, überhaupt als Mann. Das habe ich nur teilweise aufgeben können. Ja, und dann auch Konflikten anders zu begegnen. Viel lauter, effektiver und klarer. Konflikte nicht unter den Teppich kehren. So gesehen waren die ersten 18 Ehejahre einfacher.

Wir haben keine ungelösten Konflikte in unserer Ehe. Bei uns ist es oft so, daß der eine oder andere verstimmt ist, aber gar nicht genau sagen kann, warum. Das ist ja dann kein Streit in dem Sinne. Aber vielleicht kann Ihnen da meine Frau mehr erzählen.

Für sie ist es jetzt aktuell ein Problem, daß unsere älteste Tochter ausziehen will. Sie ist 18, und sie hat einen sehr großen Freiheitsdrang, und ich versteh das. Aber meine Frau nimmt es persönlich: sie ist die Versagerin, sie muß irgend etwas falsch gemacht haben, womit sie das Kind vertrieben hat. Auf so eine Idee wäre ich nie gekommen. Kinder werden flügge, das ist der normale Lauf der Dinge. Das geht nicht sonderlich in mein Gefühlsleben hinein, das geht über die Ratio.

Wenn meine Frau damit ein Problem hat, jetzt sage ich das einmal sarkastisch, dann will ich ihr das nicht ausreden. Ich hab ihr jedoch Vorschläge gemacht: schau vielleicht, daß du noch etwas anderes machst, wieder zurück in die Klinik (wo sie nach dem Studium kurz gearbeitet hat), oder irgendeinen anderen kleinen Job, um dein Selbstwertgefühl aufrechtzuerhalten. Für mich ist es eine ganz legitime Sache, wenn sie weiter zu Hause bleibt, ohne arbeiten zu gehen. Auch wenn die Kinder alle aus dem Haus sind, kann sie dort weiterhin für die Familie das Zentrum bleiben. Dabei kann sie ja genauso ausgefüllt und zufrieden sein, stelle ich mir vor.

Das ‹marriage encounter› hat ihr geholfen. Ihr mehr als mir, das würde ich schon so sehen. Für mich war es in mancher Hinsicht auch schmerzhaft, weil meine Stellung in Frage gestellt wurde.

Jetzt sehe ich darin auch einen Gewinn, in der größeren Partnerschaftlichkeit, eigentlich mehr Gewinn als Verlust.

Ein Kritikpunkt an ihr ist ihre Unentschlossenheit. Ihr emotionales Überschwappen, wenn wir uns mal rational für etwas entschieden haben. Durch sinnvolle Überzeugung haben wir uns dann partnerschaftlich etwas ausgehandelt. Ja, sie hat es dann auch so gesehen. Dann aber spricht sie es doch wieder an, beginnt wieder zu überlegen. Dann kramt sie alles wieder von vorne hervor.

Und auch planerisch bin ich sicher besser. Wenn ich zum Beispiel mit ihr abmache, kauf das und das ein, damit ich am Wochenende etwas reparieren oder umbauen kann, dann erzählt sie mir halt, warum sie es dann doch nicht gemacht hat. Da bewundere ich zwar ihre Art, spontan den Augenblick genießen zu können, kann aber am Wochenende nichts machen. Sie leidet dann auch, ärgert sich, daß sie sich da wieder hat gehenlassen. Sie sieht mich als Planer und Autoritätsperson. Das ist ein Machtanspruch von mir, ja sicher. Aber ich sehe es auch als Arbeitsteilung. Da muß man auch den Mumm haben zu sagen, gut, bei planerischen Dingen mußt du mir mehr als meinen Anteil lassen, da bin ich einfach besser. Ich frage mich ja manchmal, wie sie überhaupt ihr Studium geschafft hat, und noch dazu mit Auszeichnung. Und dieses Studium hat sie gerne gemacht. Das ist schon ein Widerspruch.

Ich würde nichts zentral anders machen, wenn ich jetzt auf die Jahre unserer Beziehung zurückblicke. Wohl wäre ich lockerer, was Partnerschaftlichkeit angeht. Damals habe ich meine Führungsposition als notwendig erachtet. Aber im wesentlichen würde ich alles wieder genauso machen: dieselbe Frau heiraten, genauso viele Kinder. Genausoviel Wert auf Karriere legen, mit mehr Rücksicht auf die Familie. Aber im großen und ganzen genauso.»

Wir lassen Stefan in dieser Ausführlichkeit zu Wort kommen, weil seine Selbstdarstellung so typisch – und so aufschlußreich – ist. Noch interessanter wird sie, wenn wir sie mit der Darstellung seiner Frau vergleichen, aber auch ganz für sich genommen ist sie außerordentlich ergiebig.

Stefans Erwartungen an seine Ehe sind sehr konkret, sehr pragmatisch und sehr funktional. Er zeigt nicht die Neugier auf die

Person und Persönlichkeit seiner Partnerin, die umgekehrt bei Frauen typisch ist – im Gegenteil, ihre Persönlichkeit ist eher etwas Hinderliches, etwas Lästiges, das ihre Nützlichkeit zu verringern und von ihm einen erhöhten Einsatz zu fordern droht. Stefan weiß schon als junger Mann sehr genau, was er von seiner zukünftigen Frau erwartet: sie soll schön sein. Sie soll sich seinen Vorstellungen über Freizeit (Sport) anpassen und sein Weltbild (Frau bleibt zu Hause, Mann ist Chef, Familie mit Kindern gedeiht ohne sein allzugroßes Zutun und wird in seinem Sinne erzogen, da Übereinstimmung über die Werte besteht) teilen, und sie soll seine Vorrangstellung akzeptieren. Ach ja, und eine «gewisse Intelligenz» sollte sie vielleicht auch noch mitbringen, aber dieser Punkt ist so unwichtig, daß er ihn fast vergessen hätte. Gut, damit wäre die Sache ja geregelt, und nun kann Stefan sich beruhigt anderen Dingen zuwenden, zum Beispiel dem Aufbau seiner Karriere. Das macht er 15 Jahre lang, und was in dieser Zeit in seiner Frau vorgeht, das kümmert ihn nicht. Erst «retrospektiv» kann er sagen, daß sie sich mißachtet und geringgeschätzt und manchmal rundum unglücklich fühlte.

Wir entdecken allerdings zahlreiche Brüchigkeiten in Stefans Version dieser Epoche. Da ist zum Beispiel eine starke Aggressivität spürbar, wenn ihre Unzufriedenheit mit der reinen Häuslichkeit und Mutterrolle zur Sprache kommt. Er kann gar nicht davon sprechen, ohne es sogleich abzuwerten. Daß drei Kinder innerhalb von drei Jahren – und in einer Zeit, als sie eigentlich geplant hatte, ihr gerade abgeschlossenes Studium wenigstens für eine kurze Zeit beruflich zu nutzen – eine reale Belastung darstellen, wird Stefan wohl wissen. Trotzdem benennt er das als «Psychose meiner Frau», und an späterer Stelle meint er gar, daß seiner Frau damals «aus unersichtlichen Gründen» die Decke auf den Kopf fiel. Auch die verbalen Abqualifizierungen «oder was auch immer», «oder so» kann er sich nicht ersparen, um ihren Standpunkt noch um ein zusätzliches Stück zu relativieren.

Und warum tut er das? Wir dürfen vermuten, daß es zwei wesentliche Gründe gibt. Erstens seine pragmatische Haltung, zu der sich Stefan ja so oft und gerne bekennt und auf die er so stolz ist. Denn wer eine Beschwerde wahrnimmt und sie noch dazu für berechtigt hält, muß ihr auch abhelfen. Dazu aber war Stefan erklärtermaßen nicht bereit. Er hatte doch von Anfang an beschlossen, daß er sich – bzw. daß beide Ehepartner sich – voll seiner Karriere widmen würden und daß derweilen die Ehefrau die zwei bis drei Kinder katholisch erziehen würde. Eine eventuelle Unzufriedenheit seiner Frau konnte diesem Plan nur abträglich sein, daher war es weit zweckdienlicher, solche Probleme gar nicht wahrzunehmen. Hätte er ihr dann nicht wenigstens die Anerkennung und das Lob zukommen lassen können, das ihr die Härten und Entbehrungen ihrer Entscheidung erleichtert hätte? Das hätte nichts gekostet und ihm keinen Nachteil gebracht – oder doch? Wir entdecken, daß auch diese Verweigerung ihren Zweck hatte. Denn Annemaries Protestwillen wurde entscheidend gedämpft durch die Minderwertigkeitsgefühle, die sie durch Stefans Nichtachtung entwickelte. Sie saß nicht nur zu Hause, genervt und gelangweilt, sondern sie mußte sich auch noch Sorgen machen, ob Stefan nicht inzwischen Gefallen fand an den interessanten Karrierefrauen, die er in seinem Berufsleben kennenlernte. Sie fühlte sich im Vergleich zu diesen Frauen unattraktiv und spürte die eigene Abhängigkeit von Stefan, der nicht nur den Haushalt finanzierte, sondern außerdem noch alles planen und organisieren mußte, weil sie dafür ja viel zu spontan und ungeschickt war.

Es war und ist Stefan wichtig, Annemarie kleinzuhalten, trotz «marriage encounter» und katholisch forciertem Partnerschaftsdenken. Sie darf die kleinen Entscheidungen «völlig frei» treffen – größere muß sie ins Haushaltsbuch eintragen und bewilligen lassen. Und selbst jetzt, nachdem die Kinder langsam selbständig werden und ihr der Lebensinhalt entgleitet, fällt Stefan dazu nur ein, daß sie einen «kleinen Job» – und zwar, um ihn ganz genau zu zitieren, «irgendeinen kleinen Job» suchen soll, um ihr «Selbstwertgefühl aufrechtzuerhalten».

Die Aggression, die in vielen seiner Sätze mitschwingt, ist unverkennbar – und rätselhaft. Hat Annemarie nicht willfährig alles getan, was er und sein Lebensmodell ihr auftrugen? Vielleicht sind es Schuldgefühle, die Stefan ärgerlich stimmen. Er weiß ja, daß er eigentlich nicht einmal den eigenen Werten gemäß gehandelt hat, daß es nicht in Ordnung ist, Familie zu predigen und dann per Kraftakt ausschließlich der Frau zu übertragen, Familie zu leben. Er weiß, daß seine Frau nicht irrational Entscheidungen wieder aufrollt, die sie «durch sinnvolle Überlegung partnerschaftlich ausgehandelt haben», sondern daß er ihr wieder einmal mit seinem Hauptinstrumentarium der Scheinlogik etwas aufgezwungen hat, und daß sie zunächst kapitulierte, um dann aber unzufrieden an diesem Ausgang herumzunagen und schließlich ihr Mißfallen zu zeigen. Er weiß, daß es alles andere als ein Widerspruch ist, wenn sie ein anspruchsvolles Studium glanzvoll abschloß, um nun darunter zu «leiden», daß sie vergessen hat, ihm die aufgetragenen Dübel und Schrauben für sein wochenendliches Bastelprojekt zu kaufen.

Auch Stefans Bewertung des Eheseminars ist aufschlußreich. Er sieht sich durchweg realistisch, meint, daß er «für sich sehr wohl nach alten Vorstellungen das Recht auf eine Karriere» herausnahm, erkennt auch an, daß er manche Probleme bewußt nicht erkannt hat, obwohl Annemarie sie ihm vermutlich zu vermitteln versuchte. Auch im Hinblick auf das Eheseminar sieht er klar, daß es ihr mehr brachte als ihm – da er ja vorher schon zufrieden war, eigentlich zufriedener als danach. Einige seiner Vorrechte, vor allem aber seine Möglichkeit, Probleme gewaltsam wegzudrängen, tauschte er auf diesem Seminar ein gegen eine etwas zufriedenere Frau. Seine Grundhaltung hat sich dadurch aber nicht geändert; auch die etwas höhere Dosierung seiner emotionalen Gaben ist eine rationale Entscheidung. Denn er ist ja keineswegs bereit, Emotionalität jetzt anders zu bewerten. Er spricht noch immer vom «emotionalen Überschwappen» seiner Frau, so, als seien Emotionen etwas Unappetitliches und Ungehöriges, eine Art Kübel voll seelischem Spülwasser. Stefan legt Wert darauf, daß sein Kopf allein entscheidet, was «in sein Gefühlsleben» eindringen darf und was nicht. Und in seiner Beziehung zu Annemarie ist er kein Herrscher, der plötzlich die Demokratie entdeckt. Er ist vielmehr einer, der sich auf Drängen seiner Berater entschlossen hat, ein paar politische Gefangene aus der Haft zu entlassen, um den schwelenden Unmut in der Bevölkerung ein bißchen zu beschwichtigen.

Annemarie:

«Für mich hatte Familie immer einen hohen Wert. Ich hab mir immer gewünscht, zu heiraten und Kinder zu haben. Ich bin auch so aufgewachsen. Ich habe einen Bruder und eine Schwester, und unser Familienleben war mir Vorbild. Meine Eltern hatten eine sehr gute und sehr feste Beziehung, und wir Kinder standen sehr im Mittelpunkt. Ich habe mich sehr geborgen gefühlt. Ich habe immer gedacht, so möchte ich das auch einmal.

Dann habe ich meinen Mann kennengelernt mit 19. Wir haben beide studiert. Es war klar, wir wollten beide erst einmal mit dem Studium fertig werden. Danach haben wir geheiratet.

Ich habe mir eine sehr schöne Beziehung gewünscht, liebevoll, mit Geborgenheit. Wenig Konflikte, ich konnte damals überhaupt keine Konflikte austragen. Ich bin eher konfliktscheu. Ich wollte Harmonie.

Mein Mann hat schon die Beziehung geführt. Wenn es Geld betraf oder die Wohnung, wirklich wichtige Sachen also, dann hat er entschieden. Ich habe ihm auch die Entscheidung gelassen. Ich wollte sie, glaube ich, nicht. Weil ich sehr unsicher war. Ich habe gedacht, was ist, wenn ich auf meiner Meinung bestehe, und dann ist es falsch? Ich wollte seine Bestätigung bzw. wenn ich unsicher war, dann war es mir recht, wenn er entschieden hat. Es kam dann aber auch eine Zeit, in der ich damit zu kämpfen hatte.

Der erste Krisenpunkt in unserem Zusammenleben war schon die Geldfrage. Er hat das Geld verwaltet. Ich bekam Wirtschaftsgeld, aber ich hatte kein Geld für mich. Das war hart, und er hat mich nicht verstanden. Er hat das schon so gesehen, daß er das Geld verdient und es daher sein Geld ist. So wie ich mir das gewünscht hätte, daß ich über eine gewisse Summe verfügen kann, von der ich mir auch einmal ein Kleid kaufen kann oder so, ohne jemanden zu fragen, das hat er nicht eingesehen. Weil er diese Bedürfnisse nicht hatte. Er hat Hobbies, Bergsteigen und den Garten, aber sonst ist er bedürfnislos.

Daher halte ich es für möglich, daß er mich einfach nicht verstanden hat. Ich habe mich schon zu Wort gemeldet, aber ich habe schnell gemerkt, ich komme nicht durch, und dann war ich still. Und er ist auf dem Standpunkt gestanden, wenn ich wirklich etwas will, dann kämpfe ich darum. Aber das hätte ich entwürdigend gefunden. Heute ist das kein Problem mehr.

Als die Kinder so nacheinander gekommen sind, das war schon eine schwierige Zeit. Ich wollte die Kinder. Beim ersten Kind habe ich mich sehr gefreut. Das war neu. Das war schön. Das zweite kam mir dann schon ein bißchen zu schnell. Aber das ist auch noch gutgegangen. Auch über das dritte Kind haben wir uns gefreut, aber ich habe dann schon sehr gelitten. Immer nur mit den kleinen Kindern. Ich war ja vorher berufstätig.

Was mir sehr zu schaffen machte, war die fehlende Anerkennung. Die bekam ich weder von meinem Mann noch von der Umwelt. Sogar berufstätige Freundinnen fragten mich, ja, was machst du denn den ganzen Tag? Du hast doch nichts zu tun. Ich kenne beides, ich war berufstätig, und ich habe die Kinder gehabt, und die Belastung läßt sich gar nicht vergleichen.

Mein Mann hat das immer abgeblockt. Er ist nicht auf mich eingegangen, sondern hat gedacht, wenn er das jetzt abtut, dann ist es für mich gut. Aber das war falsch. Er hat immer gesagt, dir geht es doch eh gut, du hast doch eh nichts auszuhalten. Und mir ist es dann immer schlechter gegangen.

Und dann ist so eine Zeit gekommen, da war unser drittes Kind so etwa ein Jahr alt, da habe ich gemerkt, wenn ich jetzt nicht irgend etwas mache, dann schnappe ich über. Da war ich, glaube ich, in so einem Vorfeld von Depression. Dann ging ich in die Erwachsenenbildung, besuchte dort einige Kurse. Das hat mir sehr viel gegeben. Andere Meinungen und Sichtweisen hören, auch selber angehört zu werden, wenn ich etwas sage – es hat mir Berge gegeben. Mein Selbstbewußtsein war nicht sehr ausgeprägt. Schon von meiner Erziehung her, denke ich. Ich war die Jüngste, und es hieß immer, ach du, du Kleine, das kannst du doch nicht. Daß ich das Studium schaffte, hat mir irrsinnig viel gegeben. Da war ich schon stolz.

Also, als mein Mann mich gewählt hat, spielte meine Ausbildung für ihn sicher keine Rolle. Er war sicher ganz froh, als ich dann bald aufhören mußte mit der Arbeit. In dieser Zeit, in der ich mich so deprimiert fühlte, da litt ich darunter, daß mein Mann mich in einer bestimmten Art und Weise haben wollte. Ich hätte so sein sollen, wie mein Mann das haben wollte. Wir sind ja recht verschieden, und ich hätte seinen Ideen mehr entsprechen sollen. Ich habe schon versucht, die Konflikte auszutragen. Aber er hat dann gesagt, hör auf, du verpatzt mir das Wochenende. Ich war still, aber die Kommunikation war dann erst einmal abgebrochen, ich habe mich zurückgezogen. Ich habe dann auch insgeheim eine unheimliche Wut auf ihn gekriegt.

In den Erwachsenbildungskursen wurde mir bestätigt, daß meine Gefühle berechtigt waren. Über Freunde kamen wir dann zu den ‹marriage encounters›, und die waren für uns entscheidend. Dort ging es darum, daß es nicht bessere und schlechtere Eigenschaften gibt, sondern daß die Menschen verschieden sind und man denjenigen, mit dem man zusammenlebt, so nehmen muß, wie er ist. Nicht, emotional sein ist schlecht, und rational sein ist besser. Das war für mich sehr befreiend, daß ich so sein durfte, wie ich war. Er akzeptiert das jetzt.»

Warum wird diese Ehe als «gut» definiert von ihrer Umwelt und auch von den Beteiligten? Sie ist haltbar. Sie hat eine gewisse, wenn auch bescheidene, Fähigkeit zur «Reform» und Veränderung aufgewiesen. Und sie hat eine Familie produziert in Form von drei Kindern, die zum Elternhaus – getragen von der Mutter – eine gute Beziehung haben.

Das alles ging weit mehr auf Annemaries Kosten denn auf Stefans. Wenn er die Kompromisse nennt, die er gemacht hat, dann sieht die Bilanz mager aus: er hat auf das Bergsteigen am Wochenende verzichtet, um statt dessen etwas mit den Kindern zu unternehmen. Und er hat eine etwas heftigere Emotionalität im Umgangston gestattet. Annemarie hat eine wesentlich höhere Mitgift beigesteuert. Sie hat ihre Persönlichkeit jahrelang zurückgestellt, um Konflikte zu vermeiden. Sie hat ihre Unabhängigkeit aufgegeben und sich einem wenig großzügigen Chef untergeordnet. Sie ließ sich nicht gänzlich niederbügeln, sondern holte sich geschickterweise Verstärkung von einer Seite, deren Autorität Stefan anerkennen mußte. Wäre sie mit Argumenten aus der Frauenbewegung oder der psychologischen Literatur gekommen, hätte Stefan sich dem verschließen können. Bei einer katholischen Veranstaltung, die explizit der Familie und den christlichen Werten dienen sollte, war ihm das nicht möglich.

Seine «Gesinnung» hat sich nicht geändert, das merken wir schon an seinen oft sehr bösartigen Formulierungen und der anhaltenden, gar nicht subtilen Abwertung seiner Frau und ihres Wesens. Aber er macht gewisse Konzessionen.

Die schrecklichste Zeit für Annemarie waren die Jahre, in denen sie restlos in der Ehe eingeschlossen war durch die kleinen Kinder – und, wie Stefan richtig bemerkt, durch ihr Gefühl, aus einer möglichst totalen Versorgung dieser Kinder ihre Daseinsberechtigung ziehen zu müssen. Stefans Aggressionen mögen daher kommen, daß er nicht bloß Schuldgefühle hat, sondern auch erkennt, daß Annemarie es ihm im Grunde genommen leicht gemacht hat, sie kleinzuhalten. «Er vertrat den Standpunkt, wenn ich wirklich etwas will, dann kämpfe ich darum», beobachtet Annemarie sehr richtig. Gerade das aber, das Kämpfen, lag ihr nicht. Wenn sie sich schließlich doch dazu entschloß, hatte sie damit auch Erfolg. Ein Problem zum Beispiel war, daß die Kinder so rasch und mit so geringem Altersabstand kamen. Das war nicht einmal etwas, was Stefan unbedingt gewollt hatte, sondern es resultierte daraus, daß er keinen festen Standpunkt zum Thema Verhütung hatte. Nach dem dritten Kind beschloß Annemarie, daß weitere Pannen der den Katholiken erlaubten Knaus-Ogino-Methode der Geburtenplanung für sie nun unzumutbar waren, und benutzte fortan verläßlichere Verhütungsmittel. Das hätte sie, wenn sie sich früher ihre Lebensplanung überlegt hätte, auch schon zu Beginn ihrer Ehe tun können.

Wann immer sie sich wirklich darum bemühte, fielen die Barrieren mit auffallend geringem Widerstand. Schon ein Erwachsenenbildungskurs reichte aus, um sie Stefan gegenüber so weit zu stärken, daß sie ihre Forderungen resolut einbrachte – und er ihnen stattgab. Kampflos ging er mit zum «marriage encounter», obwohl er persönlich sich nichts davon versprach und sogar Angst vor den Konsequenzen hatte. Einigermaßen kooperativ verdaute er die Lektionen, die ihm dort erteilt wurden. Wir können daher vermuten, daß seine Aggressivität auch etwas mit seiner Erkenntnis zu tun hat, daß Annemarie gar nicht unbedingt die Schwächere ist. Er handelt mit ihr eine Entscheidung aus, mit der sie nicht wirklich zufrieden ist, indem er sie durch besseres Argumentieren und durch Ausnützung ihrer Konfliktscheue überredet. Aber sein Sieg ist ihm dennoch nicht sicher, denn unter dem Vorwand, emotionaler zu sein und daher für die eigenen Reaktionen gar nicht richtig verantwortlich zu sein, macht sie die vermeintliche Entscheidung wieder rückgängig. Diese Taktik irritiert ihn – was ja gerade ihre Effektivität ausmacht. So wird hier ein Spiel gespielt, das sich vielleicht auch anders und wirkungsvoller spielen ließe.

Annemarie könnte sich von vornherein überlegen – spätestens jedoch zu dem Zeitpunkt, an dem sie erstmals bemerkt, daß sie mit dem getroffenen Arrangement nicht zufrieden ist –, wie sie ihr Leben gestalten möchte. Stefan hat das immerhin getan. Statt dessen unterwirft sich Annemarie – jedoch mit wachsendem Unmut – seiner Vorstellung. Sie leistet hinterrücks Widerstand. Er versucht, diesen Widerstand niederzubügeln. Und so geht es jahre- und jahrzehntelang. Aber vielleicht würde es auch anders gehen, denn immerhin ist diese Ehe insoweit wirklich «gut», daß die Beteiligten bereit sind, an ihrer Instandsetzung zu arbeiten.

Dasselbe Fazit paßt auch auf Helmut und Kathi. Auch hier manifestiert sich der «Geiz» eines Mannes, der einer gutwilligen Partnerin gegenüber eine völlig unangebrachte «Pädagogik» betreibt, der sie mit Liebesentzug und kärglicher Zuwendung unglücklich macht, mit dem vermutlichen Ziel, sich dadurch besser durchsetzen zu können. Und auch hier können wir nicht sagen, daß es eine «schlechte» Beziehung ist, denn im Krisenfall ist auch Helmut zu einer gewissen Einsicht bereit. Aber: sie ist dürftig, sehr dürftig.

Männer – viele gehen mit ihrer «Freundlichkeit» und Zuwendung wie ein Schiffbrüchiger mit Trinkwasser um, der in einem Rettungsboot auf hoher See für die unabsehbare Zeit bis zu seiner Bergung nur mehr eine halbe Tagesration bei sich trägt.

Helmut:
«Meine Erwartungen an die Ehe? Sicherlich waren sie mit dem verknüpft, was ich zu Hause erlebt habe. Das war eine sehr stabile Ehe, ein ganzes Leben hat sie gehalten, aus wenig Höhepunkten hat sie bestanden. So jedenfalls hab ich das damals mitgekriegt. Das schien mir grundlegend. Ich bekam vermittelt, daß so etwas auch seine Probleme hat, mal nicht so gut läuft, daß aber die Ehe insgesamt lebenswert ist, ein ruhiger Heimathafen.»

Kathi:
«Wir haben uns kennengelernt in einem Sportklub. Ich war sehr jung. Meine Vorstellungen von einem Partner waren demgemäß ziemlich oberflächlich: der schöne Mann, der starke Mann, der große Beschützer. Und die Ehe: trautes Zuhause, Händchen halten und gemeinsam liebe Kinder aufziehen.»

Helmut:
«Bei mir ist gleich zu Beginn der Ehe viel passiert. Ich habe nach Abschluß des Studiums geheiratet, ich habe zu arbeiten begonnen. Das war die Initialzündung des Erwachsenwerdens, denn solange man noch von jemandem finanziell abhängig ist, ist man nicht erwachsen. Ich habe diese ersten Jahre als eine Aufbauphase gesehen. Den Beruf aufbauen, die Ehe aufbauen, die Kinder bekommen. Ein Rundherum-Aufbau, von dem die Familie ein Teil ist. Im großen und ganzen bin ich zufrieden, wie es gelaufen ist. Es ist alles so verlaufen, wie ich es mir in etwa vorgestellt hatte. Sowohl in der Ehe als auch im Berufsleben gab es keine markanten Ereignisse. Es war, glaube ich, nie extrem positiv oder extrem negativ. Das war in etwa gleichbleibend. Keine großen Schwankungen. Das hat meinen Erwartungen entsprochen.»

Kathi:
«Zuerst einmal war ich, schon gleich nach der Hochzeit, sehr enttäuscht. Meine Erwartungen sind überhaupt nicht erfüllt worden. Mein Mann war ganz anders, als ich ihn mir vorgestellt hatte. Er ist 150 Prozent in anderen Dingen aufgegangen, im Beruf, in seiner politischen Gruppe, überall. Ich war immer in der Situation, ihn von Dingen abzuhalten, ihn aus Dingen herauszulösen, ihn überhaupt erst sichtbar zu machen für unser gemeinsames Leben. Ich wußte schon, daß mein Mann große Ambitionen im Beruf hatte, aber ich hatte auch große Erwartungen an die Liebe. Und die Realität war dann, daß ich allein dasaß, zuerst ganz allein, dann allein mit einem Baby.»

Kurze Stellungnahmen zu nur zwei allgemeinen Fragen, und schon sehen wir, daß Helmut und Kathi in getrennten Vorstellungswelten leben. Für Helmut ist die Ehe ein kleiner Teil seiner Wirkungsbasis: ein ruhiges

Fundament, von dem aus er die eigentlichen Aktivitäten seines Lebens angeht. Für Kathi ist die Ehe das Leben, und jeder Moment, den ihr Ehemann mit anderen Dingen verbringt, ist ein gestohlener Augenblick. Helmut ist froh, wenn seine Ehe gleichmäßig, ohne Höhen und Tiefen, verläuft. So kennt er es von den eigenen Eltern, so paßt es in seinen Plan, damit ist die Basis gesichert, alles hat die nötige Ordnung, und er hat Kraft für die Außenwelt. Kathi hofft auf Ereignisse, Aufregungen, Spannung, Inhalte und vor allem: Helmuts volle Aufmerksamkeit.

In diesen kurzen Stellungnahmen können wir unschwer schon die Ursachen des kommenden Konflikts erkennen. Kathi hat kein eigenes Ziel, sondern Helmut ist ihr Ziel, soll ihr ein Ziel geben. Helmut dagegen ist der Auffassung, ein fairer und emanzipierter Partner zu sein. Er distanziert sich in diesem Punkt sogar vom Vorbild der Eltern, sein Vater war in der Familie die Autoritätsperson, er aber habe «schon die Vorstellung, daß Eheleute gleichberechtigt sein sollten». Doch wie verträgt sich das mit seiner Aussage über Finanzen: «Solange man noch von jemandem finanziell abhängig ist, ist man nicht erwachsen.» Kathi aber ist, als Hausfrau und nicht-berufstätige Mutter, von ihm finanziell abhängig. Daraus folgt, daß sie in seiner Wahrnehmung – zumindest unterbewußt – nicht ganz und wirklich erwachsen ist.

Da ist also Helmut, für den seine Ehe nur ein Lebensbereich unter vielen ist, dessen Aufmerksamkeit in dieser «Aufbauphase» von den Anforderungen des Berufs erfüllt ist, der zufrieden ist, eine passende und nette Frau gefunden zu haben und der sich nun anderen Dingen zuwenden will. Und da ist Kathi, deren Lebensplanung bisher nicht weiter reichte, als einen Ehemann zu finden und eine Familie zu gründen. Kein Wunder, daß die ersten Ehejahre von beiden sehr unterschiedlich erlebt werden:

Kathi: «Ich hatte nicht erwartet, daß das Leben so geteilt ist, mein Mann nach außen orientiert und ich nach innen, wirklich zwei getrennte Welten. Das war eine Enttäuschung. Ich habe mich dann angepaßt. Und ich habe vielleicht auch zu viel zugedeckt. Es war eine sehr schwierige Zeit. Ich wollte der Karriere meines Mannes auch nicht im Weg stehen.»

Helmut: «Ich hab das damals gar nicht so mitgekriegt, daß meine Frau andere Erwartungen hatte und die Zeit nicht als so glücklich gesehen hat, in den ersten Ehejahren. Ich weiß das erst seit einigen Jahren, daß es für sie eine schwere Zeit war.»

Helmut sieht keine Probleme, will wahrscheinlich auch keine Probleme sehen. Kathi fühlt sich mit ihrem Unbehagen nicht wohl, denn sie vermutet düster, daß sie zu weiten Teilen selber die Schuld daran trägt. Händchenhaltend gemeinsam eine Familie aufziehen, Kathi weiß, daß das kein besonders reifes Lebenskonzept war, daß Helmut jetzt nicht schuld ist, wenn sie mit sich und ihrem Leben nichts anzufangen weiß. Andererseits: Helmut will ja, daß sie zu Hause bleibt, vollamtlich Mutter ist, ihn auf Geschäftsreisen und vor allem bei Auslandsversetzungen problemlos begleiten kann.

Problemlos – das ist überhaupt ein Schlüsselwort, wenn wir Helmuts Standpunkt charakterisieren. Kathi steht, das können wir ohne allzugroße Übertreibung sagen, in den ersten Jahren ihrer Ehe vor existentiellen Fragen. Was soll sie mit ihrem Leben machen? Hat sie mit Helmut die richtige Wahl getroffen? Wie soll sie sich verhalten? Wozu ist sie überhaupt nütze? Helmut dagegen lebt vergleichsweise unbelastet. Er hat eine klare Vorstellung von seiner «Richtung» und ein geradezu unerschütterliches Selbstbewußtsein. Während Kathi – freiwillig, aus eigenem Antrieb, aber immerhin – ihr ganzes Leben sozusagen suspendiert, zur Verfügung stellt für das gemeinsame Unternehmen Familie, macht Helmut im großen und ganzen präzise das, was er will. Und die kleineren, notwendigen Anpassungen an das Ehe- und Familienleben empfindet Helmut schon als Zumutung, als hohen Preis.

Helmut: «Ganz am Anfang gab es eine Krise, als es um die Frage ging, können wir uns andere Beziehungen erlauben. Da haben wir unsere Bindung noch einmal sehr stark prüfen müssen. Dieses Problem zu lösen, hat uns doch einige schlaflose Nächte gekostet. Das ging damals von mir aus.

Die zweite Krise kam, als es um die Frage ging, können wir ins Ausland oder nicht. Da mußte ich dann nachgeben. Ich konnte es meiner Frau auch nicht übelnehmen. Wir hatten es im großen Kreis immer wieder besprochen, und unsere Bekannten haben immer meiner Frau recht gegeben, daß man mit kleinen Kindern nicht ins exotische Ausland fahren kann auf lange Zeit. Ich war sozusagen in einer Minderheitenposition. Das war etwas, was ich in meinem Leben immer gewollt hatte. Ins ferne Ausland, Entwicklungsdienst oder ähnliches. Da mußte ich lernen, zurückzustehen.»

Allzusehr «stand» Helmut nicht «zurück», dafür sorgte er schon. Die Frage der Zusatzbeziehungen löste sich, indem Helmut diese unauffällig nebenher betrieb, ohne es Kathi gegenüber zu thematisieren. Das fand er zumutbar, denn die anderweitigen Beziehungen gefährdeten die Ehe nicht und kränkten Kathi auch nicht, solange sie nichts davon wußte. Ins Ausland durfte er auch, aber nur dorthin, wo es deutsche Schulen und westliche Hygieneverhältnisse gab. Helmut ist nicht sehr flexibel – absichtlich, vermutet man. Von einem flexiblen Menschen wird erwartet, daß er auch nachgeben, «zurückstehen» kann – keine reizvolle Perspektive also.

Helmut hält nichts davon, sich unnötig belasten oder blockieren zu lassen oder sich gar nach Problemen umzusehen. Änderungen sollte man nur dann vornehmen, wenn sie unausweichlich werden. «Ich habe genug Streit im Büro, und zu Hause erwarte ich dann Frieden, damit ich mich zurückziehen kann», meint er zum Beispiel zur allgemeinen Stimmungslage. Daher hat er es «auch immer richtig gefunden, daß meine Frau zu Hause bleibt».

Unausweichlich wurden die Veränderungen dann durch eine totale Krise, die sich nicht mehr übersehen ließ. Während eines Auslandsaufenthaltes, in Spanien, bekam Kathi einen Nervenzusammenbruch und versuchte, sich das Leben zu nehmen. Kathi sieht darin die Kulmination eines jahrelang sich aufstauenden Unmuts, der, stets verdrängt, schließlich extrem zum Ausbruch gelangte.

Kathi: «Ich habe alles getan, um mich zu beschäftigen. Ich bin kontaktfreudig, ich habe Freundschaften geschlossen. Ich habe mich karitativ betätigt. Ich habe mich auf die Kinder konzentriert, wobei da ja immer die Gefahr besteht, daß man sich zu sehr und zu lange an die Kinder hängt, auch dann noch, wenn es für sie gar nicht mehr gut und notwendig ist.

Ich konnte mit meinem Mann nicht viel diskutieren darüber. Ich wollte ihm nicht im Weg stehen, sondern mich anpassen. Dieser Wille, nicht im Wege zu stehen, sondern mich anzupassen, war stark, so stark eigentlich, daß ich irgendwann einmal gemerkt habe, daß mein Leben zu kurz kommt. Ich habe gemerkt, ich spüre eigentlich mein Leben gar nicht. Das verstärkte sich dadurch, daß wir nach Madrid gingen, wo ich die Sprache nicht konnte, keinen Anschluß fand, wo die Kinder begonnen haben, sich abzulösen und mich nicht mehr im selben Maß brauchten. Ich bin dann depressiv geworden, bin zusammengefallen. Mein Mann war voll beansprucht, meine Kinder waren in der Ganztagsschule. Ich bin aus allem herausgefallen. Dann wollte ich überhaupt nichts mehr, ich wollte auch nicht mehr leben. Wir mußten dann nach Deutschland zurückfahren, relativ kurzfristig und überstürzt. Ich habe ein schlechtes Gewissen gehabt. Denn ich habe dadurch seiner Karriere geschadet, obwohl ich mir immer vorgenommen hatte, das nicht zu tun. Aber... ich wollte nicht mehr leben. Ich habe einfach nur noch geheult, ich konnte mich nicht mehr fangen. Und ich habe mich gescheut, das irgendwem zu sagen. ‹Ich will nicht mehr leben›, das war mir unangenehm, das meinen Kindern oder meinem Mann zu sagen. Ich habe dann meine Schwägerin angerufen, die Ärztin ist, und die hat gesagt, ‹du, das ist ein Depressionsschub, schau zu, daß ihr heimkommt. Das kann man behandeln. Du glaubst das jetzt, in deiner Situation, vielleicht nicht, aber es ist so. Das kann man behandeln. Komm zurück.› Sie hat dann wohl auch mit meinem Mann, also mit ihrem Bruder, gesprochen.»

Jahrelang hat Kathi Signale ihres Unglücks ausgesandt, die Helmut nicht empfing, weil er zu Hause keine Probleme haben wollte, sondern häusliche Entspannung. Ist ein Funken Rache dabei, wenn sie schließlich mit einem drastischen, nicht mehr übersehbaren Problem seiner «Karriere schadet», wenn er seine Zelte abbrechen, die Priorität seiner Ehefrau und ihres Wohlergehens auch der Firma gegenüber offen vertreten muß?

Wieder in Deutschland, befaßt sich Kathi jedenfalls intensiv mit ihrem Wohlbefinden, ihrem psychischen Gleichgewicht. Sie wird erst medizinisch, dann therapeutisch behandelt. Sie geht in Diskussionen und Beratungen. Und sie bringt ihr Problem für sich schließlich auf einen wesentlichen Punkt: «Ich habe mein Leben nicht mehr für wertvoll gehalten.» Sie tat zwar alles mögliche, erhielt dafür aber keine Anerkennung. Was sie tat, waren lauter «Fleißaufgaben», für niemanden wirklich notwen-

dig, von niemandem wirklich gewürdigt. Früher hat sie karitativ gearbeitet, aber sie überlegt, daß ihr das nicht genügen wird. Statt dessen übernimmt sie die Leitung einer Kinderladen-Initiative. Da kann sie ihre Energien und Erfahrungen voll einbringen, da wird ihr Beitrag geschätzt, und – ihre Arbeit wird bezahlt.

Auch einen zweiten Bereich des Zusammenlebens geht Kathi jetzt an: die Sexualität. Jahrelang hat sie Sexualität bloß ertragen, «ohne Freude daran zu haben. Er hat es nicht gemerkt, und ich habe dann hinterher in die Polster geweint und habe mir gedacht, nein, nicht schon wieder. So viele Jahre ist es so gewesen. Es hat immer weh getan, und ich hab immer gedacht, ich kann nichts sagen. Sicher war auch die Angst da, frigide zu sein.»

Wieder ein Problem, das Helmut löste, indem er «es nicht merkte». Erst in der totalen Krise sucht Kathi einen Weg, auch dieses Ärgernis zu beseitigen, und kann über ihren Therapeuten eine gemeinsame Beratung einleiten, in der schließlich auch dieser Punkt zur Sprache kommt. Als gar so schrecklich schwierig stellt es sich gar nicht heraus, die beidseitigen sexuellen Bedürfnisse in Einklang zu bringen – aber bequemer war es vielleicht für Helmut, nichts zu bemerken und nichts zu tun. Und warum? Aus Bösartigkeit? Gleichgültigkeit? Deutlich wird aus seinen Darstellungen jedenfalls – und das ist noch die freundlichste Deutung –, eine ausgeprägte Bequemlichkeit. Nichts zu bemerken, das ist bequemer. Sich, mit welchen zusätzlichen Gefühlen auch immer, Leistungen darbieten zu lassen, sexuelle Leistungen inbegriffen, ist bequemer. Hingegen Probleme wahrzunehmen, sie anzusprechen und Lösungen zu suchen, das ist anstrengend. Und vielleicht nicht nötig, wenn die Partnerin den Zustand auch so erträgt, ohne allzuviel Lärm zu machen.

Helmut: «Jetzt, seit ihrer Krise, stellt meine Frau vieles in Frage. Sie sagt zwar, daß ihr immer schon die Anerkennung gefehlt hat. Ich glaube aber eher, daß das ein Projizieren einer kurzfristigen Einschätzung auf die Vergangenheit ist. Die Krise, die hatte also einen sehr akuten Anlaß, einen konkreten Anlaß. Sie konnte nicht Spanisch, sie fand keinen Anschluß, der Alltag war dadurch sehr schwer, und dann sollte sie noch für eine Gruppe von Firmenkollegen einen Besuch vorbereiten. Sie war schlicht überfordert, wenn Sie mich fragen. Aber sie selber sieht heute nicht den äußeren Anlaß als entscheidend, sondern sie meint, daß sich da mehr angestaut hatte über Jahre, was dann bloß in Madrid zum Ausbruch kam.

Dann haben wir diesen Auslandsaufenthalt also abgebrochen, sind wieder nach Deutschland. Die Firma war sehr entgegenkommend. Meine Frau hat gedacht, daß ich ihr das vorwerfen würde, sie hatte ein schlechtes Gewissen und so. Aber ich sah ja, daß sie nicht anders konnte.

Meine Frau hat sich dann behandeln lassen. Sie ist auch in Therapie gegangen, und dann hat sie gemeint, daß wir das gemeinsam machen müßten, eine Eheberatung. Ich habe das nicht so gesehen. Ich habe gedacht, ich brauche das nicht. Ich bin dann ein paarmal mitgegangen, auf ihren Wunsch, und hab da mitgemacht, aber dann hat es mir auf die Dauer nicht so behagt. Die Rolle, die Männern da zugewiesen werden sollte, hat mir nicht behagt. Sicher, ein Mann kann auch Gefühle zeigen, aber irgendwie war mir das dort zu intensiv. Ich habe wohl eine Kurskorrektur gebraucht, das sehe ich ein, die hat stattgefunden, und danach mußte man ja nicht mehr endlos in dieselbe Kerbe schlagen.

Nach ihrer Therapie hat meine Frau also dann bei diesem Schulprojekt angefangen. Wir hatten dann anfangs das Problem, daß es meine Frau immer verletzt hat, wenn ich von ihrer Tätigkeit in einer Art und Weise sprach, die ihr nicht gefiel, also konkret gesagt, wenn ich suggerierte, es handle sich um eine Art Hobby.

Ich hab das getan schon wegen der Relation der Gehälter. Wenn man das rein finanziell betrachtet und nicht aus irgendwelchen Perspektiven der Selbstverwirklichung oder so, wenn man die Relation von Einnahme und Kosten sieht, dann bleibt einfach unter dem Strich wirklich sehr wenig über. Es rechnet sich nicht. Auch wenn man den Zeitaufwand bedenkt, die Anfahrt und die Fahrtkosten und auf der anderen Seite das Mehr an organisatorischem Aufwand zu Hause. Sie ist ja auch mal am Abend weg, und die Urlaubsplanung ist schwieriger geworden, denn jetzt müssen wir das koordinieren. Bei mir ist ja auch sehr viel am Abend. So ist das Problem der gemeinsamen Abende wieder da. Man ist doch in der Handlungsfreiheit eingeschränkt. Am Anfang hatte ich wohl auch etwas Vorbehalte wegen der politischen Linie bei diesem Projekt, ich vermutete dahinter etwas Alternatives oder sehr Feministisches. Da hatte ich Bedenken, aber es hat sich nicht bewahrheitet, da kann ich eigentlich keine schädlichen Beeinflussungen feststellen.

Wenn ich mein Leben reflektiere, würde ich grundsätzlich nichts anders machen, nein. Ein Punkt vielleicht, ich hätte gerne mehr Kinder gehabt. In unserer Bekanntschaft hat ein Ehepaar kürzlich noch ein drittes Kind bekommen, nachdem die älteren beiden schon Teenager sind. Ich könnte mir das gut vorstellen, aber meine Frau will nicht mehr. Zugegebenermaßen hat sie auch den größten Teil der Arbeit.»

Was sich in der Jugend, ganz zu Beginn der Ehe, schon ankündigte, wurde der eigentliche Konfliktpunkt: die Frage der Macht. Helmut genügt es nicht, eine deutliche Machtposition Kathi gegenüber innezuhaben, sondern diese Position muß absolut und total unanfechtbar sein. Sogar Kathis harmlosen Job, eine Arbeit, die ihr Freude macht und Bestätigung gibt, erlebt Helmut als Bedrohung. Er fühlt sich daher genötigt, diese Arbeit zu bagatellisieren, um Kathi die Freude daran zu nehmen. Statt ihr Bedürfnis nach Anerkennung zu respektieren und die authentische Leistung zu achten, die sie erbracht hat – nämlich sich aus einer Depression herauszuarbeiten und eine Stellung zu finden, die ihren Talenten entspricht und ihr gefällt –, wertet er diese Arbeit ab, und zwar wiederholt und obwohl er bemerkt, daß sie das kränkt.

Obgleich Kathi über viele Jahre das Gefühl hat, daß Helmut sie gar nicht so richtig wahrnimmt, daß sie einfach wie ein Möbelstück zu seinem Haushaltsinventar gehört und er an ihr nichts bemerkt, ihre Gefühle nicht, ihre sexuelle Frustration nicht, ihr Gekränktsein nicht, stellt sich nun ganz im Gegenteil heraus, daß Helmut Kathi sehr genau registriert. Es ist ihm wichtig, daß sie da ist und daß sie abhängig ist. Er ist zwar am Abend nicht zu Hause, ber sie soll es sein. Er hat Pläne, aber sie soll planlos anwesend sein, um sich seinem Plan gegebenenfalls anzupassen.

Es ist also keineswegs so, daß Helmut nichts bemerkt und Kathi zuviel für sich behalten hätte – obwohl ihre Zurückhaltung sicherlich ein notwendiger Bestandteil dieser Dynamik war. Stilles Leiden fordert zum stillschweigenden Übergehen auf, keine Frage. Dennoch hat Helmut mehr bemerkt, hat er mehr bemerken müssen, als beide offiziell gelten lassen wollen. Aber es widerstrebte ihm, daß die Dinge sich änderten. Und auch heute noch wäre es ihm am liebsten, wenn er durch ein weiteres Baby die ehemaligen Zustände wieder herstellen und Kathi wieder in ihre Hausfrau- und Mutterrolle zurückstoßen könnte. Er ist bereit, zu reagieren und sich zu verändern – aber nur unter Druck. Er läßt sich, wie er selber es formuliert, eine notwendige Kurskorrektur gefallen, aber nicht aus Einsicht oder Reue an der Veränderung, sondern weil er keinen ehrenhaften Ausweg sieht. Kathi verwendet in diesem Zusammenhang eine interessante Formulierung. «Er hat immer sehr mit seinen Gefühlen gehaushaltet», sagt sie.

Nur ein sehr kleines «Budget» an Zuwendung stand zur Verfügung, eine ewige Sparflamme des Gefühls, worunter Kathi sehr litt.

Kathi: «Eigentlich hätte ich immer Bestätigung und Anerkennung gebraucht. Ich habe gedacht, er würde sich in der Ehe verändern. Ich habe gedacht, daß Liebe einfach Berge versetzt. Und ich habe immer gedacht, je stärker meine Liebe ist, um so eher kann ich beeinflussen, wie die Dinge laufen.»

Zornig, daß diese Zuwendung ihr so lange, so konsequent und eigentlich so unnötig vorenthalten wurde, ist Kathi nicht. Sie sucht noch immer geduldig nach Erklärungen, die in ihrer eigenen Kindheit, in Helmuts Persönlichkeit, in seiner möglichen emotionalen Überforderung usw. liegen.

Helmut ist weniger einsichtsvoll. Für ihn ist sein Verhalten das eigentlich richtige.

Helmut: «Wenn mir etwas nicht paßt, pflege ich es eine Zeitlang mit mir herumzutragen. Meine Frau ist da spontaner. Dann höre ich zu, wir versuchen uns zu einigen, und dann ist der Fall für mich erledigt. Meine Frau hat aber das Bedürfnis, über die Dinge sehr viel länger zu reden. Sie hat ein viel größeres Redebedürfnis in diesem Zusammenhang. Ich habe dann eh schon alles verstanden, und noch immer können wir nicht aufhören damit. Es ist immer dasselbe. Das Problem ist beleuchtet, wir haben uns ausgetauscht, es ist erledigt... und noch immer geht es weiter, und noch, und noch. Das ist ein typisches Muster. Sie bringt dann keine neuen Argumente, aber trotzdem kann sie scheinbar nicht aufhören.»

Wann hat jemand das Bedürfnis, weiterzusprechen? Wenn er/sie mit dem bisher gefundenen Ergebnis nicht zufrieden ist. Helmut glaubt, entscheiden zu können, wann ein Problem «beleuchtet» wurde, ein Austausch stattgefunden hat, es als erledigt gelten kann. Erledigt aber ist eine Angelegenheit erst dann, wenn beide Beteiligten dem Ausgang zustimmen können. Kathi zumindest kann erkennen, daß es Menschen gibt – Helmut zum Beispiel –, die anders konstruiert sind als sie selbst. Für Helmut ist das scheinbar schwieriger. Für ihn ist nicht vorstellbar, daß es einfach unterschiedliche, subjektiv unvergleichliche Bedürfnisse gibt, die objektiv die gleiche Berechtigung haben, sondern es gibt Dinge, die «sich rechnen», und Dinge, die «sich nicht rechnen». Es gibt nur eine richtige Art, ein Problem zu diskutieren, alles andere ist irrational und unerklärlich.

Nicht nur Kathi, sondern auch der Tochter gegenüber verhält er sich so, und in Frage stellt er seinen diktatorischen Zugang erst, wenn es sich nicht mehr vermeiden läßt. Im Fall seiner Frau war es der totale nervliche Zusammenbruch, der endlich seine Aufmerksamkeit erzwang. Im Fall der Tochter war es ebenfalls eine Krise, die ihm eine «Kurskorrektur» abgewann.

Helmut: «Elsa war elf Jahre alt und hatte den Sommer bei ihrer Großmutter verbracht. Und danach klappte es in der Schule einfach überhaupt nicht mehr, obwohl sie bis dahin immer eine besonders gute Schülerin war. Jetzt war sie plötzlich krank, mußte ständig den Unterricht versäumen, wollte nicht mehr lernen... Ich mußte mich dann, im Zuge dessen, auch mit meinem Verhältnis zu ihr auseinandersetzen. Ich habe viel nachgedacht im Verlauf dieser Krise, wir sind auch gemeinsam zu einem Familientherapeuten gegangen. Geändert hat sich zumindest, daß ich gelernt habe, die Elsa – die so völlig anders ist als ich, im Gegensatz zu meinem Sohn, der mir sehr ähnlich ist – besser zu akzeptieren, ihr einen Eigenwert zu lassen. Das ist mir sehr schwer gefallen. Sie tut überhaupt nicht gerne, was ich tue. Ich gehe zum Beispiel gerne wandern, da müssen wir dann immer alle warten auf sie, sie bleibt zurück und pflückt dann Blumen. Das hat mich schon sehr geärgert. Gut, oder sie kann schön zeichnen, aber das konnte ich nicht so schätzen. Das habe ich früher eher toleriert, als daß ich es für wirklich wertvoll gehalten hätte. Auch jetzt mache ich mir noch Sorgen, wie sie sich im Leben einmal durchsetzen wird. Mein Sohn wird sicher seinen Weg machen, er ist sehr begabt, sehr konzentriert. Elsa hingegen ist sehr sensibel, verträumt, aber ich sehe schon ein, daß ich ihr nicht eine andere Persönlichkeit aufoktroyieren kann als die, die sie hat.»

Eine «gleichberechtigte Partnerschaft» will Helmut leben, entsprechend dem Zeitgeist. Verinnerlicht aber hat er eine sehr klassische, stereotype Trennung von Eigenschaften. Das macht ihn zu einer widersprüchlichen Person. Immerhin ist er nicht hoffnungslos verschlossen; wenn es zu einer «echten Krise» kommt, ist er fähig, Änderungen vorzunehmen. Die Krise muß aber objektivierbar sein. Unglücksäußerungen von Nahestehenden genügen nicht; jemand muß zusammenbrechen, außenstehende «Experten» müssen die Existenz eines Problems diagnostizieren und eine Behandlung einleiten. Wir wollen das anerkennen; immerhin gibt es reichlich Männer, die nicht einmal durch den extremsten Leidensdruck zu irgendeiner Änderung zu bewegen sind. Helmut immerhin kann auch Fehler eingestehen, Einstellungsmängel anerkennen und Änderungen vornehmen. Aber auch hier «haushaltet» er sorgfältig. Er könnte früher reagieren und mehr tun, dann würde es allen besser gehen. Aber das ist ihm scheinbar nicht möglich. Jemand, der sich schon «sehr ärgert», wenn ein Kind auf einem Spaziergang Blumen pflückt, hat keinen allzugroßen Handlungsspielraum. Und gerade dieses Beispiel, von ihm gewählt, ist interessant. Das Blumenpflücken stört ihn, weil es die beabsichtigte Leistung des Wandertages zu schmälern droht. Das sensible Naturell seiner Tochter macht ihm Sorgen, weil er befürchtet, Menschen mit diesen Charakterzügen könnten «ihren Weg» nicht machen.

Das Leben: ein Plansoll. Die Gefühle: eine karge Mitgift, die man sparsam verwalten muß.

6.
So geht's auch nicht
Jean-Paul, Simone
und die gar nicht so andere Beziehung

Sartre und Beauvoir, sie gelten als das Ideal des emanzipierten Paares schlechthin. Besonders Männer konnten diese Beziehung nicht ausdauernd genug rühmen, und mancher Feministin wurde vorgehalten, Beauvoir hätte an Sartre schließlich auch nicht wie eine Klette geklebt.
Doch wie verhielt es sich nun wirklich mit den beiden – und den vielen Frauen, die Sartre trabantengleich umkreisten?

In erster Linie interessierte uns die Beziehung von Jean-Paul Sartre und Simone de Beauvoir, weil sie für unsere Generation als legendäres Beispiel der Emanzipation galt. Auch in den Interviews wurde das Paar oft als Vorbild dargestellt, als Symbol für eine freie und doch innige Form des Zusammenlebens, ein Symbol, das für viele Menschen in einer bestimmten Phase ihrer Entwicklung sehr wichtig gewesen war.

Aber unser Interesse war – um ganz ehrlich zu sein – nicht vollkommen neutral. Natürlich, Simone de Beauvoir war eine brillante Frau, eine großartige Denkerin, und ihr Buch «Das andere Geschlecht»* blieb richtungsweisend für jede Feministin und für alle Soziologen. Auch das, was ihr Leben und ihr Zusammenleben mit Sartre zu symbolisieren schien, war nach wie vor faszinierend. Autonomie, Freiheit, das waren wichtige Werte. Dennoch, an der Legende dieses Zusammenlebens, das eigentlich ein Nicht-Zusammenleben war, störte uns einiges. Zum Beispiel fiel uns auf, daß es in erster Linie immer die Männer zu sein schienen, die diese Beziehung so bewunderten. Männer, die Beauvoirs restliches Denken schließlich auch nicht ihrer Lebensführung zugrunde gelegt hatten, bejubelten immer wieder diese Verbindung.

Und so manche Feministin mußte sich die Zurechtweisung gefallen und sich vom Gefährten sagen lassen, sie solle sich doch an Simone de Beauvoir ein Beispiel nehmen, die klebte ja auch nicht an Sartre wie eine Klette.

Simone de Beauvoirs Memoiren hatten wir vor langer Zeit gelesen, mit anderen Interessensschwerpunkten. Was sie darin über Sartre und ihre Beziehung sagte, war uns im Detail nicht mehr erinnerlich. Also geschah unser Wiedereinstieg in diese berühmten Leben eher beiläufig. Ihre Namen fielen häufig in Interviews, als Fußnote und zur Erläuterung eines bestimmten Wertes. Und

* Die Literatur, die dieser Recherche zugrunde liegt, finden Sie am Kapitelende auf Seite 208 aufgelistet.

dann erschien ein Buch* von einer gewissen Liliane Siegel, die über ihre Beziehung zu Sartre berichtet. Der Sartre, der da gezeichnet wird, ist höchst unsympathisch, was Liliane zweifellos nicht beabsichtigte, denn sie himmelt ihn auch posthum noch an und will alles andere als ihn kritisieren.

Dieses Buch jedenfalls war geeignet, unser latentes Unbehagen über diese angeblich so ideale Beziehung dieses so hervorragenden Paars Sartre / Beauvoir zu vertiefen. Denn in diesem Erlebnisbericht erkennt man einen ziemlich armseligen Sartre, der sich in recht unwürdiger Weise an den Psychen ungleicher Partner vergreift, um dadurch sein offensichtlich labiles männliches Selbstgefühl zu kräftigen. Und damit mußte sich die arme Simone abfinden?

Beginnen wir also mit Liliane, und sehen wir uns Sartre zunächst einmal aus der milden Sichtweise einer Liebenden an.

Es gibt keine Menschen ohne jegliches seelisches Defizit. Es ist daher vollkommen normal, wenn die Wahl von Partnern – und auch Freunden, Wohnorten, Arbeitsplätzen etc. – von diesen «Defiziten» mitbestimmt wird. Zurückhaltende fühlen sich von Extrovertierten angezogen, Vernachlässigte möchten endlich die Zuwendung erhalten, die ihnen als Kind verwehrt wurde, usf. Problematisch wird das erst dann, wenn durch den Versuch des Ausgleichs eigener Mängel keine charakterliche Besserung, sondern eine Verschlechterung eintritt, wenn eine unbefriedigende Situation aus der Kindheit zum Beispiel nicht kompensiert, sondern immer aufs neue wiederholt wird.

Was Frauen betrifft, so machen sie zwei typische Fehler in dieser Hinsicht. Ihre Erwartungen an eine Beziehung – und das heißt, an den Mann – sind zu groß. Damit aber nähren sie den Größenwahn der Männer – eine folie à deux.

Ein Biograph Roosevelts** äußerte sich kürzlich nachdenklich über die «Tücken der Heldenverehrung». Roosevelt war sein persönlicher Held gewesen, und das hatte ihn motiviert, über ihn eine mehrbändige, aufwendig recherchierte Dokumentation zu

* Liliane Siegel: Mein Leben mit Sartre. Düsseldorf 1989

** Machael Simpson: Roosevelt. Blackwell 1982

schreiben. Und diese Recherche war tückisch, denn je mehr er über Roosevelt erfuhr, desto weniger konnte er ihn noch bewundern. Aus einer grandiosen Gestalt der Weltgeschichte wurde ein Mensch, der log und prahlte, der gefühlskalt war und seinem ehemaligen Bewunderer immer unsympathischer wurde. Und das ist, meint der Biograph, nicht allein Roosevelts Schuld. Sondern es liegt daran, daß kaum ein Mensch einer genaueren Prüfung seiner menschlichen Qualitäten standhält.

Sartre war einer der Helden der 60er Jahre. Simone de Beauvoir und er galten als Vorbild für die emanzipierte, reife Beziehung. Wenn wir diese Vorbildqualität hier etwas in Frage stellen, dann nicht deshalb, weil wir ihm persönlich irgendwelche Vorwürfe posthum zu machen haben, sondern weil es heilsam und lehrreich ist, die Glorifizierung vermeintlich richtungsweisender Männer zu bremsen.

Der Mann Sartre mag als unkonventionell gegolten haben, doch das war er keineswegs. Denn neben seiner emanzipierten Beziehung zu einer außergewöhnlichen Frau brauchte er gleich eine Vielfalt von äußerst konventionellen Verhältnissen zu Frauen, die ihn anhimmelten und von ihm abhängig waren. Eine von ihnen war Liliane Siegel. Sie beginnt die Aufzeichnung ihrer Erinnerungen mit einer interessanten Beobachtung. «Das überraschende Auftauchen eines Zeugen, eines unbekannten Fotos, einer Aufzeichnung von Sartres Stimme haben oft Wesentliches in der Untersuchung wieder in Frage gestellt», zitiert sie Annie Cohen-Solal, die kürzlich eine Biographie* über Sartre veröffentlichte. «Man glaubt zu kennen, man glaubt zu wissen, und plötzlich bringt ein überraschendes, unvorhergesehenes Dokument alles wieder durcheinander, und der Bericht muß neu geschrieben werden. In anderen Fällen ist es das Fehlen eines Puzzlestücks, das den Biographen umtreibt, bis er es gefunden hat.»

Als «eines der fehlenden Puzzlestücke» stellt Liliane Siegel sich ihren Lesern vor, und diese Definition ist berechtigt. Denn wir können Sartre gewiß nicht vollständig einschätzen, wenn wir nicht berücksichtigen, daß er neben seiner als so erwachsen und gereift verstandenen Beziehung zu Simone de Beauvoir auch

* Annie Cohen-Solal: Sartre. Reinbek bei Hamburg 1989

noch eine Reihe von Frauen um sich scharte, die ihn mit hysterischen Anfällen, Eifersuchtsszenen, Heimlichtuereien und all den anderen, höchst konventionellen Dramen einer «Beziehungskiste» versorgten. Nur in einem Punkt stimmt das Bild noch nach der Lektüre: Simone de Beauvoir wußte über alle fünf Haremsdamen Bescheid, hielt sich heraus aus den Rivalitäten und Szenen, die sie ihm und sich und einander lieferten, und tat so das einzige, was eine unabhängige und intelligente Person in einer solchen Situation tun kann: sie bezieht das alles nicht auf sich und geht ihren Weg.

Sartre hingegen ist schwerer zu verstehen. Er findet diese fünf Frauen, indem er auf ihre Briefe antwortet – Briefe, die bereits schwere psychische Störungen der Betroffenen verraten. Er ernennt sich, obwohl einschlägig keineswegs ausgebildet, zu ihrem «Therapeuten». Je mehr sie ihm über ihre meist sehr schwierigen Lebensgeschichten anvertrauen, desto mehr geraten sie in Abhängigkeit von ihm – eine intellektuelle und psychische Abhängigkeit, die durch den Ruhm dieses großen Mannes noch um ein Vielfaches verstärkt wird. Aber Sartre ist kein Therapeut, sondern ein Mensch, der diese Abhängigkeiten braucht; er nutzt sie aus. Er spielt mit den Verletzbarkeiten seiner «Patientinnen», bohrt in ihren Gefühlen herum, hetzt sie gegeneinander auf oder versteckt sie voreinander – und ist alles in allem ein ganz anderer Mann als der, der er als aufgeklärter Partner der Beauvoir zu sein schien.

Liliane Siegel macht eine äußerst problematische Phase durch, als sie erstmals auf die Idee kommt, ihre Erwartungen an Sartre zu knüpfen. Sie hat eine traumatische Kindheit in einem neurotischen Elternhaus hinter sich, geprägt von Judenverfolgung und Krieg. Sie ist geschieden, hat einen kleinen Sohn, und ihre Mutter, zu der sie ein kompliziertes Verhältnis hatte, ist vor kurzem gestorben. Sie hat eine Arbeit, aber sie lebt aus nicht ganz einsichtigen Gründen im Kohlenkeller des väterlichen Hauses, allein. Ihr Sohn ist bei Verwandten untergebracht; sie aber hat sich unterirdisch einen feuchten, dunklen «Verschlag» eingerichtet, den sie mit dem Hund ihrer Mutter bewohnt. Dort liest sie, unter anderem, ein Buch von Simone de Beauvoir. Und dort findet sie eine Passage, die sie aufwühlt:

«Wenn er eines Tages zu mir sagen würde: ‹Treffpunkt genau heute in einundzwanzig Monaten, siebzehn Uhr auf der Akropolis›, dann könnte ich mich darauf verlassen, ihn Punkt siebzehn Uhr einundzwanzig Monate später auf der Akropolis anzutreffen. Allgemeiner ausgedrückt: ich wußte, durch ihn würde mir nie ein Leid zugefügt werden, es sei denn, er stürbe eher als ich.»

Dieser Absatz läßt Liliane nicht mehr los. Er wühlt, wie sie selber meint, vielfältigen Kindheitskummer in ihr wieder auf, scheint ihr zentrales psychisches Problem auf einen Punkt zu bringen: sie selbst hatte diese Sicherheit, dieses Vertrauen zu irgendeinem anderen Menschen niemals verspüren können. Es ist Simone de Beauvoirs Buch, das in ihr all diese Gefühle aufsteigen läßt, aber sie kommt gar nicht auf den Gedanken, sich deshalb an Simone de Beauvoir zu wenden. Statt dessen beschließt sie, an Sartre zu schreiben, an den Menschen, der Simone de Beauvoir ein solches Gefühl der Sicherheit verleiht. Sie formuliert den Brief sorgfältig, absichtlich auch sehr intellektuell und zugleich sehr melodramatisch in der Hoffnung, damit Eindruck zu machen. Um 5 Uhr früh geht sie noch zum Postkasten, um ihn einzuwerfen, ehe sie der Mut verläßt. Und tatsächlich, Sartre antwortet. Er antwortet nicht nur, sondern er bietet ihr an, sie zu treffen. Später sollte sich herausstellen, daß er ihren Brief einer befreundeten Graphologin gezeigt hatte und diese in der Verfasserin eine schwer gestörte Person erkannte, möglicherweise selbstmordgefährdet, in jedem Fall extrem hilfsbedürftig. Es war anständig von Sartre, sich über die Verfassung einer Unbekannten Gedanken zu machen. Es war weniger anständig, eine dermaßen labile Person später in seine eigenen Beziehungsdramen hineinzuziehen.

Sartre lädt Liliane ein, in seine Wohnung zu kommen. Sie hatte sich kaum getraut, seinen Antwortbrief zu öffnen und zu lesen. Stunden vor dem angegebenen Zeitpunkt steht sie schon vor dem Haus. Fast bringt sie den Mut nicht auf, tatsächlich hinaufzugehen und an der Tür zu klingeln. Als sie seine Schritte hört, denkt sie, ihr «Herz würde stehenbleiben». Sartre, in Frankreich damals schon eine Legende, hat sich bereit erklärt, sie ganz persönlich zu empfangen! Außerdem hat sie diese Legende schon gedanklich verknüpft mit ihren Ängsten und Komplexen und projiziert auf ihn schon vor dem Kennenlernen ihre ganze Hoffnung auf Stabilität, Sicherheit, Akzeptiertwerden. Das Gespräch, das sie mit ihm führt, ist belanglos; schon allein deshalb, weil sie aus lauter Ehrfurcht und Herzklopfen kaum einen Laut hervorbringt. Sie sprechen – er spricht – über die Aussicht von seinem Fenster und über Zigaretten. Nach wenigen Minuten verabschiedet er sie wieder, weil Simone de Beauvoir vor der Tür steht. – Seinen Tag hat er minutiös genau eingeteilt, und jetzt ist der Zeitabschnitt gekommen, der unabänderlich Simone de Beauvoir gewidmet ist. Simone de Beauvoir begrüßt Liliane, und Sartre verspricht der jungen Frau, daß er sich gelegentlich wieder bei ihr melden wird. Und sie schwebt von dannen und klammert sich in den nächsten Wochen an sein Versprechen.

Auch beim zweiten Treffen wird nichts Substantielles besprochen. Es geht im wesentlichen darum, daß Liliane erneut schreckhaft herumstammelt, während Sartre sich darüber amüsiert, daß seine Anwesenheit sie so aus der Fassung bringt. Und dennoch, obwohl zwischen ihnen weder ein persönliches Gespräch noch sonst eine erkennbare Beziehung entstanden ist, teilt Sartre sie in sein rigoros strukturiertes Leben ein. Er erklärt ihr, daß es vier Frauen gibt – natürlich abgesehen von Simone de Beauvoir, die in einer Kategorie für sich steht –, mit denen er sich jede Woche regelmäßig trifft. Jede von ihnen hat ihre vorbestimmte «Zeit». Wie der orientalische Polygame, der jeder seiner Ehefrauen den ihr zustehenden Zeitabschnitt zuweist, trägt Sartre nun auch Liliane in seinen Terminkalender ein: und zwar stets für Dienstag, 16.30 bis 20.30 Uhr. Und er erklärt ihr auch die merkwürdigen Regeln dieses Systems.

> «Sartre hatte mir sein Leben genau beschrieben, wobei er klarstellte, daß er alle belog – außer Castor (Simone de Beauvoir), daß er mir alles sagen würde, daß aber außer Castor ... niemand wissen dürfe, daß es mich gäbe.
> Angesichts meiner Verblüffung erklärte Sartre, daß er vor allem seinen Frieden haben wolle, daran sei nicht zu rütteln, und eigentlich amüsierten ihn all diese Lügen, und dadurch käme etwas Würze in gewisse Beziehungen oder verbrauchte Gewohnheiten.»

Sartre hat damit gleich mehreres erreicht. Er hat Liliane das Gefühl gegeben, daß sie jemand besonderer sei – sie im Gegensatz zu den vier anderen wird er nicht anlügen. Dieses Versprechen enthält den Keim des Gefühls, das sie sich so dringend wünscht – des Gefühls der Sicherheit und Verläßlichkeit und auch das Gefühl, einen besonderen Wert zu haben. Andererseits kann sie natürlich nicht absolut sicher sein, daß nicht auch dieses Versprechen eine Lüge ist. Vielleicht hat er den anderen Frauen auch erzählt, daß sie und nur sie allein die Wahrheit wissen. Diese Unsicherheit versteht Sartre gezielt in Liliane zu schüren. Mit einem «maliziösen Lächeln» erklärt er ihr nämlich, was hinter seiner Absicht, sie zu verstecken, steht:

> «Sie werden sehen, bald wollen Sie noch mehr. Ich habe Sie in meine Arbeitszeit hineingenommen, weil es nicht anders geht; wenn ich, nachdem ich Ihnen gesagt habe, Sie werden meine letzte Kleine sein, mitteile, daß es noch eine andere gibt, werden Sie mir Szenen machen. Und, wie gesagt, will ich nun einmal meinen Frieden haben.»

Frieden? Kein Gedanke. Was Sartre sich und seinen Damen da zumutet, ist reichlich kompliziert und verbreitet nur Unfrieden. Liliane darf ihn zum Frühstück treffen und nachher zu seiner Wohnung begleiten, denn morgens ist das ungefährlich, da schlafen seine anderen Freundinnen noch. Es kommt jedoch auch vor, daß man sich zufällig begegnet. Einmal stößt Liliane auf der Straße auf Sartre, der jedoch mit Michelle, einer der «anderen», unterwegs ist. Sie muß dann so tun, als würde sie ihn nicht kennen, was anschließend in ihr sehr heftige Gefühle auslöst. Sie fühlt sich minderwertig, bedroht, so, als trüge sie «den gelben Judenstern» wieder. Wenn sie sich beschwert oder auch nur klagt, hat Sartre verschiedene Reaktionen parat. Er ist «unzufrieden, spricht in schneidendem Ton» mit ihr, zugleich aber lädt er sie zu einer «Sondersitzung» in seine Wohnung ein, was ja eine Art Belohnung ist. Dort darf sie schweigend dabeisitzen, während Sartre arbeitet.

> «Von Zeit zu Zeit räusperte er sich, und während ich nicht einmal zu schlucken wagte, sah ich den unberechenbaren Sartre an, aufs Schlimmste gefaßt, während er mir das Schönste anbot: ihn schreiben zu sehen.»

Während dieser schweigenden Stunden, in denen Liliane möglichst bewegungslos dasitzen muß und dem großen Genie beim Denken zusehen darf, schweifen ihre Gedanken ab zu profaneren Dingen – zum Beispiel zu dem armseligen kleinen Schreibtisch, an dem Sartre arbeitet. Zuerst ist er irritiert, als sie diesen Schreibtisch eines Sartre für unwürdig befindet. Dann aber gewährt er ihr die große Gunst, ihm einen neuen kaufen zu dürfen. Das Projekt hat seine Tücken. Da die anderen Frauen von Lilianes Existenz nichts wissen dürfen, muß er Geschichten erfinden, um zu erklären, wie das Möbelstück seinen Weg zu ihm fand. Dann darf der Tisch nicht in der «Zeit» dieser anderen Frauen geliefert werden, und auch nicht während seiner Arbeitszeit, denn die ist heilig. Man kommt überein, daß Liliane einen Teil «ihrer Zeit» dafür opfern muß.

Für einen Menschen, der nur für seine Arbeit lebt, der durch und durch rational und souverän ist, hat Sartre eine seltsame Vorliebe für peinliche, fast spießbürgerliche Szenen. Er inszeniert z. B. ein Treffen zwischen Arlette, einer besonders eifersüchtigen Freundin, und Liliane, wobei Arlette auf keinen Fall bemerken darf, daß Liliane näher mit Sartre befreundet ist. Sartre verhält sich ihr gegenüber daher sehr formell; Arlette hingegen nennt er zärtlich seine «Kleine», ein Ausdruck, der, wie Liliane bislang dachte, für sie allein reserviert war. Und Sartre ist der aktive Organisator dieser Sittenkomödien:

> «Dienstag war der Tag, an dem sich Sartre mittags mit Arlette zum Essen traf. Wir sahen uns kurz danach. Sartre hatte mich gewarnt, gebeten, mich nicht sehen zu lassen. Wie unter Zwang kam ich immer zu früh. Sartre begleitete Arlette bis vor seine Haustür. Ich litt jämmerlich unter der ‹Zeit›, die sie mir stahl. Sobald ich sie erblickte, versteckte ich mich hinter einem dicken Baum und geriet noch tiefer in die Heimlichtuerei.»

Das mag ja alles ganz amüsant sein, für einen älteren Mann, der sonst sehr zurückgezogen lebt und sich mit hochabstrakten Gedanken langweilt, aber ist eine selbstmordgefährdete, labile junge Frau die geeignete Partnerin für diese Spielchen? Für Sartre ist es ein Spiel, eindeutig. Denn er, der so penibel Pünktliche, der fast pedantisch Organisierte, bestellt ausgerechnet die zwei schwierigsten seiner Frauen nacheinander am selben Tag. Und dann richtet er es so ein, daß er und Arlette sich oftmals verspäten und ein Zusammentreffen mit Liliane unvermeidbar wird. Oft ist Liliane ja auch zu früh da, einmal aber verspätet sie sich durch ein Verkehrsproblem, und trotzdem trifft sie noch auf Arlette, die mit Sartre im Stiegenaufgang steht. Völlig aus der Fassung geraten, tut Liliane so, als hätte sie sich in der Hausnummer geirrt, rennt auf und ab und weiß nicht weiter, um schließlich verstört heimzufahren. Das Unglaubliche geschieht: Sartre fährt ihr nach. Dort findet er sie völlig aufgelöst vor; sie erinnert sich an ihre Kindheit, und zwar an eine Szene, in der sie von den Eltern getrennt und in ein Heim transportiert wurde. Ihr Vater versprach, sie am nächsten Tag abzuholen, was er nicht tat. Sie erinnert sich auch daran, daß ihre Mutter sie während des Krieges auf der Straße absetzte in ihrer Panik darüber, daß ihr Mann verhaftet worden war. Sartre steht nun dieser hysterischen jungen Frau gegenüber, in der er all diese traumatischen Erinnerungen ausgelöst hat, und meint gönnerhaft, seine Spielereien mit ihr seien in Wirklichkeit sinnvolle therapeutische Kunstgriffe, denn schließlich hat er dadurch diese wichtigen Kindheitserinnerungen in ihr aufgedeckt.

> «Nun, Kleine, siehst du, ohne diese Begegnung, die uns beiden katastrophal für dich zu sein schien, ich meine, die mit Arlette, würden wir woanders stehen. Für dich ist es schwer, ich weiß es, aber es wird uns eine größere Hilfe sein, als du meinst. Ich werde dir das morgen vormittag erklären. Laß es dir gutgehen, ich hänge an dir, das weißt du, und ich bin mit dir zufrieden.»

Jedem seriösen Therapeuten müssen die Haare zu Berge stehen bei dieser Präpotenz; es ist auch nicht verwunderlich, daß Simone de Beauvoir Sartre wiederholt Vorwürfe machte und ihm vorhielt, sich Psycho-Opfer zu suchen, um sie absichtlich zu quälen. Aber das seelische Katz-und-Maus-Spiel reizte Sartre offenbar zu sehr, als daß er hätte darauf verzichten können. Ein Beispiel: Eines Tages weihte er Liliane in eine neue Frauengeschichte ein. Er erzählte ihr, daß er eine Russin kennengelernt habe und hinfahren würde, um etwas Zeit mit ihr zu verbringen. Außer Liliane (und natürlich Simone de Beauvoir) dürfe aber niemand etwas von dieser neuen Frau erfahren. Seiner anderen Freundin, Wanda, habe er lediglich von einer Rußland-Reise erzählt. Außerdem habe er ihr, um sie zu beschwichtigen, versprechen müssen, ihr aus Rußland einen Pelzmantel mitzubringen. Den zu besorgen aber habe er keine Zeit, also solle Liliane doch so gut sein, in Frankreich einen Pelzmantel zu kaufen, aber unbedingt mit russischen Fellen, damit er Wandas mißtrauischem Auge standhalte. «Achte nicht auf den Preis, ich habe Frieden gegen den Pelz eingetauscht.»

Diesen Auftrag verkraftet Liliane noch ganz gut, denn immerhin kann sie sich geschmeichelt fühlen, als «Eingeweihte» behandelt zu werden. Dann aber folgt sofort ein weiterer Schlag: Sartre teilt ihr mit, daß er beschlossen habe, eine seiner anderen Frauen, und zwar ausgerechnet die von Liliane gehaßte Arlette, zu adoptieren.

Diese Verkündung trifft Liliane, und das muß er wissen, wie ein Dolchstoß mitten ins Herz und liefert sie wieder voll ihren Komplexen aus:

> «Unaufhörlich hast du mir erklärt, daß meine Mutter sich schuldig gemacht hat, indem sie meinen Bruder vorzog, daß du Jahre brauchen würdest, um mich von meinem Bedürfnis nach Liebesbeweisen zu befreien, ... und jetzt, mitten in dieser Astrachenpelz-Geschichte, teilst du mir mit, ... ich habe die Absicht, Arlette zu adoptieren.»

Nachdem Liliane sich erwartungsgemäß in Tränen aufgelöst hat, tröstet Sartre sie mit einem Versprechen. Natürlich habe er gewußt, daß diese Sache sie aufs äußerste beunruhigen würde. Daher wolle er ihr versichern, daß diese Adoption ihm gar nichts bedeute, sondern aus Gründen gemacht werde, die er ihr erst erklären müsse, da sie sehr kompliziert seien, und daß er die Adoption außerdem erst durchführen werde, wenn Liliane damit einverstanden sei. Nie wird er es ohne ihre Zustimmung machen, und aktuell sei es ohnehin nicht.

Liliane stürzt diese Geschichte erneut in trostlose Erinnerungen. An das Heim, in dem sie einen Großteil ihrer Kindheit verbrachte. An ihre Schwester, die in Auschwitz ermordet wurde. An die Tatsache, daß ihr Bruder und ihre älteste Schwester bei der Mutter bleiben durften, während Liliane und die anderen Geschwister weggeschickt wurden.

Lilianes Geschichten rund um Sartre pendeln zwischen Haremsintrige und Psychoterror. Lilianes massive psychische Probleme, gekoppelt mit ihrer Ehrfurcht vor dem berühmten Sartre, versetzen sie in eine tiefe Hilflosigkeit, die sie sich gefallen läßt und in der sie sich gefällt, weil es ihr schmeichelt, vom großen Sartre «behandelt» zu werden. Immerhin bringen ihr die Szenen und die traumatischen Erinnerungen immer wieder sein Interesse und seine Zuwendung ein. Verwunderlicher ist, daß anscheinend auch er auf irgendeine Art davon profitiert, seine Spielchen mit diesen verstörten Frauen zu treiben. Vorgänge wie dieser muten fast unglaublich an:

> «1964 gelang es Sartre und (Simone de Beauvoir), die Bewilligung zu erhalten, Lena (seine russische Freundin) für drei Wochen nach Paris kommen zu lassen. Sartre kündigte also ‹seinen Frauen› an, er werde in dieser ganzen Zeit keine einzige von uns sehen.»

Der Sultan empfängt die Hauptfrau und entzieht seine Gunst den Nebenfrauen – eine gespenstisch orientalische Szene. Unvorstellbar auch die Affäre mit der Adoption. Sartre hat Liliane ja angekündigt, daß er gedenke, seine «andere», nämlich Arlette, zu adoptieren. Er hat ihr das tolerabel gemacht, obwohl sie vor Eifersucht fast verging, indem er ihr erstens sagte, daß sie ebenso in seine Familie aufgenommen würde, nur als «Bastardin» – und daß ihm die unehelichen Kinder immer schon lieber waren als die ehelichen. Und dann hat er ihr noch versprochen, daß er diesen Schritt ohnehin niemals ohne ihre Einwilligung tun würde. Einige Monate danach erfährt Liliane aus der Zeitung von der Adoption und weiß, daß er auch dieses zweite Versprechen nicht gehalten hat. Liliane erleidet einen Zusammenbruch. Ein «Abgrund öffnete sich unter mir, nie wieder könnte ich Luft schöpfen. Schluchzend brach ich auf meinem Bett zusammen. Er hatte versprochen!» Sie ruft Simone de Beauvoir an, die tröstende Worte spricht und dann zur Einnahme eines Beruhigungsmittels rät. Am nächsten Morgen wird sie für ihren Zusammenbruch belohnt – es klopft an die Tür, und Sartre steht davor. Während des folgenden Wortwechsels hat Liliane inhaltlich absolut recht: er habe versprochen, erst mit ihrer Einwilligung die Adoption durchzuführen, sie könne ihm und seinen Versprechungen nicht mehr vertrauen, da er sich nicht als vertrauenswürdig erwiesen habe in dieser Sache, obwohl er wußte, wieviel sie ihr bedeutete. Dem hat Sartre inhaltlich nichts entgegenzuhalten. Er bringt zu seiner Verteidigung vor, daß sie sowieso nie zugestimmt hätte, ein Abwarten oder Überreden von seiner Seite also sinnlos gewesen wäre. Und dann meint er noch, daß er mit diesem Schritt bloß «dem dringendsten abgeholfen» habe, denn «Lenas Ankunft habe ein Drama bei Arlette bewirkt», und er habe sie bloß beschwichtigen können, indem er sie adoptierte. Der Ring von hysterischen Frauen um Sartre bewirkt immer absurdere Verwicklungen. Arlette ist vorübergehend beschwichtigt, nun muß Liliane beruhigt werden. Sie darf nach Rom fahren. Und danach darf Arlette nach Jugoslawien fahren. Und alles muß ganz präzise kalkuliert werden, damit alle zeitlichen und psychischen Aspekte berücksichtigt sind:

> «Kümmere du dich um die Fahrkarten», trägt Sartre Liliane auf, «ich werde Simone de Beauvoir bitten, das Hotel zu reservieren, du teilst ihr deine Ankunftszeit mit, das ist sicherer, ich könnte sie verlegen, außerdem könnte Arlette sie finden. Ich werde dich am Bahnhof erwarten.»

Und Simone de Beauvoir? Wie geht sie mit diesem ganzen Irrsinn um? Was dachte sie, als Liliane per Zug nachreiste nach Rom, wo Simone wie immer mit Sartre den gemeinsamen Urlaub verbrachte? Anscheinend nichts, denn sie reservierte offenbar ein Zimmer in einer Pension. Was dachte sie, als Sartre Liliane die besondere Gunst zuteil werden ließ, das Hotel betrachten zu dürfen, in dem er und Simone ihr Zimmer hatten? Bei dieser Besichtigung trifft sie Simone de Beauvoir, die auf der Terrasse sitzt; die läßt sich erzählen, was Liliane und Sartre zu Mittag gegessen haben (das Mittagessen war ein Teil von Lilianes Belohnung), und ist entspannt und gelassen. Dann darf Liliane gehen, kehrt in ihr Zimmer in der Pension zurück und wartet dort darauf, daß Sartre um acht Uhr anruft, um ihr gute Nacht zu wünschen; am nächsten Tag darf sie dann mit ihm frühstücken.

Wozu braucht Sartre diese eifersüchtigen Waisenkinder, die um ihn buhlen, ihn anhimmeln, seine Zeit mit kleinlichen Szenen beanspruchen? Es ist nicht Großmut, denn er «hilft» ihnen nicht wirklich, auch wenn er vorgibt, das zu tun. Sie werden durch seine inoffiziellen Therapiezuwendungen nicht «geheilt», sondern nur noch verstörter. Und er ist Regisseur und Mittelpunkt all dieser Geheimnisse, Lügen, Beschwichtigungen. Reichen ihm

Ruhm und internationale Anerkennung nicht aus? Braucht er diese seltsame Bestätigung durch die Macht, in diesen Frauen ein Wechselbad der Gefühle auszulösen?

Der Mißbrauch seiner Macht erstreckt sich schließlich über das Psychische hinaus auch auf das intellektuelle Leben. Sartre beschließt, die maoistischen Gruppierungen zu unterstützen. Er will seine Arbeitszeit dafür aber nicht aufwenden und wählt deshalb Liliane aus, die sich um die Zeitschrift «Cause du peuple» kümmern soll.

Liliane ist an Politik nur wenig interessiert – sie ist also nicht gerade eine naheliegende Kandidatin für diesen Posten. Sie ist jedoch dazu bereit, weil sie erstens nahezu alles tun würde, was Sartre von ihr verlangt, und weil er diese Beschäftigung zweitens als einen Weg darstellt, aus der Heimlichkeit ihrer bisherigen Beziehung herauszutreten und sich offiziell mit ihm zu «verbinden». Nun werden sie sich in der Öffentlichkeit duzen können, denn die Maoisten gehen informell miteinander um und sprechen sich alle mit Du an. Nun wird sie, fast wie eine Ehefrau, seinen Namen als den ihren angeben können – denn wenn sie für die Zeitschrift etwas erreichen will, muß sie in seinem Namen agieren. Für Liliane wird dieser Schritt Folgen haben, Gerichtsverhandlungen und Verurteilungen auf Bewirken des französischen Innenministeriums z. B., denn die Zeitschrift erscheint illegal. Sartre wird sich bei ihr dafür entschuldigen: «Arme Kleine, ich wollte deinen Namen mit meinem verbinden, ich dachte, das wäre für dich eine gute Sache. Ich habe mich wie ein Idiot benommen», wird er sagen, während sie gemeinsam die Stufen des Justizpalastes hinuntergehen.

Ein interessanter Satz. Der Versuchung, seine Aussage noch weitergehend auf Sartres Einstellung zu Frauen und Beziehungen zu übertragen, widerstanden wir. Jedenfalls – unser Interesse war geweckt. Wir holten uns wieder die mehrbändigen Memoiren der Simone de Beauvoir hervor, und wir studierten das berühmte Paar – und seine zahlreichen männlichen Satelliten – sehr ausführlich. Und sehr mißtrauisch. Um am Schluß festzustellen, daß diese Partnerschaft tatsächlich eine Lektion und ein Modell anbietet für uns alle – aber nicht aus den Gründen, die unsere männlichen Kommunarden der 60er und 70er Jahre so gerne anführten.

Simone de Beauvoir hatte, als junge Frau, eine relativ klare Vorstellung davon, was sie sich von ihrem Leben erhoffte: es sollte unkonventionell sein. Sie wollte viel erleben, sich ständig weiterbilden, durch Literatur, Philosophie, durch interessante Leute und vor allem, sie wollte durch eine permanente, kritische Beobachtung ihrer selbst an der Geistesgeschichte ihrer Epoche teilhaben. Und es sollte Spaß machen, das Leben, denn sie glaubte nicht, daß unglückliche Menschen klar denken und schöpferisch agieren können. Ja, und dann wäre es auch noch erstrebenswert – da sie nicht an ein Leben nach dem Tode glaubte –, zu ihren Lebzeiten ein Stück Ruhm und öffentliche Anerkennung zu erfahren.

Sie wählte Sartre als ihren Lebensgefährten, weil er diesem Plan optimal zu entsprechen schien. Er hatte den Ruf, sehr ungewöhnlich, sehr intellektuell zu sein. Man konnte mit ihm über alles sprechen, in allen Dimensionen, vom kleinsten Tratsch über die Mitmenschen bis zum abstraktesten philosophischen Problem. Er haßte Konventionen mindestens ebensosehr wie sie. Und trotzdem versprach er wohl eine gewisse Stabilität. Nicht nur seine Beziehung zu Simone, auch seine Freundschaften und seine zusätzlichen Liebschaften waren meist von langer, oft von lebenslanger Dauer. Simone de Beauvoir fühlte sich zu Sartre hingezogen, weil sie meinte, daß er all ihre Ziele verkörperte und dabei noch konsequenter war – daß er rigoroser, kontemplativer, unabhängiger, freier sei als sie selbst und sie daher auf dem richtigen Weg halten würde. Die Ironie dabei ist, daß es letztlich dann Simone de Beauvoir war, die stärker, stabiler und dem gemeinsamen Ziel treuer war. Und daß Sartre sie zwar, wie erhofft, «auf der Spur» hielt, aber nicht infolge seiner Stärke, sondern infolge seiner Schwächen und Defizite. Soviel vorweg – um das genauer zu erörtern, müssen wir uns ihr Leben ansehen.

Das Zustandekommen, aber auch die Kosten und Krisen der Beziehung zu Sartre, beschreibt Simone ausführlichst. Sie werden in ihrer Autobiographie sehr offen abgehandelt, sie bilden den Stoff mancher ihrer Romane und Kurzgeschichten; außerdem existieren Briefe zwischen ihr und Sartre, die weitere Einblicke ermöglichen. Das Experiment zwischen Sartre und Beauvoir hielt ein Leben lang und verhalf ihnen beiden zur Verwirklichung ihrer Ziele. Und trotzdem gab es einen grundlegenden Unterschied. Für Sartre hatte das Arrangement den Zweck, sich nicht verändern zu müssen. Was Beziehungen, Frauen und seine grundsätzliche Psychodisposition anbelangte, so war er am letzten Tag seines Lebens im wesentlichen derselbe wie an dem Tag, an dem er Simone kennenlernte, und genau so hatte er es sich gewünscht. Er hatte befürchtet, in einer konventionellen bürgerlichen Ehe eben gerade nicht mehr so weiterleben zu können wie bisher.

Simone de Beauvoir dagegen wollte sich verändern, sich entwickeln. Sie erlebte das Arrangement nicht als Beruhigung, sondern als ständige Herausforderung. Sie akzeptierte es anfangs, weil sie sich verändern wollte, weil sie aus dem vorgesehenen Schema einer Tochter aus gutem Hause ausbrechen wollte. Später nutzte sie jede Krise dazu, um mehr über sich selber herauszufinden, zu prüfen, wieviel ihrer Verunsicherung und ihrer Trauer jeweils legitim war und wieviel unnötig, überwindbar durch eine Stärkung ihrer eigenen Persönlichkeit und inneren Ressourcen. Simone hat viele literarische, politische und philosophische Gedanken hinterlassen, aber ihr wichtigstes Werk war sie selber. Mit ihrem Namen verbindet sich deutlich ein starkes optisches Bild: eine schöne Frau, überlegen, interessiert und in sich ruhend. Eine Frau, die sich allen Verführungen eines Frauenlebens aussetzte und sie erfolgreich hinter sich brachte wie einen Hindernisparcours.

Die Idee einer anderen, einer frei strukturierten Beziehung ging von Sartre aus. Auf seine Beweggründe kommen wir später noch ausführlich zurück.

Zu dem Zeitpunkt, als die Vereinbarung über die Form ihres Zusammenlebens getroffen wurde, so schreibt Simone de Beauvoir, befanden sie und Sartre sich an unterschiedlichen Punkten ihrer Entwicklung. Simone hatte ihre Ausbildung erfolgreich abgeschlossen und übte den Beruf einer Philosophielehrerin aus. Damit war sie den meisten Frauen ihrer Generation schon weit voraus, war sie schon Pionierin: sie war finanziell unabhängig und hatte sich von ihrer Familie gelöst, um allein zu leben. Sie hatte sich auch innerlich von vielen bürgerlichen Vorstellungen gelöst und blickte der Welt mit Neugier und Offenheit entgegen. Sie hatte einen Partner gefunden, der ihr intellektuell und persönlich entsprach. Sie war bereit, ihr Leben zu beginnen.

Sartres Situation war die gleiche und war dennoch ganz anders.

Was ihr als das große Abenteuer erschien – erwachsen, autonom und selbständig zu sein –, empfand er als die große Falle. Erwachsensein bedeutete in seinen Augen, die Freiheit zu verlieren, nämlich Verantwortung zu tragen, Ehemann und Vater zu werden, eingegrenzt und eingeschränkt zu sein und fortan nichts Aufregendes mehr zu erleben. Für Simone bedeuteten Erwachsensein und Verliebtsein dagegen die Freiheit, reisen zu können, eigenes Geld zu haben, selber über ihr Leben zu bestimmen.

Sartre machte einen Vorschlag, der ihren unterschiedlichen Sichtweisen gerecht werden sollte:

Ihre Verbindung sollte die essentielle, die grundlegende sein. Daneben aber sollte es auch gestattet und möglich sein, andere – weniger wichtige, «kontingente» – Beziehungen zu haben. Beauvoir und Sartre fühlten sich seelisch tief verbunden, waren notwendig füreinander. Aber auch andere Beziehungen boten vielseitige Bereicherungen – warum sollten sie darauf verzichten? Ganz formell schlug Sartre einen Zweijahresvertrag vor. Zwei Jahre sollten sie beide in Paris bleiben, einander nahe sein. Danach hatte er vor, ins Ausland zu gehen, um eine Lehrerstelle in Japan anzunehmen. Auch Simone, schlug er vor, könne in dieser Zeit von einem Auslandsaufenthalt profitieren und solle sich doch nach Möglichkeiten umsehen. Zwei oder drei Jahre lang würden sie getrennt leben, um danach vielleicht wieder zusammenzukommen. Sie sollten einander nie entfremdet werden, sollten im Notfall immer aufeinander zählen können, Verbündete und Kameraden sein. Aber es galt um jeden Preis zu verhindern, daß aus der Beziehung Routine und Pflicht wurde, das wäre tödlich. «Ich stimmte dem zu», schreibt Simone de Beauvoir. Sie schreibt aber auch, daß die Vorstellung einer mehrjährigen Trennung sie mit wenig Freude erfüllte, im Gegenteil, beklemmend auf sie wirkte. Sie unterdrückte ihre Unruhe. Erstens lag es Jahre in der Zukunft, und sie machte es sich zum Prinzip, nie wegen theoretischer Möglichkeiten die Ruhe zu verlieren. Und zweitens hielt sie ihre Furcht für eine Schwäche. Für die Dauer des Zweijahresvertrags jedenfalls blieben die «kontingenten anderweitigen Beziehungen» bloße Theorie. «Wir wollten uns gänzlich und ohne Vorbehalt unserer neuen Beziehung hingeben.» Und noch ein zweiter Pakt wurde geschlossen: Man wollte sich nie belügen, auch nicht durch Heimlichkeiten gegenseitig täuschen. Das entsprach den Wertvorstellungen ihrer Freunde, ihres Kreises. Auch Geheimnisse galten als spießbürgerliche Attitüde – Ehrlichkeit, Offenheit, Reflektieren des eigenen Verhaltens waren dagegen die Mittel, geistig zu wachsen und integer zu sein. Die Gedanken, die Gefühle, auch die Handlungen des einzelnen sollten «transparent» sein, ein schreckliches Wort, das in den 60er und 70er Jahren die späten Verfechter dieses Gedankenguts im deutschsprachigen Raum üppig verwenden sollten.

Simone de Beauvoir erkannte schnell die Tücken dieser Ideologie, die es erlaubte, sogar noch die «Ehrlichkeit» zum Werkzeug mieser Manipulationen zu machen, und sie warnt vor einer nur scheinbaren, einer tückischen und verlogenen «Ehrlichkeit».

> «Es gibt eine bestimmte Art von Aufrichtigkeit, die, wie ich oft beobachtet habe, in Wirklichkeit nur Schein ist und in Wirklichkeit die allergrößte Heuchelei darstellt. Sie beschränkt sich auf sexuelle Beziehungen, und weit davon entfernt, zwischen einem Mann und einer Frau ein intimeres Verstehen zu erzeugen, hat sie lediglich den Zweck, einem von ihnen – meistens dem Mann – ein nützliches Alibi zu liefern. Er kann sich damit trösten, daß sein Geständnis die Untreue entschuldigt. In Wirklichkeit aber verletzt er seine Partnerin damit nur doppelt.»

Diese Beobachtung ist scharfsinnig und trifft genau die Situation, die in den 60er und 70er Jahren entstehen sollte: durch die Ideologie der «Ehrlichkeit» machte sich der gewöhnliche Ehebrecher zum großen Philosophen und Freidenker, während seine Partnerin neben der Belastung durch die Kränkung und Verunsicherung als Folge seiner Untreue auch noch damit erpreßt werden konnte, den Seitensprung entweder freundlich hinzunehmen oder als rückschrittliche, prüde Spießerin zu gelten.

Simone de Beauvoir betrachtet ihr eigenes Arrangement mit Sartre offenkundig in einem anderen Licht. Und wenn wir ihre Schriften aufmerksam lesen, können wir auch die Wandlung dieses Arrangements ganz deutlich mitverfolgen. Ganz am Anfang, beeindruckt von seinem Intellekt, war Simone de Beauvoir ihren eigenen Impulsen zuwider bereit zu überlegen, ob sein Beziehungsmodell nicht vielleicht doch das objektiv beste sei. Viel später aber manifestierte sich Sartres Vorstellung nicht als große, überlegene Idee, sondern als seine persönliche Schwäche, die als solche Simone nicht mehr berührte, nicht gefährdete, nicht kränkte – und letztlich nichts anging, da sie weder innerlich noch äußerlich von ihm abhängig war. So war Sartres Bedürfnis, zahlreiche Beziehungen von unterschiedlicher Dauer zu teilweise sehr gestörten, teilweise erzbürgerlichen Frauen zu unterhalten, «sein Problem» – genauso wie es sein Problem war, daß er das Zigarettenrauchen nicht aufgeben konnte, sogar dann nicht, als sein Gesundheitszustand bereits äußerst besorgniserregend war und der Arzt ihm drohte, möglicherweise die Beine amputieren zu müssen. Oder daß er sich im Alkoholkonsum nicht mäßigen konnte, auch dann nicht, als er dadurch unter Gefährdung seines Lebens als alter, kranker Mann halb bewußtlos auf fremden Fußböden zusammenbrach.

Aber diese Haltung Sartre gegenüber mußte Simone de Beauvoir sich hart erarbeiten, was ihr sicher oft sehr schwer fiel. Dabei halfen eigene Erfahrungen und deren Verarbeitung, aber auch das Miterleben von fremden Schicksalen und die Beobachtung von Freunden.

Verfolgen wir diese Entwicklung der Simone de Beauvoir vom Beginn ihres Erwachsenenlebens an. Sie hat ihre Schul- und Ausbildungszeit beendet; sie hat sich vom Elternhaus und vielen damit zusammenhängenden Konventionen gelöst; sie hat ein eigenes Einkommen; sie hat den «Mann-fürs-Leben» gefunden, und er liebt sie. Sie wäre bereit, eine feste, verbindliche Beziehung einzugehen. Er aber befürchtet, sich dann eingeengt, verbürgerlicht zu fühlen. Sie diskutieren oft und lange, bei nächtlichen Spaziergängen durch Paris, dieses Dilemma: wie verbindet man Nähe mit Freiheit? Sartre hat vorgeschlagen, einen «Vertrag» auf befristete Zeit einzugehen, um danach eine Phase des Reisens und Abenteuers einzuschalten. Davon ist Simone, innerlich zumindest, alles andere als überzeugt. Aber sie behält ihre Zweifel für sich, schließlich ist dieser Zeitpunkt noch fern. Sie bezieht seine Ideen nicht auf sich persönlich, sondern sieht, daß sie aus seinen eigenen Wünschen für sich selbst heraus resultieren. Sie hält sich nicht für zu wenig liebenswert, sondern begreift, daß es sein Problem ist, wenn er nicht als bürgerlicher Familienvater enden will. Sie überlegt auch, inwieweit die modischen Ideologien sie wirk-

ansprechen. Zum Beispiel, was den Punkt der sexuellen Freiheiten anbelangt.

> «Mir stand ein ganzes Sortiment von moralischen Präzedenzfällen zur Verfügung, wenn ich mich dazu entschließen wollte, sexuelle Beziehungen von der leichten Seite zu nehmen. Aber ich entdeckte, daß dies nicht meinem persönlichen Erfahrungswert entsprach.»

Sie wollte sich nicht unter Druck gesetzt fühlen, irgendein Diktat der Freiheit zu leben, um irgendwem irgend etwas zu beweisen.

Aber Simone hat mehr zu tun, als bloß auf Sartres Ideen, auf die Ideen ihrer Zeitgenossen zu reagieren. Vor allem muß sie herausfinden, was sie selber möchte. Und das bedeutet zugleich, daß sie erkennen muß, daß es auch falsche Wünsche, typisch weibliche Versuchungen gibt. Wenn wir uns Sartre und Beauvoir als Archetypen von Mann und Frau im 20. Jahrhundert vorstellen wollen, dann ergibt sich folgendes Bild: Beide hatten, im Lauf ihres Lebens, mit der jeweils für ihr Geschlecht typischen Versuchung zu kämpfen. Die männliche Versuchung: zwanghaft eine Freiheit zu suchen, vor Bindungen zu flüchten, die eigene Autonomie um jeden Preis zu erhalten. Die weibliche Versuchung: zwanghaft eine Innigkeit zu suchen, sich an Bindungen zu klammern, Nähe und Verbindlichkeit um jeden Preis erzeugen zu wollen. Wir können feststellen, daß Beauvoir ihren Versuchungen erfolgreich widerstanden hat und am Ende ein reifer, freier Mensch geworden war. Sartre dagegen gelang dies nicht; bis zum Ende seines Lebens blieb er in viele der Ängste und Zwänge verstrickt, die ihn schon als jungen Mann geplagt hatten.

Die erste Konfrontation Simones mit den Versuchungen ihrer Weiblichkeit erfolgt gerade in der ersten, schon erwähnten Glücksphase, in der Zeit nämlich, in der sie bewußt genießt, endlich erwachsen zu sein. Simone fühlt sich wohl, es geht ihr gut. Und das macht sie bequem. Sie liebt und bewundert Sartre und seine Ideen; das Leben bietet viele Unterhaltungen und Zerstreuungen; Simone überlegt sich, ob sie denn wirklich so ehrgeizig sein soll, noch mehr zu erstreben als das, was sie hat. Und es meldet sich ein leises Unbehagen, gerade wegen dieser Behaglichkeit. Ein Freund merkt an, er habe sie für eine Individualistin gehalten, wohl zu Unrecht; offenbar sei sie nur mehr die «Freundin von ...». Auch sie selber sieht sich mit dem Verdacht konfrontiert, zur Parasitin zu werden.

«Aber am meisten traf es mich, daß Sartre sich Sorgen um mich machte. ‹Du stecktest früher immer so voll der Ideen, Castor›, sagte er, in einem überraschten Tonfall. Ich solle aufpassen, daß ich nicht als Introvertierte endete. Sicher war ich nicht in Gefahr, jemals zur Hausfrau zu werden. Aber er verglich mich mit gewissen Romanheldinnen, die, nachdem sie lange für ihre Unabhängigkeit gekämpft haben, schließlich doch noch als Anhängsel irgendeines Mannes enden. Ich war sehr zornig mit mir selbst. Ich hatte also immer recht gehabt, dem Gefühl des Glücks zu mißtrauen.
So angenehm es auch sein mochte, es zerrte mich nur in Kompromisse hinein. Als ich Sartre zuerst kennengelernt hatte, war ich sicher gewesen, daß ich in seiner Gesellschaft gar nicht anders könnte, als mich zu verwirklichen. Jetzt kam mir die Einsicht, daß es der sicherste Weg ist, einen Menschen zu verlieren, wenn man sich gänzlich ihm und seinem Schicksal anpaßt.»

Simone hat ihre erste Konfrontation mit der Versuchung erlebt – mit der sehr weiblichen Versuchung, sich auf einen geliebten Mann einzustellen, sich ihm anzupassen und sich in sein Leben zu integrieren. Das tun, heißt, sich selber und das eigene Leben aufgeben – heißt aber auch, uninteressant zu werden, die Persönlichkeit zu verlieren. Diese erste Einsicht muß sich bald bewähren. Simone wird nach Marseille versetzt, eine unvorhergesehene Trennung von Sartre. Angesichts dieser Entwicklung schlägt Sartre vor, ihren ursprünglichen Lebensplan zu revidieren und doch zu heiraten – denn dann müßten sie an denselben Ort versetzt werden. Und letztendlich würden sie sicher die Kraft haben, sich von einer Formalität wie dieser nicht einengen, nicht verändern zu lassen. Simone ist von diesem Vorschlag überrascht. Er scheint all dem zu widersprechen, worauf sie und Sartre sich als gemeinsame Prinzipien geeinigt hatten. Die Ehe: eine bürgerliche Institution, ein Eingriff von Staat und Gesellschaft in ihre höchstpersönlichen Angelegenheiten. Natürlich, fand nun Sartre, dieses Prinzip blieb weiterhin bestehen. Andererseits hätte es keinen Sinn, sich für ein Prinzip zum Märtyrer zu machen. Simone aber muß, wie sie sagt, nicht einmal überlegen, um den Vorschlag zurückzuweisen. «Elementare Vorsicht hielt mich davor zurück, eine Zukunft zu wählen, die später durch Reue vergiftet würde.»

Sartre würde ihr bestimmt nie vorhalten, ihretwegen seine Vorsätze verraten zu haben. Trotzdem wollte sie nicht die Instanz sein, durch die er zum «biederen Provinzlehrer» wurde.

Statt dessen beschlossen sie, ihren ursprünglichen Zweijahrespakt zu revidieren. Dessen vorläufiger, abrufbarer Charakter sollte aufgegeben werden.

> «Unsere Beziehung war enger und anspruchsvoller geworden: sie ertrug Trennungen, aber nicht ausgedehnte, getrennte Eskapaden. Wir schworen keine Eide der ewigen Treue, aber wir verschoben die Möglichkeit einer Trennung auf die weit entfernte Zeit, in der wir 30 Jahre alt sein würden.»

Damit konnte Simone, wie sie schreibt, sich «wieder beruhigen». Der Wunsch nach Nähe, die Angst vor einer Trennung waren bei ihr stärker ausgeprägt. Stabilität und Verbindlichkeit wirkten auf sie nicht bedrohlich, sondern im Gegenteil beruhigend. Sie wollte dieses Bedürfnis aber im rechten Maß halten. Sonst, das hat sie an sich selbst erfahren, kann eine Frau zu leicht ihre Persönlichkeit verlieren. Und bald erkennt sie an dem Beispiel einer Freundin eine weitere Gefahr: die Gefahr, sich bis zum Wahn in der Idee der Liebe zu verlieren.

Diese Freundin heißt Louise und ist Lehrerin. In Simone de Beauvoirs Beschreibung erkennen wir sie sofort als Kandidatin für eine Norwood-Gruppe, die in einer «Liebe-als-Sucht»-Diskussion viel beizutragen hätte. Louise ist dunkel, schmal, spontan. In ihrer Provinzstadt fühlt sie sich nicht wohl; sie interessiert sich für linke Politik. Sie ist impulsiv; mit ihrer besten Freundin verkracht sie sich wegen einer Lappalie. Louise geht eine verhängnisvolle Beziehung zu einem bekannten Schriftsteller ein, den Simone diskret nur «J. B.» nennt, und Simone muß als Louises Vertraute daran ausführlich Anteil nehmen. Louise und J. B. lernen sich bei einem Vortrag kennen. Die Initiative geht von Louise aus; sie legt es darauf an, ihm durch provokante politische Äußerungen aufzufallen, weckt sein Interesse und verführt ihn schließlich. Er ist verheiratet, aber Louise läßt sich dadurch nicht beirren; sie ist sicher, daß er ihretwegen seine Frau verlassen wird. Statt dessen kehrt er nach Paris zurück und teilt ihr mit, daß er die Beziehung abbrechen will. Louise aber hat sich längst ihre eigene Phantasiegeschichte zurechtgedacht. Sie redet sich ein, daß er das nicht wirklich so meint; nur aus Mitleid mit seiner Frau sagt er solche Sachen, in Wirklichkeit liebt er Louise ebenso heftig wie sie ihn. Die Ereignisse der folgenden Monate könnten die Drehbuch-Vorlage sein für den Film «Eine verhängnisvolle Affäre»: Louise zieht alle Register einer psychotisch-liebenden Frau. Sie schickt der Ehefrau, die gerade ein Kind bekommen hat, mysteriöse Blumensträuße mit bedrohlichen Begleitkarten. Sie bombardiert J. B. mit Briefen, Telegrammen, Anrufen, Expreßsendungen. Er reagiert auf das alles nicht, aber sie findet sogar noch für sein Schweigen eine freundliche Deutung. Sie bildet sich ein, daß er sie für untreu hält und eifersüchtig ist und sie nur deshalb so hartnäkkig ignoriert; sie schickt ihm Treueschwüre. Sie bildet sich ein, daß er durch irgendeine kleine Redewendung in ihrem letzten Brief beleidigt wurde; sie schickt seitenlange Erklärungen. Schließlich ist er so irritiert, daß er ihr unmißverständlich Antwort gibt und ihr einen knappen, ziemlich bösen Abschiedsbrief schreibt. Aber auch diesen vermag Louise anders zu deuten. Jedes Wort, jedes Komma studiert sie so eingehend, bis sie selbst darin noch eine geheime Liebesbotschaft entdecken kann. Sie schreibt einen Artikel über ihn für die Regionalzeitung, um ihn zu erfreuen. Sie versucht, ihm zufällig auf der Straße zu begegnen. «Ich sah sehr wohl, daß sie unglücklich war; trotzdem nahm ich diese ganze Geschichte von der komischen Seite, als Witz», erinnert sich Simone de Beauvoir. Bald aber ist die Freundin so verzweifelt, reagiert so irrational, daß auch Simone das Lachen vergeht.

Louise verbringt ihre Ferien damit, J. B. zu beschatten. Aus geringfügigen Gesten und schlichten Indizien setzt Louise ein System von Signalen zusammen, aus denen sie herausliest, daß er sie noch liebt, daß er sich von seiner Frau trennen will u. ä. Aus einer übersteigerten Liebe ist echter Wahn geworden; Louise spricht schließlich sogar von Mord, von Selbstmord.

Simone de Beauvoir schildert diesen Fall ausführlich und über viele Seiten. Louise steht darin als Mahnmal gegen den Liebeswahn, aber auch als Beleg dafür, daß dieser Wahn selbsterzeugt ist. Louise suchte sich das Objekt ihrer unmäßigen Gefühle aus, stellte die Beziehung unter Anstrengungen her, wehrte an jedem Punkt Tatsachen, Warnungen und Realitäten ab und steigerte sich mehr und mehr in diesen Wahn hinein. Vielleicht hat ein psychisches Problem, hat ihre weibliche Prädisposition ihr die Richtung vorgegeben, aber es war letztlich Louise, die dieses Drama selbst verfaßte. Simone de Beauvoir registrierte dies als beeindruckendes negatives Vorbild.

Bald sollte sie Gelegenheit bekommen, ihre gewonnenen Einsichten über Liebe und Eifersucht in der eigenen Praxis zu erproben.

Sartre nahm sich seine erste kleine Nebenfrau: ein hübsches, verträumtes, graziöses Mädchen namens Marie. Simone schaffte diese Hürde mit Leichtigkeit, was sie den speziellen Umständen des Falles zuschreibt: sowohl Marie als auch Jean-Paul waren sich von Anfang an einig, daß sie miteinander eine unverbindliche, nicht sehr tiefgehende Liebschaft erleben wollten und nicht mehr. Simone fand das Mädchen sympathisch und freundlich und fühlte sich von ihr nicht angegriffen oder bedroht. Das Ereignis kam nicht überraschend, denn Sartre hatte immer gesagt, daß ihm kleine Affären dieser Art wichtig waren, Teil seines umfassenden «Konsumierens» der Welt. Simone fährt auf Urlaub nach Deutschland, und nach ihrer Heimkehr fragt ein gemeinsamer Freund sie, ob sie nicht vielleicht bei dieser Gelegenheit auch «jemanden kennengelernt» hätte. Simone verneint das gelassen – sie hat die gleichen Rechte, aber nicht die gleichen Bedürfnisse, glaubt sie zu dieser Zeit. Und sozusagen aus Rache ein Verhältnis einzugehen, eine solche Handlungsweise liegt ihr fern.

Und dann folgt Olga.

Olga ist eine Schülerin Simones, und Simone hat schon seit längerem ein persönliches Interesse an ihr. Sie findet sie begabt, aber vollkommen unmotiviert und richtungslos. Sowohl Sartre wie Beauvoir kennen, ihr Leben lang, den didaktischen Impuls und sind oftmals in der Situation, jemanden zu protegieren, zu fördern und zu schulen. Olga wird Simones Protegé. Bald aber ist es Sartre, der sich von Olga fasziniert zeigt. Die Geschichte mit Olga wird zu einem Schlüsselerlebnis für Simone. Olga weist sie in ihre Schranken und nimmt ihr auf schmerzhafte Weise die Arroganz ihrer Gelassenheit gegenüber Sartre und ihrem unkonventionellen Arrangement. Simone übersteht diese Affäre, indem sie mehr über sich selber lernt, über das menschliche Zusammenleben und – über Männer. Sie ist zwar rückblickend nicht zufrieden mit der Art, in der sie damals mit dieser Situation umging, aber die Affäre Olga sagt letztlich mehr über Sartre aus als über Beauvoir:

> «Olga war zugleich kindlich und zerbrechlich in ihrer Erscheinung; sie war überempfindlich, und daher machte sie auf Männer einen tiefen Eindruck. Sartre, es ist wahr, wollte sie für sich allein haben, aus rein sentimentalen Gründen.»

Simone – war sie damals schon überlegen genug, um sich zu erheitern am Spektakel des großen Denkers, der letztlich wie im schlimmsten Operettenklischee von einer wimpernklimpernden, oberflächlichen kleinen Person mühelos um den kleinen manikürten Finger gewickelt werden konnte? Konnte sie damals schon so amüsiert, so distanziert mitansehen, wie der von ihr als reiner philosophischer Intellekt bewunderte Sartre bei dieser rein hormonell wirkungsvollen Person die Fassung verlor und alle Werte vergaß, die er Simone gegenüber immer so schön und so überzeugend formuliert hatte? Gleichheit, Ehrlichkeit, frei von Regeln und von Eifersucht – Olga gegenüber galt das alles plötzlich nichts mehr. Da zeigte sich Sartre als ein hysterisches Wrack, wenn sie plötzlich einen anderen, schöneren Mann vorzog; er brach zusammen, wenn sie schmollte; all die peinlichen, spießigen Spielchen aus der Trickkiste des Bürgertums waren äußerst wirkungsvoll, wenn Olga sie gegen Sartre verwendete. «In meiner Gesellschaft hat er sich nie so aufgeführt», merkt Simone an, überflüssigerweise. Aber für Olga wurde er zum «schillernden Clown». Das empfand er wohl, vermutet Simone, als entspannend. Doch die schreckliche Eifersucht, die ihn Olga gegenüber plagte, wird Sartre kaum als erholsam empfunden haben. Vor Jahren hatte er, nach einem Experiment mit Drogen, lange Zeit an psychotischen Bewußtseinsstörungen gelitten, zum Beispiel unter dem Gefühl, von Meerestieren verfolgt zu werden. Diese Wahnideen kehrten nun wieder, diagnostiziert Simone, und fixierten sich auf Olga.

> «Mit fanatischer Aufmerksamkeit verfolgte er jede Regung und jede Bewegung Olgas, und jede wurde Anlaß vielfältiger Deutungen. Hatte er seinen Nebenbuhler Marco ausgestochen? Zog Olga ihn dem Rivalen vor, und wenn nicht, würde

sie es irgendwann tun? Wir verbrachten Stunden damit, diese Punkte zu erörtern.»

Für Simone ein Fall von déjà vu – dieselbe Rolle, nämlich die der Vertrauten eines Liebesopfers, hatte sie schon einmal gespielt, für Louise. Diesmal aber ist es anders, ist sie keine Unbeteiligte. Wie fühlt sie sich jetzt, in der Rolle der Vertrauten? An sich, schreibt sie, hatte sie keine Einwände gegen Sartres obsessive Liebe zu Olga – immerhin besser als die drogenverursachte Psychose, die ihr vorangegangen war. Aber sie kann nicht verhindern, es persönlich zu nehmen. Wenn Sartre diese andere Frau so sehr liebt, gefährdet das dann nicht den Platz, den sie selber in seinem Leben einzunehmen glaubte?

Sartre gibt vor, Institutionen zu hassen, aber strenggenommen ist er selber von dem Drang befallen, ständig institutionalisierte Regelungen ins Leben zu rufen. Jetzt entwickelt er eine neue Idee, inspiriert von seinen heftigen Gefühlen für Olga. Der Vertrag zwischen ihm und Simone soll erweitert werden – statt einem «Paar» sollen sie nun ein «Trio» sein.

Kommentatoren von Sartres und Beauvoirs Biographie haben schon nach Erscheinen ihrer Memoiren angemerkt, daß diese Dreiecksbeziehung in Wirklichkeit mehr an ein Elternpaar mit Tochter erinnert als an ein gleichberechtigtes Verhältnis zu dritt. Auch Simone erinnert sich, daß Freunde fassungslos darüber waren, dieses «unbedeutende Kind» als fixen Bestandteil der Sartre-Beauvoir-Beziehung zu erleben. Was Simone sich wirklich dachte, verschweigt sie trotz aller ausführlichen Ehrlichkeit ihres Berichts; die Idee für das «Trio», die Liebe zum ständigen Sozialexperiment, reklamiert sie stets loyal für das «wir» und deutet Übereinstimmung zwischen sich und Sartre an. Dagegen verschweigt sie weder die vielfältigen Komplikationen dieses Experiments noch ihr eigenes Unglücklichsein darüber. Die Komplikationen haben verschiedene Ursachen. Da war zum einen, ganz banal, die Eifersucht. «Ich bin kein Mensch, der unfähig wäre zur Eifersucht», gesteht sie mit fast rührender Zurückhaltung. Und sogar noch das Gefühl der Eifersucht war äußerst komplex. Denn Olga war zunächst ihre Entdeckung gewesen, und bis zuletzt hatten auch die beiden Frauen zueinander einen intensiven, wenn auch ambivalenten Kontakt. In gewisser Hinsicht also konnte Beauvoir nicht bloß auf Sartre, sondern mußte auch auf Olga eifersüchtig sein. Und sie mußte wissen, daß sie mit Sartre nicht konkurrieren konnte, nicht bloß wegen der sexuellen Komponente seiner Beziehung zu Olga, sondern auch, weil er sich auf Olga sehr viel mehr konzentrierte und ihr zugleich mehr Aufmerksamkeit schenkte, als Simone es tat. Infolge dieses ungleichen Aufwands

> «hatte ich eigentlich gar keinen Grund, mich zu beklagen; aber diese Überlegung minderte trotzdem nicht meinen Groll. Mit Wort und Tat unterstützte ich das Trio und sein Wohlergehen, aber ich war nicht zufrieden, weder mit mir selber noch mit den anderen beiden, und ich blickte der Zukunft mit Sorge entgegen.»

Neben Eifersucht muß Simone de Beauvoir auch von gewissen Zweifeln geplagt worden sein. Jede intelligente, vernünftige Frau, die bewußt von pseudo-weiblich-dümmlichem Flirtverhalten absieht und die dann miterleben muß, wie just eine mit allen steinzeitlichen Flirty-Tricks arbeitende Frau ihren ureigensten Seelengefährten in einen hüpfenden Blödian verwandelt, muß an der Gerechtigkeit der Welt zweifeln. Wir können uns in die Situation der jungen Simone hineinfühlen und sie zutiefst bedauern. Da ist die frivole Olga – «kokett, künstlich, manchmal trotzig und schlechtgelaunt» –, seit ihrer Beziehung zu Sartre auch nicht mehr die Olga, zu der Simone einst Zuneigung gefaßt hatte, da ist Sartre, durch die Zwänge seiner Brunst ebenfalls verwandelt. Und mit alldem ist eine verblüffte Simone konfrontiert, die keinen Fehler machen, die diese Situation bewältigen und verstehen will, die aber einerseits ganz offensichtlich überflüssig ist und andererseits Sartre nach wie vor viel nähersteht als seine junge Freundin.

> «Auch Sartre war, wenn er sich auf Olga konzentrierte, ein ganz anderer als sonst, wenn wir uns allein miteinander unterhielten – dadurch wurden die Treffen à trois für mich zu sehr frustrierenden Ereignissen. Mitunter schufen die beiden auch eine ganz charmante Atmosphäre, und ich versuchte so gut ich konnte dazu beizutragen, aber wenn ich mir vorstellte, daß das Trio ein langjähriges Unterfangen werden und sich auf endlose Jahre in die Zukunft erstrecken sollte, war ich recht verzweifelt.

Wenn Sartre und ich wie gewohnt verreisten, verspürte ich nicht den geringsten Wunsch, daß auch Olga hinter uns herzockeln sollte.»

Verständlich. Die Memoiren geben wenig Aufschluß darüber, ob Simone dem Ganzen mitunter auch eine komische Seite abgewinnen konnte. Fand sie die Situation, für ihre beiden Halbverrückten in gleichem Maße die Vertraute zu sein, wenigstens streckenweise auch amüsant oder bloß unbequem? Sie berichtet jedenfalls von stundenlangen Gesprächen mit Sartre, in denen sie mit ihm jede Laune Olgas von allen nur erdenklichen Seiten analysieren mußte; und von Marco, Sartres Konkurrenten um die Gunst der schönen Olga, der diese Gespräche für so absurd hielt, daß er «Tränen lachte». Was empfand Simone, wenn Sartre sich in einer wirklich mehr als seltsamen Weise benahm? Wenn er, mit verstellter Stimme, Olga mit drohenden Telefonanrufen verfolgte? Konnte sie es als Teil seiner «teilnehmenden Forschung an der Welt» betrachten, seines Wunsches, jede nur erdenkliche Stimmung am eigenen Leib zu erleben bis in die Extreme? Wir wissen jedenfalls, daß der Charme der Situation, wenn er denn jemals existiert hatte, schnell verblaßte. Das «Trio» war, Simone wußte es schnell, eine Lüge. Zwar «kamen sowohl Sartre als auch Olga zu mir, um sich jeweils über den anderen zu beschweren». Zwar fühlte Simone sich, wenn überhaupt, bald nicht mehr gefährdet, denn Olga war keine richtige Gegnerin, sondern «war ein Kind, das einem Elternpaar gegenübersteht, das durch unerschütterliche emotionale Bindungen miteinander vereint ist».

Trotzdem ging die Situation Simone bald auf die Nerven, und sie gefiel sich in keiner der ihr zugeteilten Rollen – nicht als überflüssige Dritte bei den verträumt kichernden tête-a-têtes der beiden Verliebten, nicht als mitfühlendes Ohr für die Beschwerden Olgas. Und auch nicht mehr als Zuhörerin bei Sartres intellektualisierten Exegesen dieser seltsamen Episode.

«Anfangs hatte ich diese Berichte (über die allerletzten Details der Zweiertreffen zwischen Sartre und Olga) gerne gehört; aber allmählich wurde ich ungeduldig, wenn Sartre bis zur Unendlichkeit über irgendeine Mundwinkelzuckung Olgas spekulierte, und ich verbarg diese Ungeduld auch nicht vor ihm. Wenn ich seine Interpretation in Frage stellte, irritierte ihn das, und wenn ich gar einmal Olgas Seite ergriff, wandelte sich diese Irritation in Zorn.»

Ein äußerst undankbarer Part, und Simone beschloß, die ihr zugedachte Rolle niederzulegen. Aber wie? Sie könnte Sartre ein Ultimatum stellen, ihm ihren Unmut über die Situation mitteilen und ihre Bereitschaft aufkündigen, fortan an solchen Experimenten teilzuhaben. Sie könnte sich gekränkt zeigen darüber, daß dieses komische kleine Mädchen ihm so viel bedeutete und ihrerseits versuchen, seine Eifersucht zu wecken, um ihn so zur Vernunft zu bringen.

Die meisten Frauen tappen in diese Falle. Es wird ihnen, zugegebenermaßen, auch nahegelegt; die Frauenzeitschriften sind voll von Geschichten darüber, wie die Ehefrau ihre Rivalin ausstechen kann – durch geschicktes Taktieren, also entweder durch «gelassenes Tolerieren der Affäre, bis der Mann von selber zurückkehrt» oder durch das «Aufgebot aller Möglichkeiten», vom eigenen Rache-Ehebruch bis zu Szenen und Drohungen.

Vielleicht hat Simone diese Möglichkeiten erwogen. Unglücklich genug fühlte sie sich, und sie läßt uns an ihren Empfindungen teilhaben, wenn sie beschreibt, wie ihr Hals sich vor Verzweiflung zuschnürte beim Anblick des ohne sie lachend davonspazierenden Liebespaares.

Doch dann erkannte Simone, was sie an der ganzen Sache am meisten störte: die Macht, die andere und deren Verhalten damit über sie gewannen. Warum sollte diese Olga, ehemals in ihren Augen bloß ein nettes, interessantes, intelligentes Mädchen, das ihr aber im Grunde gleichgültig war, plötzlich Macht über sie, Simone, besitzen, über ihr Glück und Unglück, über ihre Freude oder Verzweiflung? Warum sollte eine Sache, die im wesentlichen Sartres Idee und Sartres Problem war, einen solch zerstörerischen Einfluß auf sie haben?

«Ich sah mich aufgefordert, gewisse Postulate zu revidieren, die ich bislang akzeptiert hatte. Ich sah, daß es falsch war, mich gemeinsam mit einer anderen Person in eine Klammer zu setzen und allzu schnell als ‹wir› zu reagieren. Es gab auch Erfahrungen, die jeder Mensch für sich allein durchlebte.»

Sartre erfuhr durch Olga «Angst, hektische Aufregung und Ekstase», lauter exzessive Gefühlszustände, die Beauvoir künstlich, konstruiert und außerdem unattraktiv und irrational fand – aber er wollte das, und so sollte er es auch haben. Wenn sie nicht daran teilhaben wollte, dann brauchte sie bloß aus der Klammer auszusteigen, statt bei einem zwanghaften «wir» mitzumachen.

Diese Einsichten untermauerte Simone bald darauf in ihren literarischen Arbeiten. Eine ihrer Romanfiguren steht vor der gleichen gefährlichen Situation, mit der Simone zu kämpfen hatte: «Andere Menschen konnten ihr nicht nur das wegnehmen, was sie hatte, sondern sie konnten auch ihre Persönlichkeit untergraben und verhexen.» Sich in einer extremen Gefühlsnot nicht beherrschen zu können, sich existentiell bedroht zu fühlen, sich in einer Art und Weise zu verhalten, die man im Grunde ablehnt – und das alles nur, weil irgendwelche Personen einen besetzt halten und von innen das eigene Gleichgewicht und Glück bedrohen – das ist tatsächlich, wie Beauvoir meint, die Essenz der Hilflosigkeit. Das extreme Unglück, das Frauen in schlechten Beziehungen erleben können, hat meist genau diese Ursache. Simone haßte dieses Gefühl, kämpfte viele Jahre dagegen an und beschloß, es zu überwinden. Eine andere Frau hätte vielleicht versucht, es «von außen» zu besiegen – etwa, indem sie ihrem Partner das Versprechen abrang, nie mehr anderweitige Beziehungen einzugehen, sie nie zu verlassen, sie immer zu lieben, usf. Die Scheidungsstatistiken zeigen uns, was von solchen Versprechungen zu halten ist. Dann gibt es noch den Tod, der einem den Geliebten nehmen kann. Es gibt die innere Unsicherheit, die, wenn man entsprechend veranlagt ist, einen auch dann in Unsicherheit und Mißtrauen ausharren läßt, wenn es keinen «objektiven» Grund gibt. Nein, Simone de Beauvoir wählte wohl den zwar schwereren, letztlich aber richtigeren Weg: sie versuchte, ihre Verletzbarkeit von «innen» zu behandeln, indem sie daran arbeitete, ihr inneres Gleichgewicht nicht von den Handlungen, Problemen und Launen der anderen beeinflussen zu lassen.

Eine zu kalte, zu selbstgerechte und zu rationale Frau? Hierzu noch zwei Informationen über ihre Selbsttherapie, die unser Bild von Simone wieder etwas zurechtrücken. In der Geschichte, in der sie ihre Dreieckserfahrungen literarisch aufarbeitet, darf Simone (in der Geschichte heißt sie Françoise) Olga (dort Xavière) am Schluß ermorden.

«Vom literarischen Standpunkt war dieser Schluß, wie ich rückblickend erkenne, nicht sehr überzeugend... Aber für mich persönlich hatte er eine unheimlich heilsame Wirkung. Indem ich Olga auf dem Papier tötete, befreite ich mich von all meinen Gefühlen der Irritierung und des Grolls gegen sie... Wenn ich diese Seiten heute nachlese, wirken sie auf mich konstruiert und nicht sehr lebensecht. Aber ich weiß noch, daß mein Hals, als ich die Seiten damals schrieb, sich so verkrampfte, als ob ich gerade einen echten Mord begehen würde.»

Diese Frau muß einem sympathisch, kann einem ein Vorbild sein. Distanziert und souverän – aber doch menschlich genug, um an der Rivalin Rache zu üben, wenn auch «literarisch» und damit unstrafbar und in einer Form, die die Affäre weit überdauern wird und noch dazu zu Simones beruflichem und psychischem Wohlergehen beiträgt.

Und noch eines erreicht Simone mit der Veröffentlichung: Sie begleicht nicht nur eine Rechnung, sondern verhilft sich auch erneut zu der notwendigen Distanz. Denn literarisch verarbeitet und gedruckt, verliert eine solche Erfahrung an quälender Nähe. Erst in einer Erzählung, merkt Simone an, kommen die lächerlichen Aspekte einer solchen Affäre richtig zur Geltung. «Ich vergaß nie, daß eine solche Episode (von der Heldin) als tragisch erlebt wird, daß man aber gleichzeitig darüber lächeln kann.»

Simone de Beauvoir, rational, intelligent, (selbst)ironisch und trotzdem nicht gefeit vor den seelischen Schmerzen eines weiblichen Gefühlslebens. «Frauen brauchen ein festeres Firmament über ihren Köpfen als Männer», schreibt sie, brauchen eine solidere emotionale Grundlage. Erziehung oder Veranlagung? Sie tippt eher auf ersteres, aber für die individuelle, jetzt lebende Frau ist das ohne Bedeutung. Sie muß ihr Leben so einrichten, daß es ihrem Wesen entspricht. Was das aber bedeutet, das leitet sich aus Beauvoirs Schriften provokant ab.

Stellen wir uns eine Frau vor, die zu einer Routineuntersuchung zu ihrem Arzt geht. Der macht verschiedene Tests und eröffnet ihr dann, daß sie eine Neigung zu Diabetes habe. Was wird diese Frau tun? Wird sie sich informieren und daraufhin ihre Diät entsprechend umstellen, um der Gefahr zu entgehen? Oder wird sie sich mit dem Etikett der Diabetikerin anfreunden, weitermachen wie bisher und sich dann sogar bestätigt fühlen, wenn ihr Zustand mehr und mehr der Diagnose entspricht?

Wer eine Prädisposition zu übergroßer Abhängigkeit hat, muß sich stabilisieren. Die Abhängigkeit voll auszuleben, in vielfacher Hinsicht sogar, dieser Weg führt ins Desaster. Und dennoch wählen Frauen diesen Weg, wenn sie sich mutwillig neben einer emotionalen Abhängigkeit auch noch in eine finanzielle, soziale, psychische Abhängigkeit begeben. Sie setzen möglicherweise darauf, daß eine starke Abhängigkeit eine entsprechende Bindung zur Folge haben wird. Vielfältige Vernetzungen werden – so meinen sie – die Verbindung unauflöslich und unzerstörbar werden lassen – das gemeinsame Konto, die gemeinsamen Kinder, der geregelte Haushalt, der gemeinsame Besitz. Simone de Beauvoir warnt davor, daß es auch anders ausgehen kann: die Frau hängt sich damit an ein einziges Seil, und wenn es reißt – was oft genug geschieht –, stürzt sie ab.

So fing es an: eine junge Frau, ein junger Mann und der gemeinsame Entschluß, ein ungewöhnliches, ein offenes, ein experimentierendes Leben zu leben. Die junge Frau macht «Unabhängigkeit» zu ihrem Lebensprinzip. Sie will viel erleben, aber sie will sich auch innerlich stabilisieren; sie will viele andere Menschen kennenlernen, aber die eigene Grenze wahren, um nicht unmäßig verletzbar zu sein durch die Gedanken, Werte und Taten der anderen. Auch der junge Mann macht «Unabhängigkeit» zu dem Motto seines Lebens, aber er versteht darunter etwas anderes. Scheinbar ist er der Stärkere. Er muß nie gegen die Angst vor einer Trennung ankämpfen, er hat nicht das schmerzhafte Bedürfnis nach Nähe, nach Sicherheit, nach Verläßlichkeit.

Die beiden fühlen sich einander auf eine besondere Art eng verbunden, aber ihr Zusammenleben gestaltet sich dennoch als Serie von Kompromissen: sie müssen einen Grad der Verbundenheit finden, der sie sich sicher fühlen läßt und ihn nicht beengt. Handelt sie richtig, wenn sie solche Kompromisse akzeptiert? Das kann nur sie entscheiden. Handelt er richtig, wenn er ein solches Maß an Freiheit fordert? Das kann nur er entscheiden. Da ihnen viel aneinander liegt, könnte jeder von dem anderen mehr fordern, aber beide halten das für unklug und unfair.

Simone ist anfangs die Schwächere, eindeutig. Vielleicht aber ist das positiv für ihre Entwicklung, denn es zwingt sie zu Aktivitäten und innerem Wachstum. Ein harmonischeres Leben ließe sie möglicherweise stagnieren. Wäre sie, als Ehefrau von Sartre, nicht vielleicht so ganz allmählich zu seiner Sekretärin, zur Verwalterin seines Erfolges, seines Denkens, seiner Werke geworden? Hätte sie dann nicht all die Dinge für ihn getan, die nun von einer Riege ihn anbetender Freundinnen erledigt wurden: sein Mittagessen zubereitet, seine Bücher geordnet, einen neuen Schreibtisch für ihn gekauft, seine Reisearrangements gemacht? Denn keineswegs war der theoretisch so emanzipierte Sartre vollkommen von den klischeehaften Rollenerwartungen eines bürgerlichen Mannes entfernt. Nur richtete er diese Erwartungen nicht an Simone.

Simone wollte nie heiraten, nie Hausfrau sein. Auch die Mutterschaft, sagt sie, erschien ihr nicht erstrebenswert, paßte nicht zu ihrem Charakter. Aber sie hätte sich wahrscheinlich eine größere Nähe zu Sartre gewünscht. Doch die Entwicklungen, die sie durchlief, hätten ebenso wie ihre Arbeit dann nur unter sehr viel größeren Schwierigkeiten stattfinden können. Also war genau dieses Arrangement sinnvoll zur Beherrschung einer inneren Schwäche.

Und Sartre? Er scheint anfangs der Stärkere zu sein. Aber der Schein trügt. Am Ende seines Lebens erweist sich, daß er eine weitaus bescheidenere persönliche Entwicklung durchgemacht hatte.

Er ist nicht in der Lage, seine persönlichen Gewohnheiten unter Kontrolle zu halten, sondern raucht und trinkt unmäßig auch dann noch, als sein Leben dadurch in Gefahr ist – und das, obwohl er den körperlichen Verfall und den Tod fürchtet. Der so unkonventionelle Mann hat deutlich pedantische Züge; er ist zum Beispiel abhängig von starr routinisierten Tagesabläufen. Gefühlsmäßig fühlt er sich verarmt; bei Frauen sucht er die Emotionalität, die er selbst nicht empfinden kann, und inszeniert kleinliche Dramen, um zumindest den Anschein von Leidenschaft zu erleben. Die grundsätzlichen Probleme, die er schon als Kind kannte, hat er nicht bewältigt, sondern er hat sich ihnen überlassen. Er kann sich nicht beherrschen. Er neigt zu Suchtverhalten: Alkohol, Tabletten, Tabak. Er findet sich häßlich und kompensiert das durch Affären mit hübschen Frauen. Er lehnt das Bürgertum ab und endet dennoch in einer klassischen bürgerlichen Männerrolle: er hat eine Reihe von Geliebten, die er finanziell aushält, und zwar so großzügig, daß er in seinem Alter in wirtschaftliche Not gerät.

Um uns Sartres Entwicklung vor Augen zu halten, können wir auf viele Quellen zurückgreifen: seine eigenen Schriften, die Gespräche mit Simone de Beauvoir, ihre Memoiren bis hin zum Nachruf auf ihn und die ausführliche und sehr parteiische Biographie von Cohen-Solal, um nur die wesentlichsten zu nennen. Dies sind auch die Quellen, die wir zu der folgenden kurzen Kontrastskizze von Sartres persönlicher Entwicklung heranziehen wollen. Die aufgezeichneten Gespräche entstanden gegen Ende von Sartres Leben und stellen eine interessante Reflexion dar: Beauvoirs Memoiren sind eine laufende Chronik der Ereignisse und besitzen eine hohe Glaubwürdigkeit, da Sartre jede Gelegenheit gehabt hätte, sie zu korrigieren; und wir stützen uns auch auf Cohen-Solal, obwohl sie keine zusätzlichen substantiellen Informationen bietet. Statt dessen nimmt sie eindeutig Partei für Sartre und sein Genie und läßt bisweilen sogar eine gewisse Gehässigkeit gegenüber Beauvoir spüren. Doch gerade aus diesem Grund läßt sie sich sinnvoll als eventuelles Korrektiv heranziehen.

Zusammenfassend – und ausgehend von seinen eigenen diesbezüglichen Aussagen – können wir Sartres Erlebnisse mit seiner Männlichkeit etwa wie folgt umschreiben: er ist klein von Statur und häßlich. Als junger Mann wird er von den Mädchen deshalb abgelehnt und sogar verspottet. Sein erstes sexuelles Erlebnis hat er, als Jugendlicher, mit einer wesentlich älteren Frau, die die Initiative übernimmt und ihn verführt, nach diesem einmaligen Zusammensein aber keine weiteren Treffen mit ihm wünscht. Später hat er eine Reihe von sexuellen Erlebnissen mit gleichaltrigen Mädchen, die er mit seiner Clique gemeinsam «aufreißt» und – wie er später selbstkritisch meint – hinterher verachtet. Zu sehr ist er noch seiner bürgerlichen Erziehung verhaftet und kann ein Mädchen, das «leicht zu haben» ist, nicht respektieren. Später lehnt er sich bewußt gegen diese bürgerlichen Moralvorstellungen und gegen die bürgerliche Lebensweise insgesamt auf und nimmt sich vor, in seinem Leben möglichst viele interessante Frauenbeziehungen zu erleben, weil er aus «Büchern über das Leben großer Schriftsteller» erfahren hat, daß «zahlreiche Liebesaffären, große Leidenschaften et cetera», wie er es als alter Mann humorvoll und ironisch formuliert, daß das also einfach zum Leben eines großen Mannes dazugehört.

An der Uni hat er einige Frauenbeziehungen, aber dann lernt er Simone de Beauvoir kennen. Seine Gefühle für sie und insbesondere die intellektuelle Komponente dieser Beziehung unterscheiden diese Bekanntschaft von allen anderen. Dennoch teilt er ihr schon beim ersten Kennenlernen mit, daß er sich als polygam begreift und sich nie auf die Beziehung zu einer einzigen Frau wird beschränken können. Eine andere Frau würde sich vielleicht sagen: das werden wir schon noch sehen. Simone de Beauvoir nimmt diese Aussage offenbar als Tatsache zur Kenntnis, auch wenn wir selbst aus ihren aufgezeichneten Gesprächen im hohen Alter noch heraushören können, daß sie diese Haltung nie ganz nachvollziehen konnte. In einem dieser Gespräche erklärt Sartre ihr und sich selbst, daß er bei diesen Frauen Emotionalität und Bestätigung suchte. Sexuell wurden die Beziehungen deshalb, weil das irgendwie «dazugehörte» – von ihm aus hätte es genausogut bei einer liebevollen Zuneigung bleiben können, da ihm der sexuelle Akt nie viel bedeutet hat. Was er wollte, glaubt Sartre, war, an der Sensibilität der Frauen teilzuhaben. Und von ihnen geliebt und bewundert zu werden und die Rolle eines Lehrers einzunehmen.

Es ist interessant, daß sowohl Sartre als auch Beauvoir sich dem anderen gegenüber minderwertig fühlten. Beauvoir hielt Sartre für überlegen, weil er zielstrebiger und besessener war von seinem intellektuellen Auftrag als sie selber. Sartre aber betrachtete diese rationale Zielstrebigkeit als Manko, als Defizit des Männlichen: Frauen wurden, so glaubte er, bloß durch ihre Erziehung und durch gesellschaftliche Benachteiligung daran gehindert, ebenso rational und klug zu sein wie Männer, besaßen aber zusätzlich noch eine überlegene «Sensibilität». Und diese Sensibilität, glaubte er, machte Frauen für ihn so anziehend.

So weit, so gut; es klingt ja auch ganz poetisch, wenn es sich so darstellt. Doch sehr viel nüchterner sieht der tatsächliche Alltag aus.

Sartre, am Ende seines Lebens. Er kann nicht mehr sehen, nicht mehr gehen, weil seine Exzesse seine Gesundheit ruiniert haben. Er geht so leichtfertig mit dem «Kapital seiner Gesundheit» um, daß Beauvoir sich schon fragt, ob er sich absichtlich kaputtmachen will, um einem Buchprojekt zu entkommen, zu dem er sich nicht mehr imstande fühlt.

> «Ich selbst kann auch getrost nichts tun, ohne dadurch meinen Lebensinhalt zu verlieren. Aber nicht Sartre. Dann bekommt er Angst und läßt sich von einer seiner ‹verantwortungsvollen› Frauen zum Arzt führen. Wenig später wieder überkommen ihn seine Teufel, und er läßt sich von einer seiner diversen unverantwortlichen jungen Frauen flaschenweise Wodka und Whiskey bringen.»

Manche seiner Freundinnen lieben und bewundern ihn wirklich. Aber manche sind psychologisch schwer gestört, und wieder andere nutzen ihn aus. Er, der keine Ehefrau wollte, weil er die Verantwortung ablehnte, ist schließlich mit einer ganzen Reihe von finanziellen Verantwortungen teils absurder Art belastet. Sie führen dazu, daß seine Buchtantiemen sofort an diverse Frauen überwiesen werden und er sich, als er neue Schuhe braucht, sie sich von Beauvoir schenken lassen muß.

Nicht nur an solcher Symbolik lassen sich, am Schluß ihres Lebens, die Machtverhältnisse und Kräfteverschiebungen von Beauvoir und Sartre festmachen. Am Schluß ist Simone de Beauvoir eine Frau, die ihr Gleichgewicht gefunden hat, die mit Krisen und Veränderungen umgehen kann, die ihre wesentlichsten Ziele erreicht hat. Sartre indessen ist ein unglücklicher Mensch, der mit dem Alter nicht fertig wird, der sich nicht beherrschen kann, der sich mit Alkohol, Zigaretten und Psycho-Szenen kaputtmacht. Natürlich: das ist ein «Sieg», dem Beauvoir wenig Freude abgewinnen kann. Sie möchte, daß es ihm gutgeht, daß er stark ist, daß sie noch länger zusammensein können; seine Schwäche betrübt sie nur. Damit unterscheidet sie sich von Männern, die aus den Schwächen ihrer Partnerinnen eine subjektive Aufwertung beziehen, da ihnen Macht wichtig ist. In diesen letzten Jahren kommt Simone daher sogar von dem lebenslangen Prinzip der

Nichteinmischung ab: jetzt achtet sie darauf, daß er seine Medikamente nimmt, hält seine jungen Freundinnen davon ab, ihm heimlich Alkohol einzuflößen, wird gegenüber den Ärzten sogar in eine bevormundende Rolle gedrängt, indem sie entscheiden muß, ob er die volle Wahrheit über seinen gravierenden Zustand verkraften kann.

In «Das Alter» setzt sie sich mit der deprimierenden Endphase ihrer Beziehung auseinander. Es ist viel Resignation dabei, auch eine Spur von Enttäuschung darüber, daß Sartre sich und sie mit seiner inneren Schwäche in gewisser Hinsicht verraten hat. Und das Bewußtsein, daß man andere Menschen nicht verändern kann, nicht einmal zu ihrem eigenen Guten, nicht einmal, wenn Logik und Liebe es dringend erfordern. Und der wehmütige Wunsch, es möge anders sein. Und die Gewißheit, daß man in letzter Instanz für sich selbst, und leider nur für sich selbst, die Verantwortung übernehmen kann.

Simone de Beauvoir, Das Alter. Reinbek bei Hamburg, 1972
Simone de Beauvoir, Memoiren einer Tochter aus gutem Hause. Reinbek bei Hamburg, 1960
Simone de Beauvoir, Der Lauf der Dinge. Reinbek bei Hamburg, 1966
Simone de Beauvoir, Das andere Geschlecht. Reinbek bei Hamburg, 1968
Christiane Zehl Romero, Simone de Beauvoir. Reinbek bei Hamburg, 1978

7.
Kopf statt Herz bringt weniger Schmerz

Da gibt es die Vernunftehen und die Liebesehen, eine Gegenüberstellung, die bei vielen Frauen zu der fatalen Folgerung führt, daß eine Beziehung vor allem dann besonders liebevoll ist, wenn es dort ganz besonders unvernünftig zugeht.
Liebe spielt für Männer bei der Partnerwahl eine geringere Rolle. Hübsch soll sie sein, sportlich, eine gewisse Intelligenz vielleicht... Mit ihren nüchternen Kriterien halten Männer selten hinter dem Berg. Doch die Frauen hören einfach nicht hin.

Die Alltagssprache kennt die Gegenüberstellung: da gibt es die «Vernunftehen» und die «Liebesehen». Bei vielen Frauen führt das zu der fatalen Folgerung, daß Liebe und Vernunft sich widersprechen, ja, daß eine Beziehung vor allem dann von Liebe geprägt ist, wenn es ganz besonders unvernünftig zugeht.

Wenn Frauen, die über ihr Beziehungsunglück klagen, erzählen, wie sie ihren Partner kennengelernt haben und welchen ersten Eindruck sie von ihm hatten, dann ist das Scheitern der Bindung oftmals kaum verwunderlich.

Ist er nett? Hat er dieselben Auffassungen über Kindererziehung? Mag er mich? Akzeptiert er meinen Beruf? Vertragen wir uns gut? Sehr selten stellten sich Frauen diese sehr interessanten Fragen, bevor sie sich zu einer Ehe entschlossen. Sie fanden es im Gegenteil romantisch, ausgerechnet einen Mann zu heiraten, der so gar nicht zu ihnen paßte. Der Richtige: so kann das aussehen –

> «Ich weiß gar nicht, was unsere Beziehung ausgemacht hat. Mir hat nichts Besonderes an ihm gefallen. Ich besuchte eine Ausstellung, und plötzlich stand er vor mir. Er hat ausgeschaut wie einer, der dauernd die Mädchen verführen will. Es hat mir eigentlich überhaupt nichts an ihm gefallen.»

Sehr vielversprechend. Und wir haben es da nicht mit Einzelfällen zu tun. Eine der zitierten Frauen aus Robin Norwoods Buch zum Beispiel fühlte sich zum späteren Katastrophenpartner hingezogen, als sie ihn auf einer Diskussionsveranstaltung erlebte. Dort fiel er auf, weil er lauter extrem frauenfeindliche Statements abgab. Daraus hätte sie schließen können, daß sie am besten einen ganz weiten Bogen um einen so aggressiven, unangenehmen Menschen machen sollte. Statt dessen aber fühlte sich diese Frau aufgefordert, ihn zu bedauern und ihm zu beweisen, daß es auch liebe und nette Frauen gibt (zum Beispiel sie). Ihr wohltätig-pädagogischer Impuls endete damit, daß sie geschlagen und finanziell ausgebeutet wurde.

«Er stand arrogant da und musterte aggressiv die Frauen.»

«Er erzählte in der Runde, daß er es noch nie länger als zwei Monate bei ein und derselben Frau ausgehalten habe.»

Frauen sind bereit, solche Warnungen als Scherz, als Pose oder als Herausforderung zu betrachten. Es ist interessant, wie offen und zutreffend Männer sich oftmals charakterisieren und wie wenig es den Frauen nützt, weil sie einfach nicht richtig zuhören. Das alte Klischee vom Froschkönig ist noch lange nicht überholt, wie auch die Mitarbeiterin einer Eheberatungsstelle aus Erfahrung weiß:

«Ich habe oft das Gefühl, die Frauen knallen den Mann so lang an die Wand, bis er also... immer in der Hoffnung, daß es ein Prinz wird, aber da war nie einer. Und es kann auch keiner werden. Und der ist nachher zwar voller Dellen, ist aber immer noch ein Frosch.»

Auffallend anders klingt es, wenn Männer ihre Partnerwahl erläutern, von wenigen Ausnahmen abgesehen:

«Wie ich meine Frau ausgewählt habe? Also, sie gefiel mir. Einmal gefällt mir ihre Figur, hat mir auch schon vor zwanzig Jahren fabelhaft gefallen. Sie kommt den archetypischen Vorstellungen, die jeder Mann vielleicht so hat, am nächsten. Es gefällt mir ihr Gesicht, ihre Augen, ihr Körper, ihre Art sich zu bewegen. Es geht ein großer Reiz von ihr aus. Also das war das erste, was ich an ihr erfahren hatte, ihre Erscheinung. Und damit hat es auch begonnen. Danach habe ich ihr Wesen gefunden und dann die Reaktionsweisen erfahren. Aber so erst einmal geht es über das Sinnliche.»

Oder ein anderer:

«Meine Erwartung an eine Ehefrau? Ich hatte natürlich die Vorstellung, daß sie hübsch sein sollte. Von den Äußerlichkeiten abgesehen? Sie sollte sportlich sein. Und es sollte weltanschaulich eine Übereinstimmung da sein. Ja, eine gewisse Intelligenz vielleicht noch. Sie sollte nicht aus gehobeneren sozialen Verhältnissen kommen, sonst hätte sie sich Dinge erwartet, die ich ihr nicht geben konnte. Zwei bis drei Kinder stellte ich mir vor und eine Frau, die der Mittelpunkt der Familie ist, während ich meine Karriere aufbaute. Ich hatte eigentlich genau die Erwartungen, die sich dann auch erfüllt haben.»

Daß es den Prinzen nicht gibt, dürften Frauen inzwischen begriffen haben. Aber statt sich damit abzufinden, wollen sie das vorhandene Material zwangsweise umgestalten. Besser wäre es, sie versuchten, wenigstens einen freundlichen Frosch, eine nette Kröte, eine entgegenkommende Unke zu finden.

Aber zurück zu der Gegenüberstellung von Kopf und Herz, Liebe und Vernunft. In Wirklichkeit nämlich existiert diese klare Trennung gar nicht, sondern die Motive für die Partnerwahl kommen aus beiden Bereichen. Sabine und Martin lernen sich mit zwanzig kennen, verstehen sich gut, hoffen aber insgeheim beide noch auf einen aufregenderen Partner. Sie trennen sich. Fünf Jahre später begegnen sie sich wieder, keiner von ihnen hat in der Zwischenzeit den aufregenderen Partner gefunden, sie nehmen ihre Beziehung wieder auf und heiraten schließlich. Was war das? Liebe? Nein, sonst hätte es dem Klischee gemäß ja sofort «funken» müssen. Vernunft? Nicht nur, denn eine Attraktion, eine gefühlsmäßige Basis war ja da, sonst wären sie nie eine Beziehung eingegangen.

Am besten können wir diese Motive beleuchten, wenn wir Menschen mit dezidierten Standpunkten, entweder für die Vernunft oder für die Liebe, einander gegenüberstellen.

Auch der kulturelle Hintergrund ist dabei wichtig, denn er prägt die Erwartungen.

Ehen werden überall geschlossen, und überall gehören Liebe und Begehren dazu – und Trennungen. Nur die Gewichtung ist verschieden. Die Liebe zum Beispiel. In den meisten islamischen Ländern wäre es unziemlich, «aus Liebe» zu heiraten. Es wäre fast skandalös, denn man würde sich damit eine schreckliche Blöße geben, sich zu erkennen geben als primitiver Mensch, der von seinen niedrigen Trieben gelenkt wird. Außerdem gilt die Liebe als viel zu fragil, zu unreif, um etwas so Wichtiges wie eine Ehe, eine Familie darauf aufzubauen. Bei der Wahl eines Ehepartners richtet man sein hauptsächliches Augenmerk auf die Eigenschaften der Person, und man läßt sich von älteren, erfahreneren Menschen beraten. Noch heute kann das so weit gehen, daß sich die Ehepartner vor der Hochzeit nur ein paarmal zu Gesicht bekommen und miteinander noch nie allein ein paar Worte gewechselt haben.

Und trotzdem hat diese Pragmatik ihre Grenzen. Denn in der islamischen Kultur spielen eben auch romantische Ideale, Gedichte und Liebesgeschichten eine sehr ausgeprägte Rolle. Für die jüngere Generation gewinnt diese Romantik noch an Gewicht durch die Beiträge, die der moderne Westen beisteuert – Filme, Schlager und Ideen. Junge Leute fügen sich vielleicht dem Willen der Eltern und der Kultur, aber sie hoffen, daß aus ihrer Vernunftehe eine Liebesbeziehung wird.

Bei uns im sogenannten aufgeklärten Westen ist es geradezu umgekehrt. Es würde fast schon als unanständig gelten, aus rein pragmatischen Überlegungen zu heiraten – das wäre blanker Opportunismus, zumindest aber der Beweis für eine kaltblütige, phantasielose, schwer neurotische Persönlichkeit. Bestenfalls noch könnte es als Zeichen des individuellen Versagens gewertet werden: der oder die «Richtige» kam nicht, also fand man sich mit dem Nächstbesten ab. «Aus Vernunft» heiraten bei uns nur Randgruppen: die sehr, sehr Reichen, um den Wohlstand zu mehren, Verlassene oder Verwitwete, die im Interesse ihrer Kinder einen Ersatz für den fehlenden Elternteil suchen u. ä. Bei allen anderen soll die Kraft der Gefühle die «Richtigkeit» der Entscheidung für eine bestimmte Person bestätigen und die kommenden Probleme des Alltags überwinden helfen.

Aber auch diese romantische Fassade verbirgt ein Gerüst von blankem Nutzen. Junge Paare hoffen, daß ihre Gefühle und Impulse sie zu einer Wahl geführt haben, die sich auch pragmatisch bewähren kann. Daß man, durch die Liebe auch zur Harmonie und Verträglichkeit disponiert, ähnliche Meinungen und Auffassungen in wichtigen Alltagsfragen entwickeln wird, Kompromisse finden wird und die praktischen Aspekte des Lebens gemeinsam besser wird meistern können. Bezeichnend ist, wie viele Paare sich in Zeiten der Krise in die Pragmatik flüchten: sie schaffen sich ein weiteres Kind an, sie bauen gemeinsam ein Haus, um sich eine stärkere praktische Verankerung zu geben.

Spätestens im Fall der Trennung wird außerdem evident, wie wichtig den ehemaligen Partnern die pragmatischen Dinge einer Ehe, eines Zusammenlebens sind, oder besser: wie eng das alles miteinander verwoben ist. Denn im Fall einer Trennung geht es um jeden Topflappen. Manchmal zwar ist der Topflappen nur ein

Vorwand, und er symbolisiert das gekränkte Gefühl. Aber oft geht es tatsächlich real um den Topflappen.

Jan Halper, die Interviews* mit über 4000 Männern machte, behauptet, daß 47% der Befragten aus pragmatischen Gründen und nur 10% «aus Liebe» geheiratet hätten. Ursprünglich, schreibt sie, fand sie diese Ergebnisse schockierend. Aber es war keinesfalls so, daß die «pragmatischen» Ehen in irgendeiner Weise schlechter oder unglücklicher verliefen als die anderen – eher, so Halper, traf das Gegenteil zu.

Im folgenden Teil kommen einige ausgewählte Paare zu Wort. Wir haben sie «kulturübergreifend» ausgewählt: obwohl alle in den westlichen Industrieländern leben, kommen einige ursprünglich aus anderen Kulturkreisen. Damit wollen wir die «Verzerrung», die von dem westlichen Erwartungshorizont in Ehen hineingebracht wird, vermeiden.

Vernunft statt Liebe – Zur Orientalisierung der Ehe

Spätestens im Fall einer Trennung offenbart sich, wie wichtig den ehemaligen Partnern die pragmatischen Bestandteile des Zusammenlebens sind. Da geht es um jeden Topflappen.
Durchaus sinnvoll also, pragmatische Überlegungen auch schon vor der Eheschließung anzustellen. Vielleicht muß es dann zu dem Kampf um den Topflappen gar nicht erst kommen.

Latif:

«Ich war schon einmal verheiratet. Meine erste Frau war Amerikanerin, und vom ersten Tag an hat es nicht geklappt. Es war nicht

* Jan Halper: Quiet Desperation. New York 1988

ihre Schuld, es war nicht meine Schuld. Unsere Kulturen waren einfach zu verschieden, und unsere jeweiligen Familien taten noch ihren Teil dazu. Es begann mit der Hochzeit. Mein Bruder war aus dem Libanon gekommen, um dabeizusein. Dann wurde sein Flug gestrichen, und er konnte erst zehn Tage später abreisen. Candice wollte, daß er im Hotel wohnt. Für mich war das undenkbar; mein eigener Bruder, der von so weit gekommen war, um bei meiner Hochzeit dabeizusein, mußte selbstverständlich in unserer Wohnung unser Gast sein. Außerdem wäre das ein Familieneklat sondergleichen gewesen: mein Bruder, im Hotel! Candice meinte, daß das schließlich unsere Flitterwochen wären und es sehr unhöflich und unsensibel von ihm sei, sich aufzudrängen. Ich verstehe ihren Standpunkt. Was soll's, ich verstehe beide Standpunkte, aber es hilft nichts: sie paßten einfach nicht zusammen.

Und so war unsere ganze Beziehung. Es begann am Hochzeitstag, und genauso ging es weiter. Wenn meine Freunde oder Verwandten kamen und wir einen Abend lang arabisch geredet haben, hat sie getrotzt und geweint. Ich hab das verstanden. Aber es ist unrealistisch zu meinen, daß sich eine große Gruppe einen Abend lang in einer Fremdsprache unterhalten wird, nur ihretwegen, statt in der gemeinsamen Muttersprache. Ihre Familie hat kräftig geschürt. Sie hatten nichts gegen mich, aber sie warteten immer darauf, daß ich irgendwann mein wahres, furchtbares orientalisches Gesicht offenbaren würde. Daß ich dann eifersüchtig, despotisch usw. werden würde. Meine Familie tat dasselbe. ‹Trinkt sie nicht ein bißchen zuviel?› – ‹Schrecklich, daß diese Amerikanerinnen alle rauchen müssen.›

Was mir an ihr gefallen hatte: Also, erstens war sie sehr schön. Sehr attraktiv. Ich gebe zu, ihre Herkunft hat mir gefallen. Sie kommt aus einer sehr wohlhabenden Familie, und ich war schon damals sehr ehrgeizig. Nicht, daß ich mir von der Ehe einen Vorteil versprach, nein. Aber es gefiel mir ihr Stil, ihre Aura von Geld und gutem Geschmack. Es war wie ein Signal, daß ich selber auch einmal in diese Schicht aufsteigen würde und schon jetzt die passende Frau dafür hatte.

Wir waren drei Jahre verheiratet. Ich wußte schon nach dem ersten Jahr, daß es ein Fehler war und wir uns am besten trennen sollten. Es war mir auch wichtig, daß wir keine Kinder bekamen, denn das wäre fürchterlich gewesen. Ein fürchterlicher Krieg um ihre Erziehung.

Candice wollte sich nicht scheiden lassen. Ich weiß nicht, warum. Vielleicht liebte sie mich, vielleicht wollte sie sich nicht geschlagen geben, wer weiß. Ich machte es schließlich so: ich fuhr für etliche Monate nach Syrien, geschäftlich. Von dort aus rief ich ihre Mutter an. Luise – mit ihr hatte ich ein halb feindliches, halb kumpelhaftes Verhältnis – Luise, sagte ich, deine Chance ist gekommen. Du kannst deine Tochter aus meinen bösen Klauen befreien, aber du mußt jetzt schnell handeln. Dann hat sich Luise eingeschaltet, hat die Scheidung organisiert und Candice überredet, und das war's dann.

Ich habe dann zehn Jahre lang herrlich gelebt, als Junggeselle. Es war wundervoll. Parties, Feste, Freunde, Frauen! Ich hatte keine Sorgen! Meine Firma blühte und gedieh, ich wurde reich, und ich vergnügte mich. Aber die Leute, meine Freunde, meine Familie, ließen mich nicht in Frieden. Sie stellten mir ihre Schwestern, ihre Kusinen, die Freundinnen ihrer Frauen vor. Willst du denn keine Familie haben? Du wirst auch nicht jünger, bald bist du fünfundvierzig usw. Dann machte ein guter Freund mich auf seine Nichte aufmerksam, auf Mariam. Sie ist sehr schön, mit einer netten, vornehmen Art, die mir gleich gefiel. Sie hatte gerade ihr Studium abgeschlossen, Wirtschaftswissenschaften. Ich fand sie interessant. Aber es gab da ein kleines, kulturelles Problem. Ich hatte schon eine Scheidung hinter mir und wollte nicht noch einmal einen Fehler machen. Ich wollte sie kennenlernen, wollte sehen, ob wir auch im Alltag miteinander auskommen konnten. Aber es war nicht möglich, mit ihr eine längere Beziehung zu haben, allein mit ihr Zeit zu verbringen, ohne ihren Ruf zu ruinieren. Außerdem hätte ihre Familie das nicht erlaubt. Ich sprach mit ihrem Onkel, und wir entwickelten einen guten Plan. Ich bot ihr eine Stellung in meiner Firma an, mit dem – natürlich niemals ausgesprochenen – Hintergedanken, daß wir dadurch Gelegenheit hätten, uns gegenseitig zu beobachten und in einer Alltagssituation kennenzulernen. Wir konnten uns dadurch auch privat kennenlernen – ich nahm sie zu ‹Arbeitsessen› mit, hielt in meinem Haus am Samstag ‹Besprechungen› ab usw. Nach einem Jahr kamen wir beide zu dem Entschluß, daß wir uns gut vertragen könnten. Es war eine seltsame Situation, das gebe ich zu. Manchmal haben wir gestritten, natürlich, und dann hat sie am nächsten Tag nicht mit mir gesprochen. Eine Chefsekretärin, die sich weigert, mit dem Chef zu sprechen? Weiß Gott, was die anderen Angestellten sich gedacht haben – na ja, sie haben ja gemerkt, was läuft. Und es war unsere einzige Chance, nicht blindlings in eine vielleicht chancenlose Verbindung hineinzutappen.

Mariam ist eine gute Frau und eine gute Mutter. Sie geht mit mir respektvoll um, ich gehe mit ihr respektvoll um, wir achten einander. Sie akzeptiert meine Freunde. Ich akzeptiere ihre leider zahlreichen Verwandten, die sich mit ihren leider zahlreichen Problemen an mich wenden. Einer braucht einen Job, der andere ein Visum, sein Bruder braucht einen Studienplatz, ein Onkel ist im Krankenhaus und muß besucht werden, eine bekommt ein Kind und braucht zuerst einen guten Arzt, dann eine größere Wohnung, es nimmt kein Ende. Mariam kommt aus einer sehr großen, sehr einflußreichen, überwiegend verarmten, aber sehr arroganten Familie. Ich sage immer, zehn Jahre lang hatte ich keine Probleme, und jetzt vergeht keine Woche ohne Begräbnis, ohne Krankenhausbesuch. Aber ich beklage mich nicht, denn das wußte ich alles schon vorher. Auch ich habe ihr sehr realistisch gesagt, was ich von ihr erwarte, wie ich bin.»

Mariam:
«Diese Ehe hatte viele Feinde. Zwischen uns ist ein großer Altersunterschied, und die Leute haben gesagt, daß ich ihn nur seines Geldes und seiner Stellung wegen heirate. Auch ich hatte viele Bedenken, ihn zu heiraten. Männer aus unserer Kultur sind oft sehr eifersüchtig, und das hätte ich nicht ertragen können. Ich könnte es nicht ertragen, wenn ich nicht normal mit Männern sprechen kann, mich nicht frei bewegen kann, ohne daß einer gleich das Schlimmste vermutet und hinter mir herspioniert. Ich habe Latif gesagt, daß ich diese Befürchtung habe. Er hat beteuert, daß er nicht so sei, daß er mir vertraue. Ich habe sehr mißtrauisch auf Anzeichen geachtet, daß er übermäßig possessiv ist, aber es gab keine. Und trotzdem habe ich Angst gehabt, daß er nach der Hochzeit anders wird. Schließlich kann man leicht Dinge verspre-

chen; dann heiratet man, und danach ist alles anders. Das hat sich aber, zum Glück, nicht bewahrheitet.

Unsere Methode, uns im Hinblick auf eine mögliche Ehe besser kennenzulernen, fand ich sehr einleuchtend und intelligent, aber andere Leute dachten anders darüber. Ich kenne die arabische Gemeinde hier nur allzugut, und ich weiß genau, was sie darüber dachten. Zuerst hieß es, der hat sich seine Geliebte als Sekretärin in die Firma geholt, damit er sie bewachen kann. Meine Brüder wurden zur Seite gezogen und gewarnt, daß dieser Mann ihre Schwester mißbrauchte, daß er mich nur als seine Mätresse hielte, solange er Gefallen an mir fand, und mich danach verstoßen würde. Daß er mich nie, nie heiraten würde. Dann hat er mich geheiratet, und dann hieß es: das kann niemals gutgehen. Eine junge, schöne Frau und ein viel älterer, reicher Mann, das geht nicht gut. Nach spätestens einem Jahr sind sie wieder getrennt. Dann bekam ich unser Kind, noch dazu einen Sohn, dann war ich allmählich eine ernstzunehmende Person. Denn die Mutter seines Sohnes ist für einen Araber nicht mehr so leicht abzuschütteln. Was die Leute jetzt sagen, weiß ich nicht. Jetzt sind sie erst einmal ruhig!

Ich wußte, daß ich mich Latif anpassen muß, wenn diese Ehe gutgehen soll. Er ist älter, seine Gewohnheiten sind fixiert, und auch von seiner Persönlichkeit her ist er zwar lieb und großzügig, aber er läßt sich nicht viel sagen. Ich überlegte mir das alles sehr sorgfältig. Ich bin ein Mensch, der am Abend am liebsten in Ruhe ein gutes Buch oder eine Zeitschrift liest. Aber für Latif ist ein solcher Abend unerträglich. Er braucht Leute um sich, viele Leute. Er geht gern in Restaurants; ich mach das nicht so gern. Wenn er nicht ausgeht, dann ruft er seine Freunde an. Sie sind jeden Abend da und bleiben lange. Ich wußte das, und ich mußte mir überlegen, ob ich mich daran gewöhnen könnte oder nicht. Jetzt ist es keine Strafe mehr für mich, ich bin durch Latif geselliger geworden und habe Gefallen gefunden daran. Ich wußte von Latifs erster Ehe, die an diesen Punkten gescheitert ist, und ich wußte, daß er sich in diesen Dingen nicht ändern würde. Also mußte ich mich fragen, ob ich mich ändern wollte oder nicht. Er akzeptiert auch Dinge, die er vielleicht nicht so gerne mag, weil sie umgekehrt mir wichtig sind.

Ich wußte, daß ich einen gesettelten Menschen heirate. Ich hatte von Anfang an die Absicht, mich in sein existierendes Leben einzufügen. Ich habe zum Beispiel seine Haushälterin behalten. Er mag sie, sie ist seit vielen Jahren da und kennt all seine Vorlieben und Gewohnheiten, und ich wollte mich da nicht einmischen. Eine andere Frau hätte vielleicht lieber selber jemanden eingestellt, aber ich entschied mich dagegen. Und es hat sehr gut funktioniert, und sie hängt an unserem Sohn und ist die beste Babysitterin, die ich mir wünschen könnte.

Wenn ich etwas ändern könnte? Also, da gibt es mehrere Punkte. Ich würde in einem anderen Haus leben. Dieses ist ein Junggesellenhaushalt. Das Haus liegt, wie Sie sehen, an einer steilen Klippe mit wundervollem Ausblick, aber ein kleines Kind kann keinen Augenblick unbeaufsichtigt im Garten spielen. Auch manche von Latifs Investitionen behagen mir überhaupt nicht, aber ich kann ihm nicht hineinreden, darauf würde er bestimmt sehr böse reagieren. Außerdem braucht er, weiß Gott, wirklich keinen Rat; schließlich ist er mit seinen Instinkten reich geworden, und meine größere Vorsicht würde ihn nur nervös machen.

Im Zusammenleben ist Latif sehr angenehm, keine meiner Befürchtungen hat sich bewahrheitet. Er läßt mir jeden Freiraum für meine Interessen.»

Wer die attraktive Mariam, den dynamischen Latif sieht, würde nie vermuten, daß es sich hier um eine sehr pragmatische «Vernunftehe» handelt. Auf den zweiten Blick ließe sich dann vielleicht vermuten, daß eine schöne Junge einen reichen Alten geheiratet hat, aber auch das wäre eine zu oberflächliche Beurteilung. Schließlich ist Mariam kein Showgirl, sondern eine Tochter aus bestem Hause. Latifs erste Ehe war eine «Liebesheirat» – und doch auch wieder nicht. Eigentlich war auch diese Ehe seinem pragmatischen Lebensplan unterordnet, diente sie zumindest psychologisch seinem sozialen Aufstieg: das Mädchen aus reicher amerikanischer Familie signalisierte die soziale Akzeptanz, die sich Latif erhoffte. Latif hat eine sehr geringe Bereitschaft, sich anzupassen, unterzuordnen, sich zu verändern. Als seine erste Ehe scheiterte, schloß er daraus nicht, daß er etwas falsch gemacht hatte und sich das nächste Mal anders verhalten sollte, sondern er beschloß, daß er sich eine Frau suchen müsse, die keine Forderungen stellte, denen er nicht nachkommen wollte. Eine solche Frau vermutete er eher in seinem eigenen Kulturkreis.

Auch für Mariam stellte sich die Ehe pragmatisch dar. Sie ist zwar in manchem modern, in vielen grundlegenden Dingen aber sehr konventionell und hängt an ihrer Familie. Eine rebellische Ehe mit einem nichtstandesgemäßen oder gar mit einem amerikanischen Partner käme für sie nicht in Frage. So gesehen war Latif ein interessanter Kandidat: unkonventionell genug, sie vorher kennenzulernen, die gegenseitige Verträglichkeit überprüfen zu wollen. Außerdem bot er einen mehr als guten Lebensstanddard und soziales Ansehen und akzeptierte ihre ungewöhnlich starke Bindung an ihre Familie und Verwandtschaft. Mariam überdachte die Konditionen dieser Ehe wie jemand sonst einen Arbeitsplatz überdenkt: bin ich bereit, die Überstunden zu leisten, komme ich mit den Kollegen aus?

Ist diese Ehe also nun «gut» oder «schlecht»?

Kontrastieren wir sie, um dieser Frage auf der Spur zu bleiben, mit einer anderen Ehe, die aus einem ähnlichen Kulturkreis stammt:

Omar und Laila lernten sich in Pakistan an der Uni kennen; beide studierten Landwirtschaft. Beide kommen aus Familien, die an der Schwelle standen zwischen Tradition und Moderne. Lailas Familie fand es zum Beispiel vollkommen in Ordnung, daß die Töchter studierten und später einmal anspruchsvolle Berufe hatten. Aber zugleich wäre es den Eltern am liebsten gewesen, wenn sie zum gegebenen Zeitpunkt eine Ehe für sie hätten arrangieren können. Sie erlaubten ihrer Tochter, «mit Freundinnen» ins Kino zu gehen und wußten vielleicht sogar, daß sich unter den «Freundinnen» auch ein paar «Freunde» verbargen. Auch Laila empfand halb modern, halb traditionell.

> «Ich wollte mir unbedingt den Ehemann selber aussuchen. Ich wußte auch, daß die Eltern mit Omar nicht einverstanden gewesen wären, denn zwischen den beiden Familien gab es einen Generationen alten Konflikt. Das war mir egal, auf diese Krise wollte ich es ankommen lassen. Ich traf Omar heimlich und hatte dabei kein schlechtes Gewissen. Aber nie hätten wir uns irgendwelche Intimitäten erlaubt, dazu waren wir zu konservativ.»

Laila und Omar verliebten sich, standen den Konflikt mit ihren Familien durch und durften schließlich heiraten. Lailas Familie prognostizierte düster, daß Omars entsetzliche Familie sie als Schwiegertochter quälen und unglücklich machen werde und versprach ihr unter Tränen, sie jederzeit wieder aufzunehmen. In Wirklichkeit verstand sich Laila mit Omars Familie, besonders mit seiner Mutter, prächtig.

Nach sieben Jahren Ehe beschlossen Laila und Omar, nach Deutschland überzusiedeln. Beide fanden Arbeit, Omar in einer großen Hilfsorganisation als Agrarexperte, Laila in der Devisenabteilung einer Bank.

Laila:
«Omar ist ein sehr guter Mensch. Er würde nie etwas tun, wenn ich dagegen wäre. Wir besprechen alles. Er hilft mir im Haus, was bei uns nicht üblich ist. Viele unserer Freunde stammen ebenfalls aus Pakistan. Ich bin gar nicht so gerne mit ihnen zusammen, denn es ist eine kleine Gruppe, fast wie ein Dorf, die sich gegenseitig zu sehr beobachtet. Und wir gelten nach Meinung dieser Dorfgemeinschaft als zu modern, und Omar gilt als zu nachgiebig. In letzter Zeit zum Beispiel finden alle, daß wir ein drittes Kind haben sollten. Wir haben zwei Töchter und sind damit vollends zufrieden, aber alle finden, daß wir noch einen Sohn brauchen. Ich will das nicht; meine Mädchen sind beide in der Schule, ich mag meinen Beruf, ich will nicht noch einmal mit einem Baby von vorn anfangen. Vor allem hier nicht! In Pakistan war es ja leicht, Omars Mutter paßte auf die Kinder auf und kochte, und ich kam vom Büro heim und hatte keine Arbeit damit. Unter solchen Umständen kann man viele Kinder haben, wenn man möchte. Aber wie soll ich es hier organisieren? Omar ist gespalten in dieser Frage. Er kommt aus einer sehr großen Familie, und er hätte gerne mehr Kinder. Ob Mädchen oder Buben, das wäre ihm egal.

Neulich kamen ein paar dieser Leute zu Besuch, unangemeldet. Und das Thema kam wieder auf. ‹Laila will keine Kinder mehr›, sagte Omar zu ihnen. Und etwas später ging er in die Küche, um mehr Tee zu bringen. Da sagte einer der Männer, aggressiv-scherzhaft, ‹Deine Frau entscheidet, wieviel Kinder ihr habt, und du machst die Küchenarbeit. Wer ist denn eigentlich bei euch der Mann, und wer ist die Frau?› Und Omar blieb ganz gelassen, er zuckte nur mit den Schultern und sagte, ‹Ich bin auch gern Lailas

Frau.› Man kann das nicht so gut übersetzen, aber das war ein unheimlich starker Satz. Und wir sind jetzt 17 Jahre verheiratet, aber als er das sagte, da liebte ich ihn so sehr wie am ersten Tag.

Das Schlechte: Wenn ich Probleme beschreiben sollte... also, wir einigen uns immer. Immer. Ich würde mir vielleicht wünschen, daß ein paar Details anders wären. Aber es sind keine großen Dinge. Ich würde gern mit Omar ausgehen. Ins Theater, ins Kino. Das macht er nicht gern. Er geht auch nicht gern mit, wenn ich bei Kollegen eingeladen bin. Manchmal gehe ich mit Freundinnen ins Kino und ins Theater. Einmal sind wir alle miteinander schön ausgegangen, weil ein Kollege Geburtstag hatte. Omar ist nicht mitgegangen, aber ich bin gegangen. Darüber war er nicht so glücklich. Wenn ich nur mit Frauen weggehe, hat er nichts dagegen, aber wenn auch Männer dabei sind, mag er es nicht so gern. Aber er sagt nicht, daß ich nicht gehen soll. Nur, es ist ihm nicht recht. Ich gehe nicht so oft, wie ich gern möchte, weil ich das weiß. Aber das sind keine wichtigen Sachen. Dann hat er eine Kusine hier, die ist sehr lästig, ganz offen gestanden. Sie kommt einfach vorbei, abends, und bleibt bis Mitternacht oder länger da. Ich sage: oh, morgen muß ich besonders früh aufstehen. Oh, ich muß noch bügeln für die Kinder, für morgen. Aber das ist ihr alles egal, sie bleibt und bleibt, bis ich fast auf dem Sofa einschlafe. Omar mag das auch nicht, aber sie ist Witwe, und er fühlt sich für sie verantwortlich. Sie wollte sogar bei uns wohnen, aber das hätte ich nicht ertragen. Omar hat mir versprochen, daß sie nicht bei uns leben wird, und dann habe ich akzeptiert, daß er sie nach Deutschland holt. Er gibt ihr auch Geld und hilft ihr am Wochenende mit vielen Sachen, mit größeren Einkäufen und Reparaturen und dergleichen. Er ist ein Mensch, der seine Verantwortung sehr ernst nimmt, und in seiner Familie ist er der Älteste, der älteste Mann.

Ich akzeptiere das, schließlich gefällt es mir an ihm, daß er so verantwortungsbewußt und familienorientiert ist; aber es ist nicht immer leicht.

Die Krise: Vor fast einem Jahr wurden Omars zwei Brüder ermordet. Sie fielen einer Autobombe in Karachi zum Opfer, zufällig. Omar liebte seine Brüder sehr. Am Anfang war er ganz ruhig, die ersten Wochen. Ich dachte mir schon, Gott sei Dank, er hat sich abgefunden damit, er verarbeitet es. Aber mit der Zeit ging es ihm schlechter und schlechter. Er konnte nicht schlafen. Er bekam furchtbare, chronische Kopfschmerzen. Er konnte an vielen Tagen nicht zur Arbeit gehen, obwohl er davor nie gefehlt hatte und nie krank war. Am Wochenende hat er nur geschlafen. Ich weiß, daß er sich schuldig fühlt, denn ursprünglich hatte er vorgehabt, seine Familie in Islamabad zu besuchen. Wenn er die Reise nicht abgesagt hätte, wären sie in Islamabad gewesen und nicht in Karachi, und sie wären noch am Leben – so denkt er. Aber so kann man nicht denken. Er hat auch das Gefühl, daß er heimkehren sollte, denn wie gesagt, er ist jetzt der älteste Mann der Familie. Aber er will nicht weg, und ich will schon gar nicht. Unsere Kinder sind wie kleine Deutsche, sie sind sehr glücklich hier und gut in der Schule. Auch ich fühle mich zufrieden hier.

Aber es geht Omar nicht gut. Ich habe mich immer damit getröstet, daß es Zeit braucht und der Schmerz verblassen muß, aber mit jedem Tag wird es schlimmer, nicht besser. Wir hatten viele Pläne, und nichts davon können wir verwirklichen, weil Omar jegliche Lust verloren hat. Ich mache ihm keinen Vorwurf, natürlich nicht. Schließlich ist er sonst immer ein fleißiger, ausgeglichener Mensch gewesen. Aber ich weiß nicht, wie ich ihm helfen soll.»

Omar und Laila haben eine starke gefühlsmäßige Bindung. Zugleich haben sie einen pragmatischen Zugang zu Problemen und sind beide ruhig und geduldig. Keiner von beiden neigt dazu, aus Streitpunkten eine Prinzipienfrage zu machen. Das funktioniert, weil beide so sind. Dadurch bekommt im Konfliktfall immer der recht, dem mehr daran liegt, oder es findet sich ein Kompromiß. Wenn nur eine Seite versöhnlich ist, hat sie den Nachteil.

Omar und Laila können viele Belastungen wegstecken, die andere Ehen ruinieren würden. Er bewältigt seine Eifersucht und seine abweichenden Vorstellungen von Freizeit, indem er Laila ihren Freiraum läßt. Die Frage nach dem zusätzlichen Kind entscheidet sich zu Lailas Gunsten, weil sie diesem Vorhaben absolut abgeneigt gegenübersteht. Dafür akzeptiert Laila die lästige Kusine, denn die fällt in Omars Kompetenzbereich.

Die gegenwärtige Krise, die aus dem tragischen Tod von Omars

Brüdern resultiert, stellt die Beziehung auf eine große Probe. Omar und Laila gehen damit so gut um, wie sie können. Omar reagiert sich nicht an Laila ab, sondern akzeptiert die Ursachen seines Kummers. Auch die irrationalen Aspekte seines Kummers richten sich ausschließlich gegen sich selbst: er fühlt sich «schuldig», weil er seine Reisepläne änderte und damit ungewollt dem Schicksal nachhalf. Freunde der beiden nahmen den tragischen Todesfall zum Anlaß, die «Kinderfrage» wieder aufzuwärmen – Laila solle doch schwanger werden, fanden sie, um Omar neue Lebensfreude zu schenken und ihm einen «Ersatz» für die verlorenen Familienmitglieder zu schenken. Aber Omar hat sich diesem Argument nie angeschlossen, sondern das Thema für abgeschlossen erklärt. Laila ist vorwiegend dadurch in Mitleidenschaft gezogen, daß sie nicht weiß, wie sie Omar helfen soll. In Wahrheit übersteigt es wahrscheinlich ihre Kompetenzen, ihm zu helfen, und er würde gut daran tun, professionelle Hilfe oder eine Trauer-Selbsthilfegruppe aufzusuchen.

Justine:
«John ist sehr ruhig. Ich muß oft allein zu Parties gehen, die machen ihn nervös, lieber bleibt er mit den Buben zu Hause. Er ist ein Familienmensch. Gell, Baby? *(lacht, fährt ihm in die Haare, John lächelt verlegen und geht dann murmelnd aus dem Zimmer. Er ist 36. Die Bauernschränke, die seine kleine Möbelfirma herstellt, sind sehr gefragt. John ist groß, kräftig und blond. Man hört wirklich kaum ein Wort von ihm, aber irgendwann muß er sich äußern, denn Justine zitiert ihn oft. Oft zitiert sie auch sein Veto – ‹John mag das nicht. John hat es sich anders überlegt› usw. Die quirlige Justine, die mit Vorliebe ihre Meinung über alles und alle äußert, würde man nicht unbedingt mit John zusammenführen. Nachdem er aus dem Zimmer ist, erzählt sie ausführlicher, wie es dazu kam.)*

Vor John hatte ich eine große Flamme. Er hieß Arif, und ratet mal, wo er herkam. O Gott, er kam aus dem Iran. Er war schön, sehr schön. Man sagt, daß man immer von demselben Männertyp angezogen ist, das stimmt aber nicht; Arif und John haben miteinander nicht die geringste Ähnlichkeit. John ist ein lieber, ein guter Mensch. Und Arif war ein schrecklicher, neurotischer Mensch. Aber aufregend!

Also anfangs, da wußte Arif genau, was er sich von der Beziehung zu mir erwartete. Na klar. Er wollte mit mir ins Bett gehen, fertig. Mit der Zeit, glaube ich, hat sich das geändert. Besonders, nachdem ich mit ihm Schluß gemacht hatte. Dann wollte er mich heiraten. Er hat mich belagert. Er wirkte auch ein bißchen verändert. Aber nein danke, keinen Augenblick war ich dann noch in Versuchung.

Ich mache den Eindruck, sehr spontan zu sein, das weiß ich. Impulsiv. Aber dafür ist die Ehe zu wichtig. Und Arif, das wäre einfach kein Ehemann gewesen. Er war verwöhnt. Er war arrogant. Er hat gelogen. Seine Freunde waren unausstehlich. Ich hätte ihn heiraten können. Manchmal denke ich heute noch an ihn. Mein Leben wäre so anders, als ob ich ein ganz anderer Mensch wäre! Wir würden in der Stadt wohnen. Wir hätten viel mehr Geld. Wir würden viel reisen. Arif war sehr kosmopolitisch. Ich habe John bewußt gewählt. Er hat mir gefallen, sein Aussehen. Aber nicht in derselben Weise wie Arif. Ich wußte, daß John mir nie mit Absicht etwas Böses tun würde, und es ist auch so. Wir streiten, klar. Aber es kippt nie ins Hysterische, wie mit Arif. Mit Arif wäre alles drin gewesen; es war eine unheimliche schwarze Note auch drin, die mir damals, schließlich war ich 21, gefallen hat. Es war explosiv, es hat gekracht. Das tut es mit John, Gott segne ihn, nicht. Das will ich in einer Ehe auch nicht. John ist geduldig. Er ist ein guter Vater. Er lügt nicht. Vorgestern habe ich etwas Entsetzliches getan. Ich habe seine Brieftasche durchsucht. Johns Brieftasche! Ich weiß nicht, warum. Sie lag da, und plötzlich hatte ich den Impuls, es zu tun. Natürlich hab ich nichts gefunden. Keinen fremden Lippenstift, keine Liebesbriefe! Keine Indizien!

Bei Arif hätte ich nicht suchen müssen, da hätte ich ganz sicher sein können, daß er etwas zu verbergen hat.

Die große Krise mit Arif kam nach dem Abendessen, vor dem Fernseher. Bei den Nachrichten! Sie zeigten die Besetzung der amerikanischen Botschaft in Teheran. Und Arif, also, seit der islamischen Revolution hatte er einen Koller! Er, das verwöhnte Söhnchen aus einer reichen Familie, er schmückte sich mit der islamischen Revolution! Und zugleich soff er Whiskey wie ein Seemann! Jeden Tag machte er Dinge, für die sie ihn fünfmal gesteinigt hätten, in seiner tollen islamischen Republik! Aber hier, in Texas, war er der Herr Oberrevoluzzer. Mich hat es nicht gestört. Das waren seine Minderwertigkeitskomplexe, die hat er gemeinsam mit seinen ebenso neurotischen Freunden abgearbeitet, indem sie über den dekadenten Westen schimpften. Aber an diesem Abend hatte ich genug davon. Ich, die wirklich sonst keinen patriotischen Rappel kriegt. Aber wie er dasaß, vor sich noch den Teller mit dem amerikanischen Steak, auf dem weichen amerikanischen Sofa, neben sich die amerikanische Freundin, da hat es mir gereicht, seine Khomeini-Parolen zu hören. ‹Die Früchte des Westens scheinen dir aber recht gut zu bekommen›, sagte ich. Das kam so richtig sarkastisch rüber, und er war einen Augenblick lang betroffen. Dann haben wir gestritten, und dann hab ich ihn rausgeschmissen. Was tut man nicht alles für das Vaterland.

Ich habe meinen Entschluß, John zu heiraten, noch nicht bereut. Wir können miteinander reden, ohne daß einer von uns gleich zu schreien anfängt. Wir haben viele gemeinsame Interessen. Die Spannung fehlt vielleicht, aber wer will schon immer unter Strom stehen. Und John findet mich großartig. Arif hat ständig etwas auszusetzen gehabt. Meine Haare waren zu lang. Mein Kleid war zu eng – und dann hat er den ganzen Abend lang mit irgendwelchen Flittchen getanzt, die Kleider anhatten, in denen ich niemals mit ihm hätte auf die Straße gehen dürfen. Ich rauchte zu viel. Ich redete zu viel, etc. pp. John dagegen findet mich großartig. Er findet mich schön. Er hält mich für eine grandiose Mutter. Er bewundert meine Fähigkeit, viele Freunde zu haben. Bei John habe ich keine Bedenken. Es gibt nur eins, was mir Sorgen macht. Ich bin ein Mensch, dem es schwerfällt, zu Hause zu sein. Ich brauche Leute um mich, dann blühe ich auf. Im Moment geht es. Die Kinder sind noch nicht in der Schule, wir sind gerade umgezogen, und im Haus gibt es Millionen Sachen zu tun. Es ist eine neue Nachbarschaft, und auch da gibt es eine Menge zu tun; die Nachbarn sind froh, daß ich mich engagiere für eine Ampel an der gefährlichen Kreuzung, für eine bessere Bibliothek usw. Aber ich fürchte mich vor dem Moment, wo mir die Beschäftigungen ausgehen.»

Justine ist eine besonders lebhafte, fast schillernde Persönlichkeit. Es ist leicht zu verstehen, warum sie viele Freunde hat: es ist einfach sehr amüsant, mit ihr zusammenzusein. Sie ist lustig, kann aber in Krisensitua-

tionen auch eine wirkliche Stütze sein. Justine kommt aus einem sehr einfachen Elternhaus und hat nicht die Ausbildung bekommen, die ihrer Intelligenz und ihren vielen Interessen entsprochen hätte. Sie erlebt sich als gespalten, und das ist sie auch: Familie und emotionale Sicherheit sind ihr wichtig, und ihr Weltbild ist konservativ. Zugleich ist sie abenteuerlustig und hochintelligent. Die Spaltung in sich selbst hat sie mittels zweier Männer leibhaftig gemacht: Arif verkörperte ihren Drang nach Erlebnissen, nach der «weiten Welt», nach sozialem Aufstieg. John dagegen verkörperte die Grundwerte ihrer Kindheit und ihren authentischen Wunsch nach einer «gesunden», soliden Beziehung zu einem stabilen Menschen.

Justine erlebte ihre Situation als Zwang zur Entscheidung, und sie ist froh, daß sie den «vernünftigen» Weg gewählt hat. Wir aber können bezweifeln, daß die Entscheidung sich wirklich in dieser krassen Form stellte. Justine war zu hart mit sich und akzeptierte zu schnell die Gleichung gut = langweilig. Das sind Vorurteile, die sie von ihren Eltern übernommen und die der problematische Arif in ihr verstärkt hat. Er rechtfertigte seine vielen Untugenden immer damit, daß er zwar unzuverlässig, untreu, sprunghaft usw. sei, daß das aber einer stinklangweiligen, biederen Ehe in jedem Fall vorzuziehen sei. Justine hatte genug gesunde Grundinstinkte, um sich letztlich nicht von ihm in eine Situation bringen zu lassen, in der sie nicht sein wollte. Aber sie hat sich selber betrogen. Sie hat die beiden Aspekte ihrer Persönlichkeit so überdramatisch inszeniert, daß sie sich selber in eine andere Extremsituation hineinmanipulierte, statt ein Gleichgewicht zu finden. Die Alternativen sind nicht Hausmütterchen auf der einen oder Geliebte eines persischen Playboys auf der anderen Seite. Die Alternativen sind nicht ein Mann oder der andere: der Mann ist nur ein Teil eines Lebenskonzepts. Justine aber macht ihn zum Bestimmenden ihres Schicksals und zwingt ihm die Verantwortung für ihre ganze Lebensweise auf. Sie hat den «guten» Mann gewählt, und nun muß sie die «gute» Frau sein. Damit hat sie die Situation vereinfacht. Sie muß nicht überlegen, wie sie ihre vielen persönlichen Begabungen am besten umsetzt, um ein erfülltes Leben zu führen. Zugleich aber stellt sie sich eine Falle. Denn diese Begabungen und ihre lebhafte Intelligenz werden sich nicht unbegrenzt in ihr selbstgewähltes Klischee zwängen lassen. Dann wird sie John die «Schuld» geben oder ihren eigenen «bösen Impulsen», die sie zum «Schlechten» hinziehen.

Den Männern wird oft vorgeworfen, daß sie das «Gute» und das

«Böse» auf Frauen projizieren. Aber Frauen machen es nicht viel anders. Natürlich muß man einen Partner finden, der in das eigene Lebenskonzept paßt – aber zuerst sollte man dieses Lebenskonzept gefunden haben. Justine will keine Hausfrau sein, hat aber auch keine andere konkrete Idee. Also macht sie das «andere» zum Schlechten, Bedrohlichen, um es verwerfen zu können. Und erspart es sich, sich damit auseinanderzusetzen. Irgendwann wird vielleicht der Zeitpunkt kommen, an dem sich das nicht mehr aufschieben läßt.

Das ist bedauerlich, denn Justine hätte gute Grundvoraussetzungen, um die Krise abzuwenden. John ist ein Mensch, mit dem man gut auskommen kann. Allerdings zementiert Justine in ihm ein falsches Bild von sich. Sie spielt ihm eine Liebe zur Häuslichkeit vor, die sie nicht empfindet. Wenn sie dann, in vier oder fünf Jahren, zunehmend ungeduldig und unzufrieden sein wird, wird John das nicht verstehen, wird es als vorübergehende Krise einstufen und versuchen, sie zu ihrem «wahren Selbst» – der «zufriedenen Hausfrau» – zurückzuführen. Justine wird das dann so erleben, daß er sie als Hausfrau festnageln will, daß die bösen Impulse in ihr das gute Leben mit dem netten Mann gefährden. Aber John ist in diesem Drama schließlich auch nicht bloß Staffage, sondern ebenfalls ein Akteur. Er hat Justine gewählt, weil ihm ihre quirlige, extrovertierte Art gefiel. Justine könnte also ruhig zu sich stehen und die verschiedenen Elemente ihrer Persönlichkeit in Einklang bringen. Statt dessen bereitet sie den Weg für eine absehbare «Ehekrise» vor, die mit ihrer Ehe eigentlich nur wenig zu tun hat.

Bloß nicht bieder oder die ideale Ehe

> Je mehr sich Mann und Frau ihre Eigenständigkeit bewahren, je mehr beide unabhängig voneinander ihre Persönlichkeiten entwickeln, desto wahrscheinlicher ist es, daß beide ihre Verbindung zufriedenstellt.
> Ob mit oder ohne Trauschein ist dabei vollkommen nebensächlich.

Paradoxerweise sind Beziehungen oft gerade dann gut, wenn die Beteiligten sich eigentlich gar nicht so bewußt darum bemühen. Das klingt zwar eigenartig, stützt aber unsere vorläufige These, daß zwei Menschen am ehesten dann miteinander längerfristig auskommen, wenn jeder von ihnen sich den eigenen Charakter bewahrt.

Ida und Heino gehören in diese Kategorie. Mitunter machen sie es sich, gerade weil sie so auf die Andersartigkeit ihrer Beziehung bedacht sind, unnötig schwer. Was sie da führen, ist eine Ehe – und offenkundig sogar eine recht gute. Doch sie wehren sich mit Händen und Füßen gegen diesen Begriff. Aber das macht nichts, das erhält wenigstens beiden die Wachsamkeit für die Qualität ihres Zusammenlebens.

Ida:

«Ich habe mich in Heino verliebt, als wir gemeinsam eine Stadtzeitung machen wollten. Ich hab damals noch studiert, Publizistik. Ich steckte zu diesem Zeitpunkt aber in einer anderen langjährigen Beziehung. Und unglücklicherweise haben die beiden auch noch zusammen in einer Wohngemeinschaft gewohnt. Ich hatte dann den Anspruch, das müßte eigentlich okay sein. Das waren ja so die Jahre, wo man viel über offene Beziehungen und keine Zwänge usw. redete und auch daran glaubte. Und ich mochte sie beide und wollte beide. Aber mein früherer Freund, für den das natürlich theoretisch auch alles klar war, der hat das dann nicht mehr verkraftet. Der ist dann ausgezogen.

Ich hatte zu dem Zeitpunkt keine Erwartungen an die Beziehung. Es hätte genauso eine Affäre von einer Woche werden können. Es war überhaupt nicht klar, wie sich das entwickelt. Ich hatte auch keine Vorstellungen, wie ein Mann in meinen Augen sein müßte. Das habe ich einfach gefühlsmäßig entschieden. Klar, mit fünfzehn, sechzehn hatte ich ein optisches Bild, halt lange blonde Haare und Bart... aber später nicht mehr. Ich hatte auch nie einen Mann mit Bart...

Das Bewußtsein, daß da wohl doch was Längerfristiges draus werden wird, das kam dann so im Lauf der Zeit. Dann war nach dem Studium ja auch nicht klar, wo ich hingehe. Ich habe mich verschiedentlich bei Zeitungen beworben. Dann aber wurde die WG, in der Heino lebte, aufgelöst, und dann haben wir uns die Frage gestellt, ob wir zusammenziehen wollen. Wir sind dann zusammen in eine neue WG gezogen, nachdem wir diese, für die Beziehung wichtige Entscheidung getroffen hatten.

Weitere Planungen waren damit nicht verbunden, also uns beiden war klar, daß wir keine Kinder wollten, aber darüber haben wir nicht einmal gesprochen, weil das für mich sowieso jenseits jeder Diskussion war. Auf Familie zu machen und so, das lag außerhalb meiner Gedankenwelt. Wir zogen ja auch bewußt nicht zu zweit wohin, sondern in eine WG.

Ich hab mich in der Zeit auch verschiedentlich beworben bei Medien, auch beim Rundfunk, in verschiedenen Städten. Also es war für mich nicht klar, daß ich in München bleibe. Und ich wäre auch unabhängig von Heino gegangen. Für mich war immer klar, daß mein Beruf für mich Priorität hat.

Wir haben aber dann doch beide in München Arbeit gefunden. Dann ist die WG in die Brüche gegangen, und dann sind wir in eine Wohnung zusammengezogen. Das war eine schwere Entscheidung, weil wir das eigentlich nicht wollten. Wir wollten eigentlich schon mit Leuten zusammenwohnen. Aber wir hatten auch die Erfahrung gemacht, mit der letzten WG, daß das unheimlich nervig werden kann, wenn die Leute nicht zusammenpassen. Wir haben erst in unserem Bekanntenkreis gesucht nach WG-Partnern, aber es hat sich nichts gefunden. Und nun wohnen wir fünf Jahre lang zusammen.

Wir hatten damals Angst davor, auf Zweierglück zu machen,

auf Harmonie, zu privat zu werden. Aber das hat sich nicht ergeben. Schon einmal deshalb, weil ich so viel weg bin, im Auslandsressort arbeite und sehr viel reise. Von mir her gibt es inzwischen eine ganz positive Sicht dessen, wie wir zusammen leben. Vor einem halben Jahr hatten wir eine ziemliche Diskussion, als wir überlegten, ob wir nicht überhaupt getrennte Wohnungen haben sollten, aber da war ich dann massiv dagegen. Denn ich bin viel weg, und er sitzt ja auch nicht herum und dreht Däumchen, sondern hat viele Termine, da müßten wir uns dann immer koordinieren und verabreden, und das halte ich nicht für machbar. Mir war es auch wichtig, ein Stückchen Alltag zu leben.

Für ihn ist es, glaube ich, manchmal schwer, mit diesem Wechselbad umzugehen. Wenn ich da bin, bin ich halt da und spürbar in allen Räumen, und dann gibt es wieder eine Zeit, in der er einfach allein ist in einer ziemlich großen Wohnung.

Es gab bisher einige große Krisen in unserer Beziehung. Die Ursachen waren immer die gleichen: andere Beziehungen. Für mich ist das ein Lernprozeß, der sehr schmerzhaft ist, der bisher aber unter dem Strich sehr positiv war. Wir leben beide nach wie vor mit dem Anspruch, andere Beziehungen haben zu können und dies jetzt aber nicht auf diese kleinbürgerliche, katholische Weise, indem man vertuscht und versteckt, sondern wir versuchen, offen damit umzugehen. Das tut halt auch mal weh. Das sind Dinge, die nicht einfach zu verkraften sind, wo ich aber auch den Anspruch habe, daß, wenn er noch eine andere Beziehung hat, ich lernen muß, damit umzugehen. Was ich im Laufe der Jahre gelernt habe, ist, genauer auf mich zu hören.

Vor ein paar Jahren habe ich einfach Ansprüche vor mir hergetragen, mit denen ich von meinem Seelenhaushalt her gar nicht Schritt halten konnte. Das sind Dinge, die einen dann sehr belasten. Ich sehe einen Fortschritt darin, daß ich kapiert habe, meine Grenzen zu sehen und auch zu diesen Grenzen stehe. Ich mute mir nicht mehr Dinge zu, bei denen ich das Gefühl habe, die zerren mich irgendwo in einen Abgrund. Früher hatte ich zum Beispiel den Anspruch, ich muß mit der Frau dann reden und muß das irgendwie alles aufarbeiten. Das hat sich geändert. Wenn ich das Gefühl hätte, die interessiert mich als Frau, dann vielleicht, aber ich will die nicht mehr unbedingt kennenlernen. Diesen Anspruch halte ich inzwischen nicht mehr für realistisch und auch für verlogen.

Jetzt stehen wir vor der Situation, daß wir überlegen, gemeinsam in eine andere Stadt zu übersiedeln. Ich hab in München studiert, und irgendwie habe ich das Bedürfnis, auch mal woanders mein Glück zu versuchen. Und Heino ist auch in einer Position, die ihm zwar gefällt, von der er aber nicht glaubt, daß er bis zum Rentenalter dort ausharren will. Also ist es das erste Mal so, daß wir überlegen, wo gehen wir hin. Wenn wir ganz tolle Angebote in zwei verschieden Städten bekommen würden, dann würden wir uns vielleicht trennen. Aber im Moment gibt es so eine Bandbreite von Städten, wo wir wahrscheinlich beide eine gute Chance hätten.

Konflikte über Sexualität gibt es nicht in dem Sinne, sondern es gibt vielleicht unterschiedliche Bedürfnisse. Für mich gibt es Zeiten, wo meine sexuellen Bedürfnisse wahnsinnig eingeschränkt sind, weil ich einfach mit dem Kopf noch ganz woanders bin. Nach einer Reise zum Beispiel geht's mir manchmal so, oder manchmal ist es umgekehrt, und ich hab durch das lange Wegsein eine größere Lust auf ihn. Für ihn aber ist mein Zurückkommen durchgängig oft auch mit sexuellen Erwartungen verbunden, und das kracht dann oft zusammen. Also nicht, daß wir streiten, aber eine Mißstimmung kann entstehen, eine Unzufriedenheit. Er versucht dann auch nicht, mich zu überreden. Ich könnte das eh nicht, bloß wegen schlechtem Gewissen oder so. Aber er probiert das auch nicht.

Was schließlich eine gute Beziehung ausmacht, nicht nur in sexuellen Dingen, ist Vertrauen. So, daß man sich nicht ‹verhalten› muß, sondern sich auch gehenlassen kann und trotzdem sicher sein kann, geliebt zu werden. Nicht irgend etwas darstellen zu müssen. Das ist wichtig, finde ich, und das macht unsere Beziehung zum Großteil aus.

Kompromisse sind natürlich unvermeidbar. Die entscheidende Frage für mich ist dabei, geht es an die Substanz oder nicht. Ich kann Kompromisse schließen, wenn es um Alltägliches geht. Wenn ich zum hundertstenmal die Zeitungsseiten auseinandergerissen habe und er sagt, nun laß doch die Zeitung in einem, dann laß ich sie eben in einem, obwohl mir das kein Bedürfnis ist. Aber ich weiß eben, das ist etwas, das ihn ständig ärgert, jeden Abend, wenn er die Zeitung lesen will und erst die verschiedenen Teile zusammensuchen muß. Dann mach ich das halt oder werd mich zumindest darum bemühen. Das ist etwas, wo ich nicht das Gefühl habe, da breche ich mir jetzt einen Zacken aus der Krone oder stürze jetzt ein wichtiges Prinzip meines Lebens um, aber es ist auch etwas, was ich nicht machen würde, wenn es ihn nicht gäbe. Also es gibt schon Dinge, glaube ich, wo man sich einigen muß, weil es sonst leicht in einen Nervenkrieg ausartet. Es gibt aber Dinge, die empfindet man als prinzipiell, um die muß man auch kämpfen. Aber dann gibt es Dinge, die sind einfach mentalitätsbezogen, und bei denen sind wir beide durchaus in der Lage zurückzustecken.

In Sachen Lebensplanung bin ich bis zu einem gewissen Grade auch zu Kompromissen bereit. Wenn es zum Beispiel fünf Städte gibt, in denen ich arbeiten kann, dann muß ich mir nicht die Stadt aussuchen, die mir vielleicht 105prozentig gefällt, sondern ich kann mir auch die aussuchen, die mir 95prozentig gefällt, in der er aber auch eine Möglichkeit hat, eine Arbeit zu finden. Allerdings würde ich nie mit ihm irgendwohin gehen, wo ich überhaupt nicht arbeiten könnte. Das liegt wahrscheinlich daran, daß ich erstens zu Hause eine entsprechende Erziehung genossen habe, daß ich also nie auf Kinder-und-Familie-und-Hausfrau-Sein erzogen wurde. Und zweitens, daß mich während des Studiums die Frauenbewegung sehr beeinflußt hat. Für mich ist auch nach wie vor die Ehe eine bürgerliche Institution, und weil ich gegen den Staat bin, habe ich keine Lust, meine Lebensform von ihm sanktionieren oder nicht sanktionieren zu lassen.

Noch wichtiger vielleicht ist aber der Anspruch, einen Menschen als Persönlichkeit stehenlassen zu können, ohne diese Abschleifungsmechanismen in Gang zu setzen. Heino stimmt mit alldem überein. Kinder will er auch keine. Und beim Heiraten ist er auch meiner Meinung, nur ist er da nicht so radikal wie ich. Für ihn ist das Ideologische nicht so sehr ein Maßstab. Ich hingegen finde es wichtig, meine Haltung auch in meinem Umfeld sehr offensiv zu dokumentieren. Ich habe da ziemliche Auseinandersetzungen in meinem Bekanntenkreis.

Dabei gibt es in unserem Umfeld keine guten Beziehungen. Da

kommen wir beide manchmal in eine Rolle, die sehr paradox ist, daß wir nämlich in unserem weiteren Bekanntenkreis immer die Vorzeigebeziehung sind. Vor allem die Frauen sind durchweg frustriert, denn die haben mit 30 oder 40 meist einen Entwicklungsweg hinter sich, und die Männer haben zu 90 Prozent nicht Schritt gehalten. Es ist wichtig zu wissen, daß eine Beziehung nicht einfach da ist, ein für allemal. Und wichtig ist, nicht am anderen herumzuerziehen, nicht zu versuchen, den anderen zu jemandem zu machen, der er gar nicht ist. Dann sollte man sich lieber jemand anderen suchen, der den Vorstellungen mehr entspricht.

Zum Beziehungsfähigwerden gehört starkes Selbstbewußtsein, Selbstzufriedenheit aber nicht im satten Sinn, sondern eine gewisse Stabilität und Sicherheit in sich selbst. Selbstunzufriedenheit ist, glaube ich, der Grund für viele Konflikte, dafür, daß ich mich vom anderen bedroht oder übergangen fühle oder solche Geschichten. Ich glaube manchmal, daß ich auch zu wenig Selbstbewußtsein habe. Im öffentlichen Bereich hab ich das total, aber es fehlt mir in intimeren Bereichen, wo ich es manchmal nicht so leicht habe.»

Idas Ausführungen sind interessant, nicht zuletzt wegen der ambivalenten Einstellungen, die sie der Ehe gegenüber hat. Sie lehnt die Ehe dezidiert ab, verknüpft all ihre Ängste bezüglich der Schattenseiten des Zusammenlebens mit dieser Institution. Ironischerweise aber führt sie, wie sie selber anmerkt, eine ungewöhnlich stabile und gute «eheähnliche Beziehung»; und die Leitsätze, die sie sich in diesem Zusammenhang angeeignet hat, könnten einem Ehe-Ratgeber entstammen. Der einzige Unterschied liegt in der betont «toleranten» Einstellung zu zusätzlichen sexuellen Beziehungen. Hierbei wird aber deutlich, wie kompliziert dieser Standpunkt in der Realität ist, wie schwer er sich «lebbar» umsetzen läßt. Ohnehin ist Ida schon weitgehend von den Ansprüchen dieser Ideologie abgekommen.

Zwischen Ida und Heino existiert ein, wenn auch unkonventionelles, Gleichgewicht. Von Anfang an hat Ida die Priorität auf ihre Arbeit gelegt, und Heino hat es akzeptiert. Wenn die Beziehung auseinanderzugehen droht, zum Beispiel, wenn Heino die Idee von getrennten Wohnungen einbringt, ist es Ida, die erneut die

Verbindlichkeit herstellt. Aber das ist nicht einseitig, denn in bezug auf die Ehe ist es Ida, die zurückschreckt und Heino, der sich eine solche sanktionierte Bindung eventuell vorstellen könnte.

In vielen Dingen, die für andere Beziehungen zu Konfliktpunkten werden, können Ida und Heino sich relativ leicht einigen. Zu Kompromissen können sie eine lässige Einstellung haben, weil die Macht ziemlich gleichmäßig verteilt ist und Streitpunkte daher nicht so schnell zu Prinzipienfragen werden. Abschließend spricht Ida einen sehr wesentlichen Punkt an. Die übermäßige Anpassungsbereitschaft der Frauen, aber auch viele Spannungen, gehen auf die mangelnde Selbstsicherheit der Frauen zurück. Aus Angst davor, in 25 Jahren verlassen zu werden, versuchen sie alles, um sich unzertrennlich mit ihrem Mann zu verbinden, sich unentbehrlich zu machen – sogar, sich abhängig zu machen in der Hoffnung, daß auch diese Abhängigkeit eine unlösbare Verbindlichkeit darstellen wird.

Der Politiker und die Liebe

Als Prototyp des Mannes, der auf die geduldige Zuarbeit einer unauffälligen Frau an seiner Seite angewiesen ist, gilt der Politiker.
Um so erstaunlicher, daß hier einer zu Wort kommt, der nicht nur die eigenständige Karriere seiner Frau aus vollem Herzen bejaht, sondern diese Eigenständigkeit geradezu als Voraussetzung für das Funktionieren der Ehe betrachtet.

Es gibt bekanntlich wenige Männer, für die die Qualität ihrer Beziehung eine echte Priorität darstellt, die sich viele Gedanken darüber machen, sich einschlägig damit auseinandersetzen und freiwillig darüber sprechen.

Wir haben einen solchen ausfindig gemacht und von ihm Aussagen notiert, die gerade die These der Gleichwertigkeit, der Wechselseitigkeit einer guten Beziehung stützen.

Der Mann: Wiens Bürgermeister Helmut Zilk. Die meisten Politiker haben Politikergattinnen, nicht nur in USA, wo Nancy Reagan und Barbara Bush den Prototyp der meinungslos-solidarischen Gemahlin bis zur Karikatur verkörpern. Manche Politiker haben Frauen, die sich für ein soziales Anliegen engagieren, und einige wenige sind mit Frauen verheiratet, die ihre eigene Karriere weiterführen. Helmut Zilk ist verheiratet mit Dagmar Koller, dem bekannten Musical-Star. Im Gespräch ging es um seine Ehe, mehr noch aber um die Ehe im allgemeinen.

Helmut:

«Wie ich die Arbeit meiner Frau fördere? Ich fördere sie überhaupt nicht. Ich bin ein Hemmschuh in der Karriere meiner Frau. Ich hab sie 1970 kennengelernt, da war sie schon der Musical-Star Nummer eins, eine der meistbeschäftigten Künstlerinnen in dieser Branche. Bei der Europa-Premiere von ‹Sweet Charity› war sie eine Sensation, jeder Mensch hat sie gekannt.

Dann war sie mit mir zusammen, und ich wurde in Österreich Fernseh-Intendant, und jedesmal, wenn sie im Fernsehen auftrat, hieß es gleich: na klar, der Zilk hat ihr das verschafft. In Deutschland war es lange Zeit umgekehrt, da war ich von Berlin bis Hamburg für alle bloß der Herr Koller. Erst als ich Bürgermeister wurde, hat sich das geändert, jetzt kennt man mich auch in Deutschland.

In Wien hat die Verbindung zu mir für Dagmar nur bewirkt, daß sie von böswilligen Menschen abfällig behandelt wurde. Alle meine Feinde haben, wenn sie mir nicht direkt etwas antun konnten, statt dessen der Dagmar eine rübergehauen.

Gut, für die Presse waren wir eine Love-Story, natürlich. Aber wenn ich für meine Frau eine Plus-Minus-Rechnung aufstellen soll, überwiegen für sie ganz eindeutig die Nachteile durch die Verbindung mit mir. Natürlich, moralisch kann ich sie fördern, aber andererseits hätte sie diese Förderung nicht in dem Maße nötig, wenn sie nicht all die Probleme hätte, die ihr durch mich entstehen.

Wir sind durch unsere jeweiligen Berufe viel getrennt, das ist wahr. Wobei Zusammensein nicht als Beisammensein verstanden werden muß, immer. Das sind zum Teil Erwartungen, die einen Klischeecharakter haben. Die große Liebe, nicht wahr, und dazu gehört, daß man nie getrennt, immer zusammen ist, alles gemeinsam macht. Und in Wahrheit schaut die große Liebe so aus, daß die Frau daheimsitzt und wartet, bis ihre große Liebe heimkommt. Echte Beziehungen ertragen auch Entfernungen. Meine Frau war während der ersten neun Jahre unserer Beziehung fast nie hier, sondern immer in Deutschland, in der Schweiz, bei ihren Engagements. Dadurch bekommt das Leben einen anderen Rhythmus. Bei uns hat sich das sehr bald eingespielt. Wir haben sehr viel telefoniert und tun das noch jetzt, wenn wir beide in Wien sind. Wahrscheinlich telefonieren wir, wenn man es ausrechnen würde, jede Stunde miteinander. Und wenn's nur kurz ist, wie geht es dir, brauchst du was, ich mach jetzt das-und-das. Man ist zusammen, hält den Kontakt.

Die meisten Leute setzen ihre Zweisamkeit dramaturgisch zu hoch an. Und im Alltag muß die große Liebe dann kleiner werden. Dagegen die Zuneigung, die klingt zunächst nach weniger, ist in Wahrheit aber viel mehr wert. Schauen Sie sich doch an, wie die berühmten großen Lieben ausgehen. Wie viele große, endgültige Lieben hat so ein typischer Kinostar? Und was bleibt schon nach kürzester Zeit davon übrig?

Worauf es ankommt, das kann man kaum ausdrücken, ohne abgedroschene Worte zu verwenden. Kameradschaft zum Beispiel, ein häßliches Wort, weil es einen militärischen Beigeschmack hat, aber sagen Sie mir ein anderes. Wenn man das hat, ist es unvergleichlich angenehm. Jemand, dem man alles sagen kann, der einen immer erträgt. Wohingegen die große Liebe, die schließt auch schon den großen Haß in sich ein. Die hat wenig Platz für Veränderungen, für den Alltag, für die Realität.

Überhaupt hat man den Eindruck, daß die Menschen nicht lernen, in Beziehungen zu leben, mit anderen Menschen umzugehen. Das, was man moralische Erziehung nennen könnte. Ein intelligenter Mensch muß zum Beispiel wissen, daß er in Krisen geraten kann. Dann muß er sich selber eine Grenze setzen, weil er merken muß, daß er sich sonst lächerlich macht.

Als junger Mann war ich öfter in einem bestimmten Lokal, dort verkehrten viele reiche Männer. Und viele von ihnen kamen wie Pfauen alle drei Monate mit einer neuen jungen Freundin, einer neuen Polsterkatz, daher. Sie wirkten wie armselige Trottel, fühlten sich aber ganz großartig. Und damals sagte ich zu mir: Merk dir dieses Bild.

Das sind alles Dinge, die man lernen müßte, aber nicht lernt. Das Älterwerden. Der Umgang mit der eigenen Eitelkeit. Leben heißt schließlich nicht nur, den Beruf bewältigen.

Ich halte nichts von sexuellen Experimenten. Sicher, auch wenn man in einer Beziehung lebt, kann einem eine andere Frau einmal gefallen. Dann muß man eben wissen, daß Schauen erlaubt, Grapschen lächerlich und alles andere tödlich ist für die Beziehung. Das endet tragisch, auch wenn man glaubt, man kann das locker wegstecken. Sehen Sie sich das Schauspielermilieu an, wieviel Unglück die Menschen sich dort mutwillig produzieren. Es ist einfach lächerlich, wenn ein alter Trottel eine Junge hat. Bitte, und jetzt wollen die Frauen das auch so machen, ich seh nicht, daß das weniger lächerlich sein soll.

Es stimmt sicherlich, daß Männer sich weniger Gedanken über ihre Beziehung machen, weniger Mühe hineinstecken, während Frauen Bücher lesen, in Gruppen gehen, sich Sorgen machen. Ich sehe darin eine historische Ursache. Die Frauen waren einfach immer davon abhängig, das Zielobjekt eines Mannes zu sein. Dabei machten sie den dramatischen Wandel mit vom begehrten und umworbenen Etwas über die Selbstverständlichkeit bis zum Gerade-nicht-verstoßen-Werden. Das ist doch der Lebensweg der Frau in einer durchschnittlichen langen Ehe. Und den Männern wird eine Überwertigkeit anerzogen. Nur wenn die Beziehung zwischen Männern und Frauen sich aus einer Essens-, Schlaf- und Sexualgemeinschaft zu einer geistigen Partnerschaft entwickelt, ist der Stellenwert der Frau ein anderer.

Ich halte das nicht für eine typisch weibliche Eigenschaft, wenn es heute heißt, Frauen suchen sich gezielt schwierige Beziehungen, die gar nicht gutgehen *können*. Das ist doch nicht neu. Das ist die alte Masche, das alte Lied von Liebe und Haß. Und überhaupt, das Abseitige zieht an. Gefahr reizt; die Menschen suchen die Gefahr, das ist einer der furchtbarsten Züge der Menschen. Vielleicht ist es auch stammesgeschichtlich erklärbar, Paarungsrituale in der

Natur sind schließlich auch nicht immer von Zärtlichkeit gekennzeichnet.

Natürlich habe ich auch Entwicklungsprozesse durchgemacht. Das ist meine dritte Ehe, jetzt. Meine erste Ehe war eine Nachkriegsehe, entstanden aus der Emotion der Zeit. Das war zugleich eine Art Herbergssuche; ich war 22, meine Frau war 19, wir waren sehr jung, wir haben Liebe und Schutz gesucht. Es war eine sehr literarisch-intellektuelle Ehe. Meine Frau hat viel gelesen, ich habe unterrichtet damals als Lehrer, wir hatten beide keine Zeit für den Haushalt. Gelegentlich sind wir gemeinsam über den Haushalt gestolpert, und nicht immer hat die intellektuelle Freude uns für das Chaos entschädigt. Wir haben eigentlich auch nicht zusammengepaßt in unseren Vorstellungen. Diese Ehe war genaugenommen eine Art Schule der Erfahrung, ja, eine umständliche Lebensbewältigungsschule. Die Trennung verlief dann relativ konfliktlos, weil wir beide zur Meinung gelangt waren, daß es nicht gutging.

Meine zweite Frau war auch nicht häuslich, nein, man bleibt ja bekanntlich bei seinen Mustern. Meine zweite Frau war eine Berufskollegin, eine Lehrerin, und zwar eine sehr gute. Was mir an ihr besonders gefiel war, daß sie geistige Ordnungsstrukturen hatte, Lebensregeln. Wir hatten dann ein großes Problem, das waren unsere differenziert verlaufenden Entwicklungen. Meine Frau war mit Leib und Seele Lehrerin. Und ich wollte Karriere machen. Wir sind auseinandergewachsen, ich habe zum Teil komische Leute heimgebracht, die lange blieben, ich war viel weg, hatte sozusagen sechs Berufe. Ich bin, wie ich heute sagen muß, in dieser zweiten Ehe ohne Rücksicht auf meinen Partner meinen Weg gegangen. Das tötet eine Beziehung.

Heute mache ich das anders. Wir telefonieren, wie gesagt, sehr oft untertags. Jede Stunde. Diese Kleinverhaltensweisen machen oft viel aus. Ja, es ist möglich, daß Frauen das eher brauchen als Männer, daß Männer ihren Tag säuberlich in Bereiche einteilen. Woran das liegt? Na, an diesen banalen Dingen, die Frauen wahrscheinlich doch von Männern unterscheiden. Sicher, es sind meistens die Frauen, die darüber klagen, daß der Mann keine Zeit hat, daß er zu spät heimkommt. Aber hinter dieser Klage über den Mangel an zeitlicher Zuwendung steckt, glaube ich, eine andere

Klage, nämlich die Klage über zu wenig Zuwendung an sich. Denn wenn er heimkommt und halt einfach dasitzt, ist ihr ja auch nicht geholfen. Hinter dieser Beschwerde steht die Angst vor der inneren Einsamkeit. Sie bemerkt, daß er physisch absent ist, aber es stört sie in Wirklichkeit seine emotionale Absenz. Abwesenheiten und Trennungen sind nicht das Problem, da gibt es ein Instrumentarium, um das zu kompensieren. Zum Beispiel haßt meine Frau das Fernsehen, aber für mich ist das essentiell, ich muß das alles sehen, die Nachrichten, die Dokumentationen. Dann setze ich mich halt zu ihr, halte vielleicht ihre Hand, bin jedenfalls nicht einfach abwesend. Aber das lernt man nirgends. Die Mechanik des Sexualverhaltens lernt man, in der Schule, in den Medien, dann haben alle ‹Quick› gelesen und wissen, wie und wie oft sie eigentlich sollten, aber die emotionalen Verläufe werden dabei vollkommen ausgelassen. Es gibt keine Liebeserziehung. Wie man Gefühle zeigen kann und Zuneigung, diesen ganzen Katalog von Möglichkeiten, darüber erfährt man nichts.»

Zum Schluß

«Die Liebe ist den Männern so nützlich, daß man glauben muß, sie hätten sie erfunden. Sie spinnen die Liebe aus wie ein seidiges, klebriges Netz; dann sitzen sie am Rand und warten auf eine Fliege.
Oh, wie wunderschön, denkt sich die Fliege, wenn sie das Spinnennetz glitzern sieht. Die Spinne sieht das anders; sie verfängt sich nicht in ihrem eigenen Netz. Die Spinne, meine Lieben, ja die Spinne weiß, wie die Dinge laufen.»

Jill Tweedie
In The Name of Love

Mit der Abgabe dieses Schlußworts waren wir delinquent. Der Termin für die Endredaktion rückte immer näher, und immer noch konnten wir uns nicht entscheiden, welchen Gedanken wir noch einmal ganz besonders stark, sozusagen zusammenfassend, betonen wollten. Schließlich ergriffen wir die Flucht und traten eine geplante Pakistan- und Indienreise an. Dort wähnten wir uns unauffindbar für unsere liebe Lektorin und deren mahnende Telefonate und hofften, eine Weile Ruhe zu haben vor dem ewigen Thema der Männer und der Frauen und der üppigen Gefühle letzterer für erstere und der unzureichenden Gefühle ersterer für letztere.

Aber es gab kein Entkommen. Denn dort, in den Frauensozialheimen von Islamabad, in den Slums von Bombay, in den Dörfern außerhalb von Delhi, in einer von Armut, Existenzangst und schlichter, selbstgefälliger Gewalt geprägten Welt standen wir der Geschichte unseres Geschlechts – nicht der gloriosen *womens' history*, sondern der wahren und tristen Geschichte – von Angesicht zu Angesicht gegenüber. In diesen patriarchalischen Umwelten war eine Frau ohne Mann nicht, wie der frivole Graffito europäischer Feministinnen besagt, wie ein «Fisch ohne Fahrrad», sondern eine Frau ohne Mann war ein Mensch ohne Überlebenschance. «Abhängigkeit» – das Wort, locker hingeschrieben, dort kann man seine Bedeutsamkeit dreidimensional miterleben. Millionen von Frauen leben in einer brutal-realen Abhängigkeit, in einer, aus der kein Fluchtweg herausführt, in einer, deren Lückenlosigkeit von den Männern sorgfältig überwacht wird mit aller zur Verfügung stehenden gesetzlichen, sittlichen, finanziellen und körperlichen Gewalt.

Der Slum von Bombay. Kein Wasser, keine Kanalisation, nur Hütten aus Pappkartons und Blech und Jutesäcken. Die Männer, die hier leben, verkaufen Gemüse auf der Straße, arbeiten gelegentlich auf dem Bau oder fahren Rickschas. Die Frauen putzen um fast nichts in den Häusern der Wohlhabenden. Von einem Frauenlohn kann keiner leben, das sowieso nicht; schlimmer ist noch, daß eine alleinstehende Frau buchstäblich nicht existieren kann. Deshalb wird eine Frau so früh wie möglich verheiratet; danach findet sie entweder in der Familie ihres Mannes Aufnahme oder nirgends. Die Slumfrau, deren Mann sich aus einer Laune heraus eine andere, jüngere, fruchtbarere Frau nehmen will, kann mit drei Sätzen verstoßen werden und steht dann vor dem tatsächlichen Nichts. Sie hat kein Dach über dem Kopf, sie hat keinen Anspruch auf Unterstützung, sie hat kein Recht, ihre Kinder jemals wiederzusehen, und kein Gericht wird prüfen, ob sie irgendwie «schuld» war, daß ihr Mann sie verstieß, denn auch das ist der Gesellschaft total gleichgültig.

Der fortschrittliche Sozialstaat bietet einigen Glücklichen unter diesen Frauen ein Asyl: staatliche «Frauenhäuser», in denen sie wie in einem Kerker eingesperrt bleiben, bis ihr Mann es sich vielleicht überlegt und sie wieder abbholt oder bis ein neuer Mann für sie gefunden wird. «Rehabilitierung durch Ehe», heißt das dann in der offiziellen Statistik, die stolz als Erfolgsmeldung präsentiert wird.

Delhi. Eine wohlhabende Unternehmerfamilie. Die Tochter darf auf die Uni gehen, ihre Diplomprüfung machen. Danach wird sie verheiratet, an einen jungen Mann, den sie vor der Hochzeit vielleicht schon einmal gesehen hat, und zieht zu seiner Familie. Dort muß sie erst einmal beweisen, daß sie weiß, wie demütig und unterwürfig sie zu sein hat, wenn sie sich jemals in der Rangordnung hocharbeiten will. Wenn sie mißhandelt wird, wenn sie verzweifelt ist – ihr Pech. Sie muß es aushalten, denn es gibt keine größere Schande als die Trennung vom Ehemann. Nur ein ganz außergewöhnlich aufgeschlossenes Elternhaus würde sie wieder aufnehmen. Unabhängig leben, also getrennt von Mann und Elternhaus, ist eine Utopie, denn es ist fast unmöglich für eine alleinstehende Frau, eine Wohnung zu bekommen – und wenn, dann wird sie in dieser Wohnung nicht sicher sein.

In einer solchen Situation besteht die einzige Lebenschance einer Frau in dem guten Willen ihres Mannes. Will er mich noch? Gefalle ich ihm noch? Liebt er mich noch? Das sind dort keine Gedankenspiele verwöhnter Luxusfrauen, sondern existentielle Überlebensfragen. In Europa, in den modernen westlichen Gesellschaften, ist zwar keine Frau in dieser Härte von einem Mann abhängig, aber unsere Geschichte sitzt uns wohl doch noch in den Knochen. Die kulturelle Evolution muß uns diese Schadstoffe erst noch aus dem kollektiven Bewußtsein spülen.

Jedenfalls hatten wir nach dieser Reise mehr Verständnis für Seelenschmerz und Liebesleid des aktuellen weiblichen Denkens. Denn darin kommt keine modische Extravaganz zum Ausdruck, die dekadente Personen sich leisten, sondern eine historische Bürde. Alle anderen Bleikugeln, mit denen Männer ihre Frauen bisher niederhielten, haben ihr Gewicht verloren. Gesetzliche Bestimmungen, religiöse Gebote, Traditionen, Einkommen, das alles hat sich zugunsten der Frauen sehr verändert. Was noch bleibt als wirkungsvolles Mittel, Abhängigkeit herzustellen, ist die Emotion, sind Wünsche, Hoffnungen, Gefühle; in seiner Rolle als Projektionsobjekt Nummer eins kann der Mann davon profitieren. Jill Tweedie beschreibt die Technik:

«Dazu muß es der Mann so einrichten, daß er die ausschließliche Konzentration der Frau auf sich zieht. Das restliche Umfeld der Frau – ihre Freunde, Familie, Kollegen, Arbeit – muß blasser werden. Er muß abwechselnd einfühlsam und nett sein, dann wieder muß er sie ignorieren und nicht beachten. Sein Ziel muß es jedenfalls sein, extreme Emotionen in ihr wachzurufen, bei gleichzeitig wachsender psychischer Abhängigkeit: ob diese Emotionen sich aus Angst, Enttäuschung, Hoffnung, Erschöpfung oder anderem zusammensetzen, ist dabei relativ gleichgültig ... Die klassische Version dieses Brainwashing ist in Shakespeares *Der Widerspenstigen Zähmung* beschrieben.*

Wir haben Vertrauen in die Evolution. Vor allem dann, wenn wir ihr, jede für sich, ein wenig nachhelfen.

* Jill Tweedie, In The Name of Love. New York 1979

Cheryl Benard / Edit Schlaffer

Der Mann auf der Straße

Über das merkwürdige Verhalten von Männern
in ganz alltäglichen Situationen
rororo sachbuch 7305

«Es gibt kein aufschlußreicheres Buch über männliches Verhalten als dieses.»
Martina I. Kischke, Frankfurter Rundschau

Die Grenzen des Geschlechts

Anleitungen zum Sturz des Internationalen Patriarchats
rororo sachbuch 7775

Liebesgeschichten aus dem Patriarchat

Von der übermäßigen Bereitschaft der Frauen, sich
mit dem Vorhandenen zu arrangieren
rororo sachbuch 7843

«... provokativ, witzig – ein Buch zum Verschlingen.»
Courage

«Mit diesem sachlich und witzig geschriebenen Buch demonstrieren zwei Frauen die Souveränität, die sich jeder Mann, der echte Partnerschaft will, zutiefst wünscht.»
Dieter Kopka, Göttinger Tageblatt

Anja Meulenbelt

Bewunderung

Roman

Deutsch von Helga van Beuningen

192 Seiten. Kartoniert

Die Bestandsaufnahme des Feminismus der achtziger Jahre und ihres eigenen Lebens: Anja Meulenbelts Roman regt an, über die Möglichkeiten und Chancen für Frauen nachzudenken, denn «das eigentliche Verändern beginnt erst jetzt».

Ich wollte nur dein Bestes

Roman

Aus dem Niederländischen von Silke Lange

144 Seiten. Kartoniert

«Sie wollte Schriftstellerin werden, nicht schreibende Feministin sein, hat sie einmal geäußert. Mit diesem Buch hat sie ihr Ziel erreicht.»

Maria Frisé, FAZ

Die Gewöhnung ans alltägliche Glück

Roman

Aus dem Niederländischen von Silke Lange

160 Seiten. Kartoniert und als rororo 12534

Scheidelinien

Über Sexismus, Rassismus und Klassismus

Aus dem Niederländischen von Silke Lange

336 Seiten. Kartoniert

Zwischen zwei Stühlen

Standortbestimmung einer kritischen Feministin

Deutsch von Helga van Beuningen

rororo sachbuch 8480

Rowohlt

Marilyn French

Jenseits der Macht
Frauen, Männer und Moral
Deutsch von Cornelia Holfelder-von der Tann
992 Seiten. Gebunden und als rororo 8488

Das blutende Herz
Roman
Deutsch von Cornelia Holfelder-von der Tann
und Gesine Strempel
442 Seiten. Gebunden und als rororo 5279

Frauen
Roman
Deutsch von Barbara Duden, Monika Schmid
und Gesine Strempel
rororo 4954

«Dieses Buch ist ein Meilenstein der Frauenliteratur.»
The New York Times

Tochter ihrer Mutter
Roman
Deutsch von Cornelia Holfelder-von der Tann
und Gesine Strempel
1008 Seiten. Gebunden

Rowohlt

Simone de Beauvoir

Das andere Geschlecht

Sitte und Sexus der Frau
rororo sachbuch 6621

Mit ihren genauen Analysen und den daraus abgeleiteten radikalen Thesen zur weiblichen Selbstverwirklichung avancierte Simone de Beauvoir zur Theoretikerin der neuen Frauenbewegung: Ihr Buch «Das andere Geschlecht», das bereits 1949 erschien und in dem sie die historisch-sozialen Ursachen des Mythos von der naturgegebenen weiblichen Minderwertigkeit aufdeckte, ist ein Klassiker moderner emanzipatorischer Literatur.

Simone de Beauvoir-Lesebuch

Der Wille zum Glück

Herausgegeben von Sonia Mikich
256 Seiten. Gebunden

«Das Lesebuch läßt die Gedanken und Gefühle, die Grundsätze und Widersprüche dieser ungewöhnlichen Frau noch einmal Revue passieren. Den einzelnen Proben aus den Aufsätzen und Essays, Romanen und Erzählungen sind einführende Texte der Herausgeberin Sonia Mikich vorangestellt, die den zeitgeschichtlichen und biographischen Zusammenhang herstellen.
Die vorliegenden Texte bezeugen das unbequeme Denken und Handeln dieser Schriftstellerin, die ihre Existenz eigenständig zwischen Freiheit und Verpflichtung, zwischen Skepsis und Utopie entwarf. Die Anthologie «Der Wille zum Glück» ist eine hervorragende Einführung in das literarische und philosophische Werk dieser führenden Repräsentantin der französischen Literatur unserer Zeit.»
Saarländischer Rundfunk